Tom DeMarco
Der Termin

Tom DeMarco

Der Termin

Ein Roman über Projektmanagement

Die deutsche Ausgabe besorgte Doris Märtin

Carl Hanser Verlag München Wien

Übersetzung: Dr.-phil Doris Märtin, contec d. & c. märtin, Diedorf-Anhausen

Fachliche Beratung für den Carl Hanser Verlag:
Prof. Dr.-Ing. Christian Märtin, Fachhochschule Augsburg

Titel der Originalausgabe:
"The Deadline: A Novel about Project Management"
©1997 by Tom DeMarco
Published in the original in the English language by Dorset House Publishing Co., Inc.,
353 West 12th Street, New York, NY 10014

All rights reserved. No part of this book may be reproduced, stored in a retrieval system, or transmitted, in any form or by any means, electronic, mechanical, photocopying, recording, or otherwise, without prior written permission of the Publisher.

Die Wiedergabe von Gebrauchsnamen, Handelsnamen, Warenbezeichnungen usw. in diesem Buch berechtigt auch ohne besondere Kennzeichnung nicht zu der Annahme, daß solche Namen im Sinne der Warenzeichen- und Markenschutz-Gesetzgebung als frei zu betrachten wären und daher von jedermann benutzt werden dürften.

Die Deutsche Bibliothek - CIP-Einheitsaufnahme

DeMarco, Tom:
Der Termin : ein Roman über Projektmanagement / Tom DeMarco.
Die dt. Ausg. besorgte Doris Märtin. - München ; Wien : Hanser, 1998
   Einheitssacht.: The deadline <dt.>
   ISBN 3-446-19432-0

Dieses Werk ist urheberrechtlich geschützt.
Alle Rechte, auch die der Übersetzung, des Nachdruckes und der Vervielfältigung des Buches, oder Teilen daraus, vorbehalten. Kein Teil des Werkes darf ohne die schriftliche Genehmigung des Verlages in irgendeiner Form (Fotokopie, Mikrofilm oder ein anderes Verfahren), auch nicht für Zwecke der Unterrichtsgestaltung, reproduziert oder unter Verwendung elektronischer Systeme verarbeitet, vervielfältigt oder verbreitet werden.

© 1998 Carl Hanser Verlag München Wien
Internet: http://www.hanser.de
Umschlaggestaltung: MCP • Susanne Kraus GbR, Holzkirchen, unter Verwendung eines Bildes der Bavaria Bildagentur, Gauting
Datenbelichtung: Wolframs Direkt Medienvertrieb GmbH, Attenkirchen
Druck und Bindung: Druckerei Wagner GmbH, Nördlingen
Printed in Germany

Vorwort

In den dreißiger Jahren begann der Physiker George Gamow von der University of Colorado, eine Reihe von Kurzgeschichten über einen gewissen Mr. Tompkins zu schreiben, einen Bankangestellten mittleren Alters. Mr. Tompkins, so konnte man in den Geschichten lesen, interessierte sich für die modernen Naturwissenschaften. In schöner Regelmäßigkeit besuchte er die Abendkurse eines Physikprofessors der örtlichen Universität, um nach einer halben Stunde unweigerlich einzunicken. Beim Aufwachen fand er sich in einem anderen Universum wieder, in dem sich das eine oder andere physikalische Grundgesetz auf verblüffende Weise verändert hatte.

In einer der Geschichten zum Beispiel wachte Mr. T. in einem Universum auf, in dem die Lichtgeschwindigkeit nur fünfzehn Meilen pro Stunde betrug. Das bedeutete, daß er relativistische Vorgänge beim Fahrradfahren studieren konnte: Wenn er beschleunigte, verkürzte sich die Strecke zwischen den Häuserblöcken in Fahrtrichtung und die Zeiger der Postamt-Uhr verlangsamten sich. In einer anderen Geschichte reiste Mr. Tompkins in eine Welt, in der die Plancksche Konstante den Wert 1,0 hatte, und dort konnte er die Quantenmechanik auf einem Billardtisch in Aktion *sehen*: Statt elegant über den Tisch zu rollen, nahmen die Billardkugeln probabilistische Quantenpositionen ein.

Als mir Gamows Geschichten zum ersten Mal in die Hände fielen, war ich kaum älter als dreizehn. Wie Mr. Tompkins interessierte auch ich mich für die modernen Naturwissenschaften. Ich hatte zwar schon zahlreiche Abhandlungen über Relativität und Quantenmechanik gelesen, aber erst als ich *Mr. Tompkins im Wunderland* verschlang, begann ich, wirklich ein Gespür für diese Dinge zu entwickeln.

Seither habe ich nie aufgehört, Gamows genialen pädagogischen Kunstgriff zu bewundern. Mir kam der Gedanke, ob es nicht möglich sei, die Prinzipien des Projektmanagements mit ähnlichen Mitteln zu veranschaulichen. Ich müßte einfach einen erfahrenen Projektmanager porträtieren, der in ein Wunderland katapultiert würde, in dem verschiedene Regeln des Projektmanagements auf lehrreiche Weise auf den Kopf gestellt würden. So entstand – George Gamow möge mir verzeihen – die Idee zu *Der Termin*, einer Geschichte über einen Manager namens Tompkins und seine bemerkenswerten Erfahrungen bei der Leitung von Softwareprojekten in dem früheren Ostblock-Land Morovien.

Camden, Maine, Mai 1997 *T. D. M.*

Inhaltsverzeichnis

	Vorwort	vii
1	Alles wird gut	1
2	Auge in Auge mit Kalbfuss	9
3	Silikon Valejit	15
4	Die CD-ROM-Fabrik	23
5	EFN	31
6	Der beste Projektmanager der Welt	41
7	Mitarbeiter anheuern	53
8	Der berühmte Dr. Rizzoli	63
9	Ex-General Markov	75
10	Abdul Jamid	83
11	Der sinistre Minister Belok	101
12	Der Zahlenmann	117
13	QuickerStill	133
14	Moroviens erster Programmierer	143
15	Schnelldenker	159
16	Die Planung der Sommerspiele	175
17	Der Guru der Konfliktlösung	189
18	Maestro Diyeniar	197
	Zwischenspiel	207
19	Der Teil und das Ganze	213
20	Projekte brauchen Rituale	225
21	Der Endspurt beginnt	237
22	Der heißeste Börsengang des Jahres	249
23	Zwischenstop in Riga	259

1
Alles wird gut

Mr. Tompkins ließ sich in der allerletzten Reihe von Baldrige-One nieder, dem größten Hörsaal, den die Big Telephone and Telecommunications Company in ihrem Werk in Penelope, New Jersey, aufzubieten hatte. Er hatte in den letzten Wochen als Teilnehmer eines Outplacement-Programms einen Großteil seiner Zeit in diesem Hörsaal verbracht. Gemeinsam mit ein paar tausend anderen Spezialisten und Mittelmanagern sollte Mr. T. demnächst vor die Tür gesetzt werden. Aber so nannten sie das nicht. Sie nannten es »Freisetzung« oder »Rightsizing« oder »Downsizing« oder »Personalanpassung« oder »Verschlankung« oder sogar »Entpflichtung zur Wahrnehmung anderer Karrierechancen«. Daraus hatten sie sogar ein Akronym gebildet: EntWaK. Tompinks war ein EntWaK.

Der heutige Vortrag war ein weiterer in der Reihe »Alles wird gut«. Laut Vorankündigung umfaßte das fünfwöchige Outplacement-Programm »über 100 Stunden Aufbautraining, Situationskomik, musikalische Einlagen und Feiern des EntWaK-Status.« Die noch-beschäftigten Mitarbeiter der Abteilung Human Resources (HR), die für die Veranstaltungen verantwortlich zeichneten, schienen EntWaK für einen wahren Glücksfall zu halten. Sie machten kein Hehl daraus, wie gerne sie selbst EntWaKs wären. Ehrlich. Aber ihnen blieb dieses Glück versagt. Sie mußten bleiben und sich weiter abschuften und die Last ihrer Gehälter und Zulagen schultern, so gut sie eben konnten. Und so gaben sie sich oben auf dem Podium alle Mühe, ein tapferes Gesicht zu machen.

Die letzten paar Reihen des Hörsaals waren in dem Bereich angesiedelt, den Akustiker als »schalltoten Bereich« bezeichnen. Aus irgendeinem Grund (niemand hatte eine auch nur halbwegs brauchbare Theorie entwickelt, um dieses Phänomen zu erklären) drang kaum ein Laut von der Bühne bis zu diesen Reihen hinauf. Sie waren der perfekte Ort für ein Nickerchen. Tompkins saß immer dort.

Er legte die tonnenschweren Handouts für den heutigen Tag auf den Platz vor sich. Zwei dicke Loseblatt-Sammlungen und das übliche Sortiment von Werbegeschenken waren in eine nagelneue Leinentasche mit dem Aufdruck gepackt: »Unser Unternehmen wird schlanker, damit der Rest der Welt fetter wird.« Oben in der Tasche lag eine Baseball-Mütze, auf die der Slogan gestickt war: »Ich bin stolz, ein EntWaK zu sein!« Tompkins setzte die Mütze auf, zog sie über das Gesicht und war wenige Minuten später weggedämmert.

Auf der Bühne sang ein Chor von HR-Leuten »Alles wird gut: Okay!« Die Zuhörer sollten im Rhythmus mitklatschen, in den Chor einstimmen und so laut sie konnten »Okay!« brüllen. Auf der linken Seite der Bühne stand ein Mann mit einen Megaphon, der das Publikum mit »Lauter, lauter!«-Rufen anfeuerte. Ein paar Leute in den Rängen klatschten leise, aber niemand ließ sich zum Brüllen animieren. Dennoch war der Lärm, selbst die wenigen Geräusche, die in den schalltoten Bereich drangen, laut genug, Mr. T. zu wecken.

Er gähnte und richtete sich auf. Als erstes fiel ihm auf, daß noch jemand anderer im schalltoten Bereich saß, nur einen Platz von ihm entfernt. Als zweites fiel ihm auf, daß sie wunderschön war. Er schätzte sie auf Anfang dreißig und mit ihrem halblangen, schwarzen Pagenkopf und ihren sehr dunklen Augen wirkte sie ziemlich exotisch. Sie schaute sich das Bühnengeschehen wie einen Stummfilm an und lächelte leise. Es war nicht unbedingt ein wohlwollendes Lächeln. Sie kam ihm irgendwie bekannt vor.

»Habe ich etwas verpaßt?« fragte er.

Ihre Augen blieben unverwandt auf die Bühne gerichtet. »Nur etwas Wichtiges.«

»Und das wäre?«

»Sie wollen, daß Sie die Firma verlassen, aber Ihre Ferngespräche nicht über eine andere Telefongesellschaft führen.«

»Sonst noch was?«

»Hm ... warten Sie, Sie haben ungefähr eine Stunde lang geschlafen. War in dieser Stunde sonst noch etwas? Nein, ich glaube nicht. Ein paar Lieder.«

»Das kann ich mir vorstellen. Einer dieser triumphalen Vormittage für HR.«

»Oooh. Mr. Tompinks ist – wie soll ich sagen? – etwas gereizt aufgewacht.«

»Ich sehe, Sie haben mir etwas voraus«, sagte Mr. Tompkins und reichte ihr die Hand. »Tompkins.«

»Hoolihan«, sagte sie und schüttelte seine Hand. Als sie sich ihm zuwandte, waren ihre Augen nicht nur dunkel, sondern fast schwarz. Es war ein schönes Gefühl, in sie zu blicken. Mr. Tompkins fühlte, wie eine leichte Röte sein Gesicht überzog.

»Ähm ... Webster mit Vornamen. Webster Tompkins.«

1 Alles wird gut

»Lahksa.«

»Interessanter Name.«

»Es ist ein alter Name vom Balkan.«

»Aber Hoolihan ...?«

»Eine Jugendsünde meiner Mutter. Er war Ire, ein Matrose auf einem Frachter. Ein ziemlich gutaussehender Matrose, so viel ich weiß. Mutter hatte immer eine Schwäche für Seeleute.« Sie grinste ihn von unten an. Tompkins fühlte, wie sein Herz schneller schlug.

»Aha«, sagte er einfallsreich.

»Aha.«

»Ich glaube, wir sind uns schon mal begegnet.« Er sah sie fragend an.

»Ja.« Sie ging nicht weiter darauf ein.

»Ich verstehe.« Er konnte sich immer noch nicht daran erinnern, wo diese Begegnung stattgefunden haben mochte. Er sah sich im Saal um. Es war kein Mensch in der Nähe, der sie hätte hören können. Sie saßen in einem Hörsaal voller Menschen und trotzdem konnten sie ein privates Gespräch führen. Er wandte sich wieder seiner charmanten Nachbarin zu. »Ich nehme an, Sie sind eine EntWaK?«

»Nein.«

»Nein? Sie bleiben also?«

»Wieder nein.«

»Das verstehe ich nicht.«

»Ich bin gar keine Mitarbeiterin. Die Wahrheit ist, ich bin eine Spionin.«

Er hielt das für einen Scherz und lachte. »Was Sie nicht sagen.«

»Eine Industriespionin. Sagt Ihnen das etwas?«

»Ja, ich denke schon.«

»Sie glauben mir nicht.«

»Na ja, ... es ist nur, diese Rolle paßt gar nicht zu Ihnen.«

Sie lächelte wieder dieses aufreizende Lächeln. Natürlich paßte diese Rolle zu ihr. Tatsächlich sah sie aus, als sei sie für diese Rolle geboren.

»Nicht so richtig, meine ich.«

Sie schüttelte den Kopf. »Ich kann es Ihnen beweisen.« Sie nahm ihren Firmenausweis ab und reichte ihn ihm hinüber.

Tompkins sah sich den Ausweis an. Über ihrem Photo stand HOOLIHAN, Lahksa. »Moment mal ...«, sagte er und sah sich den Ausweis genauer an. Auf den ersten Blick wirkte er völlig normal, aber etwas mit der Beschichtung stimmte nicht. Tatsächlich war der Ausweis überhaupt nicht beschichtet, sondern nur mit Plastik überzogen. Als Tompkins die Plastikumhüllung entfernte, löste sich das Photo vom Ausweis ab. Darunter befand sich ein anderes Photo, das einen Mann mittleren Alters zeigte. Und jetzt, wo er genauer hinsah, merkte er auch, daß ihr Name mit einem Aufkleber an der Vorderseite des Ausweises befestigt war. Er zog den Aufkleber ab und darunter kam der Name STORGEL, Walter zum Vorschein. »Also das ist so ungefähr die schlechteste Fälschung, die ich mir vorstellen kann.«

Sie seufzte. »Die Möglichkeiten des morovischen KVJ entsprechen nicht eben dem neuesten Stand der Technik.«

»Sie sind wirklich ...?«

»Hm. Werden Sie mich jetzt verraten?«

»Äh ...« Vor einem Monat hätte er natürlich genau das getan. Aber in einem Monat kann viel geschehen, Dinge, die einen Menschen verändern. Er dachte einen Moment nach. »Nein, ich glaube nicht.« Er gab ihr die Teile des Ausweises zurück, die sie sorgsam in ihrer Tasche verstaute.

»War Morovien nicht ein – nun ja – *kommunistisches* Land?« fragte Tompkins.

»Hm, ja. Sozusagen.«

»Sie haben für eine kommunistische Regierung gearbeitet?«

»Das könnte man so sagen.«

Er schüttelte den Kopf. »Ja aber – warum denn? Ich meine, wenn die 80er Jahre etwas bewiesen haben, dann doch, daß der Kommunismus endgültig ausgedient hat.«

»Hm. Allerdings zeigen uns die 90er Jahre, daß die Alternative auch nicht so großartig ist.«

»Na ja, es gibt eine Menge Entlassungen, das ist richtig.«

»Allein 3,3 Millionen verlorengegangene Arbeitsplätze in den letzten neun Monaten. Ihrer zum Beispiel.«

Mr. Tompkins brauchte eine Weile, um diesen Gedanken zu verdauen. Dann war er es, der »Hm« sagte, und bei sich dachte: Was für ein mühsames Gespräch. Geschickt wechselte er das Thema: »Sagen Sie, Mrs. Hoolihan, wie fühlt man sich als Spionin? Ich meine, schließlich sehe ich mich gerade nach einem neuen Job um.«

»O nein, Webster, Sie sind nicht der richtige Typ, Spion zu werden«, amüsierte sie sich. »Ganz und gar nicht der richtige Typ.«

1 Alles wird gut

Er fühlte sich auf den Schlips getreten. »Das können Sie so nicht sagen.«

»Sie sind ein Manager. Ein Systemmanager, und noch dazu ein guter.«

»Manche Leute scheinen das nicht zu denken. Schließlich wurde ich Ent-WaKt.«

»Manche Leute scheinen überhaupt nichts zu denken. Solche Leute werden gern Führungskräfte in großen Unternehmen wie diesem hier.«

»Na gut. Wie auch immer. Trotzdem würde ich gerne erfahren, was man als Spionin so macht. Schließlich hatte ich bisher keine Chance, eine kennenzulernen.«

»Das Übliche: Industriegeheimnisse verraten, hin und wieder eine Entführung, gelegentlich ein kleiner Mord.«

»Ehrlich?!?«

»Ja, klar. Das umreißt in etwa unser Aufgabenprofil.«

»Das klingt nicht gerade respektabel. Sie würden einen Menschen kidnappen oder sogar ... Sie wissen schon, umlegen, nur um des kommerziellen Vorteils willen?«

Sie gähnte. »Vermutlich. Natürlich nicht jeden. Umlegen, meine ich. Der- oder diejenige müßte es schon verdient haben.«

»Ja, aber selbst dann. Ich weiß nicht, ob ich das billigen kann. Ich meine, ich weiß ganz sicher, daß ich das nicht billigen kann. Welche Art von Mensch würde einen anderen Menschen kidnappen – von allem anderen ganz zu schweigen – welche Art von Mensch würde das tun?«

»Ein ziemlich schlauer Mensch, vermute ich.«

»Schlau?!? Man muß schlau sein, das zu tun?«

»Nicht für das Kidnapping selbst. Das ist ziemlich mechanisch. Nein, der Trick dabei ist, zu wissen, *wen* man kidnappt.« Sie beugte sich zu ihren Füßen hinunter, wo eine kleine Kühltasche stand, nahm eine Getränkedose heraus und öffnete sie.

»Kann ich Ihnen auch etwas zu trinken anbieten?«

»Äh. Nein, danke. Ich trinke eigentlich nichts außer ...«

»Diät-Cola.« Sie holte eine Dose mit gekühltem Diät-Cola heraus.

»Oh. Na ja, ausnahmsweise ...«

Sie öffnete die Dose und reichte sie ihm hinüber. »Cheers«, sagte sie und prostete ihm zu.

»Cheers.« Er trank einen Schluck. »Was ist so schwer daran zu wissen, wen man kidnappen sollte?«

»Ich würde diese Frage gern mit einer Gegenfrage beantworten. Was ist die schwierigste Aufgabe eines Managers?«

»Menschen«, antwortete Tompkins automatisch. Mit diesem Thema kannte er sich aus. »Die richtigen Leute für den richtigen Job zu finden. Das unterscheidet einen guten Manager von einer Drohne.«

»Hmm.«

Plötzlich wußte er, woher er sie kannte: aus diesem Kurs über Unternehmensführung, den er vor fast einem halben Jahr besucht hatte. Sie hatte in der letzten Reihe gesessen, nur zwei, drei Meter von ihm entfernt, als er aufgesprungen war, um sich in genau dieser Sache mit dem Seminarleiter anzulegen. Das Seminar wurde von einem Typen namens Kalbfuss, Edgar Kalbfuss, geleitet, einem jungen Spund um die fünfundzwanzig, der offensichtlich in seinem ganzen Leben noch nichts und niemanden gemanagt hatte. Er sollte Leute wie Tompkins, die ihr halbes Leben lang Manager gewesen waren, in Managementtechniken unterweisen. Und was noch schlimmer war: Nach der Tagesordnung zu schließen hatte er vor, eine ganze Woche lang vorzutragen, ohne ein einziges Mal etwas zum Thema Mitarbeiterführung zu sagen. Tompkins stand auf, sagte ihm die Meinung und ging. Das Leben war zu kurz für diese Art von »Schulung«.

Sie hatte seinen Auftritt von damals miterlebt, aber nun wiederholte er für sie, was er zu Kalbfuss gesagt hatte: »Holen Sie sich die richtigen Leute. Ganz egal, welche Fehler Sie später vielleicht machen werden – Ihre Leute werden Sie retten. Das und nichts sonst ist Management.«

»Hm.«

Ein langes vielsagendes Schweigen.

»Oh.« Endlich fiel bei Tompkins der Groschen. »Sie meinen, rauszukriegen, wen man am besten kidnappt, sei das gleiche?«

»Natürlich. Sie müssen die Personen wählen, die Ihrer Seite einen klaren Vorteil bringen, und deren Verlust Ihren Gegner lähmt. Sie zu finden, ist nicht einfach.«

»Also, ich weiß nicht. Ich nehme an, Sie könnten einfach die prominenteste Persönlichkeit einer Organisation wählen. Mehr steckt doch eigentlich nicht dahinter.«

»Denken Sie doch mal nach. Wenn ich diesem Unternehmen hier wirklich Schaden zufügen wollte, um nur ein Beispiel zu nehmen, würde ich dann wirklich den prominentesten Kopf wählen? Den Vorstandsvorsitzenden zum Beispiel?«

1 Alles wird gut

»Oh. Nein, in diesem Fall sicher nicht. Wenn man den Vorstandsvorsitzenden entführte, würden die Aktien des Unternehmens wahrscheinlich um 20 Prozent steigen.«

»Genau. Ich nenne das den Roger-Smith-Effekt, nach dem früheren Vorstandsvorsitzenden von General Motors. Ich war es, die beschloß, GM zu sabotieren, indem man Smith nicht entfernte.«

»Alle Achtung, gute Arbeit.«

»Also wenn ich der Big Telephone and Telecommunications Company einen echten Schaden zufügen wollte, wüßte ich genau, welche Manager ich nehmen würde.«

»Tatsächlich?« Tompkins hatte so seine eigenen Gedanken, wer wirklich unentbehrlich für das Unternehmen war.

»Klar. Wollen Sie sehen?« Sie nahm einen Block aus ihrer Handtasche und schrieb drei Namen darauf. Dann zögerte sie einen Moment, und notierte einen vierten Namen. Sie reichte ihm den Block.

Er starrte auf die Liste. »Mann, o Mann«, sagte Tompkins. »Damit würden Sie die Firma zurück ins Mittelalter katapultieren. Sie haben genau die vier ausgewählt, die ... Warten Sie einen Moment, diese Leute sind Freunde von mir. Sie haben Frau und Kinder. Sie wollen sie doch nicht etwa ... ?«

»Aber nein. Machen Sie sich keine Sorgen. Solange die Firma ihre derzeitige Führungsmannschaft beibehält, gibt es keinen Grund, sie zu sabotieren. Glauben Sie mir, bei Ihrem künftigen früheren Arbeitgeber wird sich nichts ändern, mit diesen vier guten Managern ebenso wenig wie ohne sie. Ich bin nicht wegen Ihrer Freunde hier, Webster. Sondern wegen Ihnen.«

»Wegen mir?«

»Mhm.«

»Weswegen denn? Welche Verwendung hätte der morovische K–V – ..., oder wie er auch heißen mag, denn für mich?«

»KVJ. Nein, nicht der KVJ braucht Sie, sondern der Nationalstaat Morovien.«

»Das müssen Sie mir näher erklären.«

»Nun, der Edle Führer unserer Nation, kurz EFN genannt, hat angekündigt, daß Morovien bis zum Jahr 2000 weltweit Exportland Nr. 1 für Softwarepakete werden will. Das ist unser großer Zukunftsplan. Wir bauen eine Software-Factory von internationalem Rang. Und wir brauchen jemanden, der sie managt. So einfach ist das.«

»Und dafür wollen Sie mich einstellen?«

»Sozusagen.«

»Ich bin platt.«

»Und verfügbar.«

»Das stimmt allerdings.« Tompkins nahm einen kräftigen Schluck aus der Dose. Er sah sie argwöhnisch an. »Machen Sie mir ein Angebot.«

»Darüber können wir später sprechen. Wenn wir erst einmal dort sind.«

Er lachte ungläubig. »Dort? Sie glauben, ich fahre mit Ihnen nach Morovien, ohne vorher mit Ihnen über die Konditionen zu verhandeln.«

»Das glaube ich.«

»Ich halte das für ein sehr dubioses Angebot. Ich meine, angesichts dessen, was ich über Sie und Ihre Neigung zu brutalen Methoden weiß. Wer weiß, was Sie mir antun würden, wenn ich mich entschließen würde, Ihr Angebot nicht zu akzeptieren.«

»Ja, wer weiß?«

»Ich wäre verrückt, mit Ihnen zu gehen ...« Er hielt inne, weil er nicht wußte, was er als nächstes sagen sollte. Seine Zunge schien plötzlich zu groß für seinen Mund zu sein und fühlte sich schwer und pelzig an.

»Völlig verrückt. Ja«, stimmte sie zu.

»Ich, äh ...« Tompkins Blick wanderte auf das Getränk in seiner Hand. »Sagen Sie, Sie haben doch nicht ...?«

»Hm«, sagte sie und lächelte ihr geheimnisvolles Lächeln.

»Ahhh ....«

Einen Moment später sackte Mr. Tompkins bewußtlos auf seinem Platz zusammen.

2
Auge in Auge mit Kalbfuss

Mr. Tompkins träumte. Er träumte einen sehr langen Traum, der Tage zu dauern schien.

Im ersten Teil des Traumes sah er sich selbst, wie er einen Weg mit geschlossenen Augen zurücklegte. Jemand ging an seiner rechten Seite: Eine lenkende Hand stützte seinen rechten Ellenbogen und neben seinem Arm spürte er einen warmen Körper. Ein schwacher, aber sehr angenehmer Duft umgab ihn. Der Duft war leicht und eindeutig weiblich und erinnerte an Rosen und vielleicht auch an Ingwer. Er mochte den Duft und er genoß die Wärme. An seiner anderen Seite schien ein männlicher Begleiter zu gehen: Er strahlte nicht halb so viel Wärme aus und roch auch nicht besonders gut. Mr. Tompkins dachte, es könnte der Sicherheitsmann sein, Morris, der vor dem Hörsaal postiert gewesen war. Und es war ganz eindeutig die Stimme von Morris, die in sein Ohr drang: »Hier lang, Mr. T. Immer geradeaus. Sie befinden sich in guten Händen.«

Er befand sich in guten Händen. Nun, das war immerhin ein Trost. Er begann, sich besser und besser zu fühlen. Seine Zunge schien angeschwollen zu sein, und er hatte noch immer einen beißenden Geschmack im Mund, aber davon abgesehen durchströmte ihn ein Gefühl der Zufriedenheit. So muß es sein, wenn man Drogen genommen hat, dachte er. »Drogen«, sagte er laut. Der Klang seiner Stimme hallte in seinen Ohren nach. Es hörte sich an wie »Droogn«.

»Ja, mein Lieber«, murmelte eine sanfte Stimme neben ihm. »Droogn. Nur ein paar ganz harmlose kleine Drogen.«

Dann ging er, begleitet von dem warmen Körper, draußen in der Sonne ein Stück zu Fuß. Dann wurde er gefahren. Dann ging er wieder zu Fuß. Dann saß er. Dann legte er sich hin, und die ganze Zeit über fühlte er sich wohl.

Die geheimnisvolle Mrs. Hoolihan war die meiste Zeit neben ihm. Sie gingen irgendwo zusammen hin, zu einem ziemlich verbotenen Ort, nahm er an. Meine Güte, dachte er, fast als wäre er ein unbeteiligter Beobachter, Webster und Lahksa brennen zusammen durch. Nun, er hätte es schlechter treffen können, viel schlechter. Sie murmelte etwas in sein Ohr. Viel schlechter. Er schmiegte sich an sie. Ihr wunderbarer Duft hüllte ihn ein.

Dann waren sie in einem Flugzeug. Der Captain kam und sagte »Hallo!«, und der Captain war Lahksa. Die Stewardess reichte ihm einen Drink, und auch sie war Lahksa. Sie hielt ihm das Glas an die Lippen, damit er trinken konnte. Dann war Lahksa wieder der Captain und mußte vorne sitzen und das Flugzeug fliegen. Sie hatte ihn auf zwei Sitze, seinen und ihren zusammen, gebettet und ihm einen Pulli als Kissen gegeben. Auch der Pulli roch nach ihrem Duft.

Später träumte er etwas anderes. Zuerst dachte er, es sei ein Film. O gut, dachte er, ein Film. Nichts ist so gut wie ein Film, wenn jemand einen langen Flug vor sich hat und seine neue Freundin vorne sitzen und das Flugzeug fliegen muß. Wer wohl darin mitspielen wird?

Zu seiner Überraschung war Webster Tompkins der Star des Films. Der Name kam ihm bekannt vor. Webster Tompkins. Mr. T. versuchte, sich daran zu erinnern, in welchen anderen Filmen der Bursche mitgespielt haben könnte. Hatte er ihn nicht schon ein- oder zweimal gesehen? Klar, gleich nach dem Vorspann kam eine Szene, die er kannte; er mußte diesen Film schon einmal gesehen haben. Die Szene spielte im Schulungsraum einer Firma, und vorne stand ein junger Mann, der einen langweiligen Vortrag hielt. Die Rolle des jungen Mannes spielte Edgar Kalbfuss.

»Wir werden uns mit GANNT-Diagrammen beschäftigen,« sagte Kalbfuss, »und PERT-Diagrammen und Statusberichten. Weitere Themen sind Schnittstellen zur Personalabteilung, die Durchführung wöchentlicher Besprechungen, der Einsatz von E-Mail, das Ausfüllen von Zeiterfassungsbögen, die Projektverfolgung, Projekt-Meilensteine und – das ist ein neues Teilgebiet, auf das wir *besonders* stolz sind – der Aufbau eines Qualitätssicherungsprogramms. Ja bitte, hat jemand dort hinten eine Frage?«

Mr. Tompkins erhob sich. »Ja. Mein Name ist Tompkins. Meine Frage lautet: Ist das alles? Ist das das ganze Programm?«

»Korrekt«, antwortete Kalbfuss im Brustton der Überzeugung.

»Das ist Ihr ganzer Kurs über Projektmanagement?«

»Hm. Ja. Äh ... Haben Sie das Gefühl, daß etwas fehlt?«

»Nichts wichtiges. Nur die Menschen.«

»Menschen?«

»Ja. Wir setzen hier Menschen ein, um die Projekte abzuwickeln.«

»Natürlich.«

»Ich hätte gedacht, Sie würden etwas über Menschen in Ihrem Kurs bringen.«

2 Auge in Auge mit Kalbfuss

»Zum Beispiel?«

»Naja, Personalauswahl zum Beispiel. Personal auszuwählen ist immerhin die wichtigste Aufgabe eines Managers.«

»Wahrscheinlich, ja«, räumte Kalbfuss ein. »Wir sagen nicht, daß Sie keine Leute einstellen sollen. Wir sagen nicht, daß es nicht wichtig wäre, gute Leute einzustellen. Und wir sagen nicht, ...«

»Hört sich an, als würden Sie darüber überhaupt nicht viel sagen.«

Kalbfuss blätterte in seinen Unterlagen. »Hm. Nein, ich glaube nicht. Sehen Sie, Personalbeschaffung ist eine dieser *weichen* Fertigkeiten, die sich nicht so einfach vermitteln lassen.«

»Einfach ist das nicht. Aber unverzichtbar. Offenbar geht Ihr Kurs auch nicht darauf ein, wie man Aufgabe und Mitarbeiter aufeinander abstimmt.«

»Nein. Auch das ist wichtig. Aber ...«

»Trotzdem werden Sie nichts dazu sagen.«

»Nein.«

»Auch nichts darüber, wie man die Motivation der Leute aufrechterhält.«

»Nein. Auch das ist ein weiches Thema.«

»Und auch nichts über den Aufbau von Teams.«

»Nun, ich werde darüber sprechen, wie wichtig das ist. Wie jeder Mitarbeiter, und damit meine ich natürlich auch *jede Mitarbeiterin* ... wie also alle Mitarbeiterinnen und Mitarbeiter sich als Teammitglied verstehen sollten. Wir sind hier alle ein Team, wissen Sie. Ja. Und ich werde auch hervorheben, wie unverzichtbar das ist, und wie jeder ...«

»Ja, ja. Aber Sie werden nichts darüber sagen, wie man Teams zusammenstellt, sie fördert, sie begeistert, ihnen Gelegenheit gibt, zusammenzuwachsen, usw. usw.«

»Nein. Wir werden uns mehr auf die harte, wissenschaftlich abgesicherte Seite des Managements konzentrieren.«

»Sie werden uns in der harten, wissenschaftlich abgesicherten Seite des Managements schulen, ohne die Themen Personalauswahl, Aufgabenzuordnung, Motivation oder Teambildung auch nur zu berühren – die vier wichtigsten Elemente des Managements?«

»Nein, diese Themen sind nicht vorgesehen. Ist das ein Problem für Sie, Mr. ...?«

»Tompkins. Ja, das ist ein Problem für mich.«

»Inwiefern?«

»Daß Sie einen Kurs anbieten, der diese vier Punkte ausspart und diesen Kurs Projektmanagement nennen wollen.«

»Ach so. Sie stören sich einfach am Titel des Kurses. Wie sollten wir ihn denn Ihrer Meinung nach nennen?«

»Wie wäre es mit Administrivialitäten?«

Ein Raunen ging durch den Raum. Tompkins machte kehrt und ging hinaus.

Der Film wurde zurückgespult und die vorhergehende Szene war noch einmal zu sehen: »Wie wäre es mit Administrivialitäten?« Ein Raunen. Tompkins, wie er kehrt machte und sich anschickte, den Raum zu verlassen. Jemand blickte ihm nach. Er drehte sich um, um zu sehen, wer das war – eine junge Frau, dunkelhaarig und hübsch, schwarze Augen, ein verschwörerisches Lächeln. Lahksa Hoolihan. Ihre Lippen formten unhörbar das Wort »Administrivialitäten«. Bei der Silbe »triv« schien ihr Mund zu erstarren, und man sah eine Großaufnehme ihrer gewölbten, vollen, dunkelroten Lippen.

Tompkins regte sich in seinem Flugzeugsitz, zog ihren Pulli an seine Wange und inhalierte den schwachen Duft, der davon ausging. Administrivialitäten, sagte er zu sich selbst. Er versuchte sich an das Gesicht von Kalbfuss zu erinnern, als er das gesagt hatte. Er erinnerte sich dunkel daran, daß dem Mann vor Schreck der Kiefer herunterfiel. Ja, so war es. Administrivialitäten ... der heruntergeklappte Kiefer von Kalbfuss ... Raunen im Raum ... Tompkins geht ab ... Lahksa formt das Wort mit den Lippen ... Tompkins formt ebenfalls das Wort mit den Lippen ... bei der Silbe »triv« wölben sich beider Lippen und kommen einander immer näher. Das gleiche noch einmal ab Administrivialitäten. »Administrivialitäten« sagte er, schaute Lahksa an, ihr Mund formte die Silbe »triv« und er ... Zurückspulen. Die Szene noch einmal ab ...

»Sie Armer«, sagte Lahksas Stimme von oben. Sie beugte sich über ihn. »Sie sind in einer Endlosschleife gefangen. Das sind die Droogn. Sie bewirken, daß sie die gleiche Sache wieder und wieder erleben.«

»Administrivialitäten«, murmelte Tompkins.

»Ja, ich erinnere mich daran. Das haben Sie zu ihm gesagt. Ich war beeindruckt. Ich bin es noch immer.« Sie breitete eine Decke über ihm aus.

Der Film begann von vorn. Der gleiche Film. Der Schulungsraum mit Mrs. Hoolihan und Tompkins in der letzten Reihe, Kalbfuss am Rednerpult: »Wir werden uns mit GANNT-Diagrammen beschäftigen und PERT-Diagrammen und Statusberichten. Weitere Themen sind Schnittstellen zur Personalabteilung, die Durchführung wöchentlicher Besprechungen, ...«

3
Silikon Valejit

Mr. Tompkins erwachte in seinem eigenen Bett. Er trug seinen gewohnten Pyjama mit Paisley-Muster und war von den alten, abgenutzten blau-weißen Laken umhüllt, die er seit Jahren besaß. Unter seinem Kopf lag sein zerknautschtes Lieblingskissen. Alle diese Dinge erinnerten ihn an zu Hause, aber zu Hause war er nicht. Gleich links neben seinem Bett befand sich nämlich ein großes Fenster, wo vorher nie ein großes Fenster gewesen war. Und draußen vor dem Fenster stand eine Palme. Eine Palme in New Jersey, das muß man sich mal vorstellen. Nur, daß er natürlich nicht in New Jersey war.

An der Wand, die dem Bett gegenüberlag, war ein anderes riesiges Fenster. Daneben stand der alte Schaukelstuhl seiner Großmutter, der langsam vor sich hinschaukelte. In dem Schaukelstuhl saß Lahksa Hoolihan. Sie sah von ihrem Buch auf.

Er hatte noch diesen bitteren Geschmack im Mund, und seine Zunge fühlte sich an wie ein dicker, trockener Waschlappen. Mit einiger Mühe rappelte er sich im Bett zu einer sitzenden Position hoch. Seine Kehle war wie ausgetrocknet.

Lahksa wies wortlos auf den Nachttisch. Dort stand ein großes Glas mit Wasser und Eiswürfeln. Er nahm es und trank in durstigen Zügen.

Auf dem Nachttisch war auch ein Krug. Als er das Glas ausgetrunken hatte, füllte er es nach und trank, bis der schlimmste Durst gelöscht war. Eine lange Stille folgte, in der er sich darüber klar zu werden suchte, was eigentlich passiert war. »Sie haben es also wirklich getan«, sagte er schließlich.

»Hm.«

Er schüttelte verwundert den Kopf. »Was seid ihr nur für Menschen? Ihr schreckt wohl vor nichts zurück. Ihr greift in das Leben eines Menschen ein, entreißt ihm alles, was ihm lieb ist, ...«

Sie lächelte ihn an. »Ach, Webster. So schlimm ist es nun auch wieder nicht. Was war Ihnen denn so lieb? Ihr Job? Die Stadt, in der Sie gewohnt haben? Natürlich, da gab es Freunde, aber die hätten Sie für einen neuen Job doch ohnehin aufgeben müssen. Und jetzt sind Sie hier. Sie haben eine neue Aufgabe gefunden, die Sie in Atem halten wird. Wovon sollen wir Sie den weggerissen haben?«

Da war etwas Wahres dran. Wer würde ihn wirklich vermissen? Wen gab es schon, den er nicht sowieso bald hätte verlassen müssen? »Ich hatte einen Kater«, sagte er mit plötzlicher Bitterkeit. »Einen armen kleinen Kater, der außer mir niemanden auf der Welt hat, der sich um ihn kümmert! Er heißt ...«

»Seafood«, nahm Lahksa ihm das Wort aus dem Mund. »Ja, der süße kleine Seafood. Wir haben uns schon angefreundet.« Sie klopfte auf die Sitzfläche ihres Stuhls. Ein kleiner grauer Kater mit weißen Pfoten sprang zu ihr hoch.

»Seafood«, rief Tompkins. »Bleib weg von dieser Frau.«

Seafood ignorierte ihn. Er kroch auf Lahksas Schoß und rollte sich zusammen. Lahksa streichelte ihn zwischen den Ohren, und das kleine Tier schnurrte zufrieden.

»Verräter!« zischte Tompkins.

Seine Kleidung war auf einem stummen Diener für ihn bereitgelegt: Jeans, ein altes Baumwollhemd, Socken und Unterwäsche. Er sah Mrs. Hoolihan mit einem bedeutungsvollen Blick an, der keinen Zweifel daran ließ, daß er allein sein wollte. Sie lächelte ironisch. Tompkins raffte seine Kleidung zusammen und ging ins Badezimmer. Er schloß die Tür und sperrte sie von innen zu.

Das Badezimmer war riesig. Die offenen Flügelfenster waren mindestens zwei Meter hoch und in eine dicke Wand eingelassen. Er trat ans Fenster und sah, daß sich nur ein Stockwerk unter ihm ein kunstvoll angelegter Garten erstreckte. Das Badezimmer war mit nostalgisch anmutenden Sanitärgegenständen aus weißem Porzellan und Messingarmaturen ausgestattet. Alles war sauber und elegant. Er fühlte sich wie in einem Grandhotel in der Schweiz.

»Haben Sie alles, was Sie brauchen?« kam Lahksas Stimme durch die geschlossene Tür.

»Verschwinden Sie! Lassen Sie mich in Ruhe.«

»Wir können uns durch die Tür unterhalten.«

»Es gibt nichts, worüber wir uns unterhalten könnten.«

»Oh doch. Wir müssen uns über Ihren neuen Job unterhalten. Ich fürchte, Sie sind schon schrecklich im Verzug.«

»Ich bin gerade erst angekommen.«

»Die Zeit läuft. Ist es nicht immer so? Ich zweifle nicht daran, daß unser Termin eine echte Herausforderung für Sie darstellen wird. Sie werden die verlorene Zeit nie aufholen.«

Das lockte ihn aus der Reserve. Er kam aus dem Bad und knöpfte sein Hemd zu. »Wenn das stimmt, wenn ich den Job annehmen würde und die Zeit tatsächlich nie aufholen könnte, so hieße das nur, daß der Zeitplan von Anfang an falsch gewesen sein muß. Wer hat ihn überhaupt aufgestellt? Vermutlich irgendso ein Schwachkopf. Ist man denn vor solchen Idioten nirgendwo sicher? Es hängt mir zum Hals heraus, vor unmögliche Zeitpläne gestellt zu werden.«

»Sie sind süß, wenn Sie sich aufregen.«

Da war es wieder, dieses aufreizende Lächeln. Sie sah hinreißend aus. »Ich finde Sie überhaupt nicht amüsant, junge Dame. Ganz und gar nicht. Also sparen Sie sich diese Art von Bemerkung.«

»Zu Befehl, mein Herr.« Sie sah reumütig aus. Oder besser gesagt: Sie sah wie eine Teufelin aus, die vorgab, reumütig auszusehen.

Tompkins nahm auf der bequem gepolsterten Ottomane seiner Großmutter Platz, Auge in Auge mit Lahksa im Schaukelstuhl. »Kommen wir zum Kern der Sache. Was passiert mir, wenn ich es entschieden ablehne, irgend etwas mit Ihnen und Ihrem albernen Job zu tun zu haben? Wenn ich mich einfach querstelle und nein sage? Ende ich dann auf dem Grund irgendeines Steinbruchs?

»Ich muß doch sehr bitten, Webster. Wir sind nicht diese Art von Organisation. Wenn Sie nicht begreifen, daß dieser Job die Chance Ihres Lebens ist, und ihn freiwillig und gerne übernehmen, schicken wir Sie und Seafood und alle Ihre weltlichen Besitztümer mit unseren besten Wünschen zurück nach Penelope, New Jersey. Wir zahlen Ihnen ein Honorar für die aufgewendete Zeit. Wir lassen Sie über Rom fliegen und laden Sie ein, dort zur Erholung ein langes Wochenende zu verbringen. Sämtliche Hotels, Flüge erster Klasse usw. gehen auf unsere Kosten. Was könnte fairer sein?«

»Das soll ich Ihnen glauben?«

»Das können Sie mir glauben. Warum versuchen Sie es nicht einfach? Ich habe Ihnen bisher nicht die klitzekleinste Lüge erzählt. Nicht wahr? Denken Sie nach. Habe ich jemals etwas anderes als die Wahrheit gesagt?«

Er machte eine wegwerfende Handbewegung. »Wer weiß? Angenommen, ich nehme den Job? Was ist für mich drin?«

»Das übliche«, sagte sie. »Geld. Ach, und natürlich der Kick, den so ein Job mit sich bringt: das Gefühl, etwas zu leisten, Verbundenheit, Lebenssinn, all das.«

»Na schön. Sprechen wir übers Geld. Wie viel?«

Sie zog ein paar Unterlagen aus einem Ordner, der neben ihr lag. »Wir dachten an einen Zwei-Jahres-Vertrag.« Sie reichte ihm einen Brief. Er war an ihn adressiert und fiel durch den reich verzierten Briefkopf des Morovischen Nationalbüros für Irgendwas auf. Er überflog den Absatz »Konditionen« auf der zweiten Seite. Sie boten ihm genau doppelt so viel wie er früher verdient hatte, ohne Abzüge und steuerfrei, in amerikanischen Dollar. »Hmm«, sagte er.

»Außerdem versüßen wir das Angebot mit Aktien. Und Optionen«, informierte ihn Lahksa.

Er tat das mit einem Schulterzucken ab, denn es lag außerhalb seines Vorstellungsvermögens, mit welcher Art von Aktien der Nationalstaat Morovien wohl aufwarten konnte.

Lahksa reichte ihm ein weiteres Blatt. Es war ein Einzahlungsbeleg für sein eigenes Konto bei Fidelity. Im Feld »Gesamteinlage« war die volle Summe eingetragen, die im Vertrag genannt war: das Gehalt für zwei Jahre.

»Woher weiß ich, daß Sie zu gegebener Zeit tatsächlich zahlen?«

Sie reichte ihm eine weitere Unterlage. Es war ein auf seinen Namen ausgestellter Bankscheck einer New Yorker Bank mit der vollen Summe. »Wir zahlen im voraus. Sie stimmen zu, den Job zu übernehmen, und wir überweisen sofort die volle Summe auf Ihr Konto. Sie informieren Ihren Anwalt, und er ruft Sie hier an, sobald das Geld eingetroffen ist. Fidelity schickt Ihnen eine schriftliche Bestätigung. Das alles läßt sich innerhalb einer Woche abwickeln. Bis dahin sind Sie unser Gast. Betrachten Sie es als Urlaub am Meer.«

»Ich weiß nicht einmal, wo Morovien liegt.«

»Am Meer. Am Ionischen Meer, südöstlich vom italienischen Stiefel. Bei schönem Wetter können Sie von Ihrer Terrasse aus die Berge Zentral-Griechenlands sehen.« Sie zeigte auf die Glastüren auf der anderen Seite des Raumes.

Mr. Tompkins dachte nach. »Um welchen Job geht es denn überhaupt?« fragte er schließlich.

Sie schaute ihn verführerisch von unten an. »Ich dachte schon, Sie würden nie danach fragen.«

»Also noch einmal im Klartext«, sagte Tompkins und sah von seinen Informationsunterlagen hoch. »Es gibt hier tatsächlich fünfzehnhundert ziemlich hochkarätige Software-Ingenieure?«

Lahksa nickte. »Das sind die letzten Zahlen, ja. Und sie werden alle für Sie arbeiten.«

»Und Sie sagen, daß sie gut sind.«

»Das morovische Software Engineering Institute hat sie in Stufe 2 oder höher des Capability Maturity Model eingestuft.«

»Das ist unglaublich. Wie ist das möglich? Wie sind Sie an all diese hochspezialisierten Entwickler gekommen? Ich meine, man würde doch niemals erwarten, in einem kleinen, bedeutungslosen Land wie Morovien ...«

»Da zeigen sich Ihre Vorurteile, mein Lieber. In Wirklichkeit fragen Sie sich doch, wie kann es in einem drittklassigen, ehemals kommunistischen Land soviele fähige Leute geben?«

»Und?«

»Die Kommunisten haben manches schlecht und manches gut gemacht. Schlecht war es, daß ihre zentrale Planwirtschaft nicht in der Lage war, Güter und Dienstleistungen dorthin zu schaffen, wo sie gebraucht wurden. Gut war ihr Bildungssystem.«

Das hatte er vor kurzem irgendwo gelesen. Wo konnte das gewesen sein? »Ich meine, ich hätte diesen Gedanken erst vor kurzem gesehen, übrigens bei einer sehr respektablen Quelle.«

»Ja, in Lester Thurows neuem Buch. Wir haben es aufgeschlagen neben Ihrem Bett gefunden. Er befaßt sich darin mit den Aktivposten und Verbindlichkeiten der früheren Sowjetunion. Die Situation in Morovien ist ähnlich.«

»Und alle meine Leute können tatsächlich Englisch sprechen, lesen und schreiben?«

»Alle. Englische Sprachkenntnisse sind wichtig in diesem Land: Morovisch ist schließlich keine globale Wirtschaftssprache.«

»Und ich soll nun mit diesen talentierten, gut geschulten Leuten eine Software-Industrie ersten Ranges aufziehen.«

»Ja. Für den Anfang: sechs Schlüsselprojekte, um sechs sorgfältig ausgewählte Softwareprodukte zu entwickeln und zu produzieren. Unser Edler Führer, EFN, hat die Produkte selbst ausgewählt. Sie leiten diese sechs Projekte und den Rest der Organisation. Das ist Ihr Job.«

»Ganz schön. Ich hoffe, Sie wissen, worauf Sie sich einlassen. Ich meine, das Ganze erfordert riesige Investitionen in Mitarbeiter, Schulung und Ausstattung.«

»Webster, wir haben nicht vor, Sie in irgendeiner Weise hängen zu lassen. Wenn Sie in zwei Jahren auf das Projekt zurückblicken, werden Sie nicht sagen können, die Leute hätten nichts getaugt oder Sie hätten zuwenig Mitarbeiter gehabt oder zu wenig Unterstützung bekommen.«

»Lassen Sie uns kurz über das Umfeld reden.«

»Sie haben einen erfahrenen und findigen persönlichen Assistenten, den ich selbst für Sie ausgesucht habe, einen Mitarbeiterstab von ungefähr zweihundert exzellenten Entwicklungsmanagern, Experten in Dutzenden von Schlüsselbereichen ...«

»Ich lege Wert darauf, ein paar Schlüsselpositionen mit meinen eigenen Leuten zu besetzen. Ich werde Sie auswählen, und Sie werden sie mir liefern. Und ich will nicht, daß sie gekidnappt werden. Ich will, daß sie aus freiem Willen kommen.«

»Natürlich.« Sie wich seinem Blick aus.

»Ich meine das ernst, Lahksa.«

»Okay, okay. Sie verstehen überhaupt keinen Spaß.«

»Und ich brauche möglicherweise auch ein paar Berater, Leute, die international anerkannt sind.«

»Wie Sie wünschen. Machen Sie eine Liste. Wir liefern sie Ihnen.«

»Und ob Sie das tun werden.« Er sah auf die Notizen hinunter, die er sich gemacht hatte. »Außerdem wünsche ich, daß alle Mitarbeiter am selben Standort angesiedelt sind. Keine Experimente mit verteilten Standorten. Es bringt nichts, wenn die Leute in alle Himmelsrichtungen verstreut sind.«

»Das ist bereits geschehen. Wir haben die gesamte Entwicklergemeinde in die Flopczek-Tiefebene verlegt, eine Gegend, die EFN in Silikon Valejit umbenannt hat.«

Mittlerweile saßen sie im Wohnzimmer von Tompkins' Suite. Von dort aus sah man nicht das Meer, sondern das Landesinnere. Lahksa stand auf und geleitete ihn durch die Flügeltüren an der gegenüberliegenden Wand hinaus auf einen großzügigen Balkon. Das Land vor ihnen neigte sich sanft ab und erweiterte sich zu einem hübschen kleinen Tal. »Silikon Valejit«, sagte sie und wies mit einer schwungvollen Geste auf das Tal. In der Ferne lag eine Ansiedlung mit einem halben Dutzend neu aussehender Bürogebäude. »Das ist der Aidrivoli-

Campus, Webster, Ihr neues Reich; Sie erreichen ihn von hier aus zu Fuß in nur zehn Minuten.«

»Sehr hübsch. Wenn hübsche Täler die einzige Voraussetzung für erfolgreiche Projekte wären, hätte Morovien die Welt schon vor Jahrhunderten das Fürchten gelehrt.« Er blätterte seine Notizen durch. »Ach ja, und ich bin es, der jeden einzelnen Zeitplan absegnet. Darüber gibt es keine Diskussionen.«

Sie sah gelangweilt aus. »Okay«, sagte sie.

»Und eine gute Netzumgebung. Das heißt, moderne Workstations auf allen Schreibtischen, die über Ethernet oder Breitband-LANs vernetzt sind. Ich will erfahrene Support-Leute, die ausschließlich für das Netz da sind, und eine professionelle Ausstattung mit Hubs, Routern, T1- oder ISDN-Verbindungen mit allem was dazu gehört.«

Lahksa gähnte. »Geht in Ordnung.«

»Was noch?« Er wußte, er mußte jetzt möglichst an alles denken, was er brauchte. Jetzt war die Zeit, seine Forderungen auf den Tisch zu legen. »Habe ich etwas übersehen?«

»Nur das Allerwichtigste. Webster, ist Ihnen schon aufgefallen, daß wir für die paar Projekte, die EFN vorgegeben hat, Unmengen von Mitarbeitern haben?«

Tompkins sah auf die Liste der Projekte hinab, die sie ihm gegeben hatte. Es stimmte: Das Arbeitspensum war nicht eben gigantisch. Sechs Projekte waren geplant, sechs mittelgroße Software-Produkte sollten entwickelt werden. Er konnte zwar die genauen Einzelheiten jetzt noch nicht überblicken, aber keines der Projekte erforderte mehr als zwanzig Mitarbeiter. »Ich sehe, was Sie meinen. Sieht so aus, als hätten wir hier Arbeit für höchstens hundert Leute.«

»Richtig. Und was fangen Sie mit den anderen an?«

»Das ist mir zu hoch. Ist das mein Problem? Schicken Sie sie in Urlaub.«

»Das ist nicht Ihr Problem, Webster, das ist Ihre Chance. Haben Sie sich noch nie gewünscht, ein kontrolliertes Management-Experiment durchzuführen? Haben Sie sich noch nie gefragt, was passieren würde, wenn Sie nicht nur ein Projekt leiten würden, um eine vorgegebene Aufgabe zu erledigen, sondern vielleicht drei oder vier ...?«

Mr. Tompkins' Blick ging ins Leere. »Ein kontrolliertes Experiment ... Ein Projektteam mit viel Druck und eines mit wenig und eines fast ganz ohne – und alle drei sind mit der exakt gleichen Aufgabe betraut. Wir könnten sie beobachten, um zu sehen, welches zuerst fertig wird. Es hätte mich schon immer interessiert, etwas in dieser Art zu machen. Wir könnten eine Gruppe mit zu vielen Mitarbeitern ausstatten und eine mit zu wenig Leuten und eine mit der gerade richtigen Anzahl von Mitarbeitern, soweit ich das abschätzen kann, nur um zu sehen, welche ...«

Lahksa nahm seinen Faden auf: »Ein Team mit lauter erfahrenen Spezialisten und ein anderes mit ein paar alten Hasen und ein paar Neulingen ...«

Jetzt gab es kein Halten mehr für ihn. »Eines mit Mitarbeitern, die schon früher zusammengearbeitet haben gegen ein anderes Team aus lauter Leuten, die einander völlig fremd sind. Mensch, Lahksa, wenn das ginge, könnten wir einige der großen Geheimnisse des Managements erforschen. Wir hätten eine Chance zu verstehen, was Projekte zum Laufen bringt.«

»All das steht Ihnen offen, Webster. Sie haben ganz Morovien, um damit zu spielen.« Sie nickte in Richtung Silikon Valejit. »Es liegt Ihnen zu Füßen. Das erste Projektmanagement-Labor der Welt.«

4
Die CD-ROM-Fabrik

»Ich habe ein kleines Geschenk für Sie«, verkündete Lahksa.

Mr. Tompkins blickte sie aufmerksam an. Er hatte eine neue Facette an ihr entdeckt: Sie schien fast ein wenig schüchtern zu sein.

»Eigentlich ein ganz kleines Geschenk.« Aus den Tiefen ihrer Umhängetasche zog sie ein dickes ledergebundenes Buch und reichte es ihm mit gesenktem Blick. Er nahm das Buch in die Hand. Es war wunderschön gearbeitet.

»Oh«, sagte er einfallsreich.

Auf dem Buchdeckel stand in goldenen Lettern geschrieben:

Persönliches Tagebuch
von Webster Tatterstall Tompkins
Manager

»Oh«, wiederholte er. Er konnte sich nicht vorstellen, woher sie seinen zweiten Vornamen kannte. Er stand auf keinem seiner persönlichen Papiere. Aber es war schließlich ihr Metier, scheinbar unwichtige Details aufzuspüren.

»Ich dachte, Sie könnten sich Ihre Erfahrungen hier in Morovien zunutze machen und die Lektionen, die Sie gelernt haben, festhalten. Wer weiß, was Sie durch die Leitung des Management-Labors alles lernen werden? Etwas Nützliches wahrscheinlich.«

Die Innentitelseite war in ihrer klaren Handschrift beschriftet. Dort stand: »Was ich gelernt habe«, sein Name und das Jahr. Außerdem hatte sie auf Seite 1 geschrieben:

Vier Grundsätze guten Managements:

☐ Wählen Sie die richtigen Leute aus.
☐ Betrauen Sie die richtigen Mitarbeiter mit den richtigen Aufgaben.

☐ Motivieren Sie die Mitarbeiter.

☐ Helfen Sie den Teams, durchzustarten und abzuheben.

(Alles andere sind Administrivialitäten.)

Unten auf der Seite stand ein früheres Datum aus dem gleichen Jahr. Mr. T. blickte auf. »War das das Datum unseres Projektmangement-Seminars?«
 Lahksa nickte. »Ja. Das waren die Punkte, die Sie an diesem Tag nannten. Ich dachte, sie wären ein angemessener Einstieg in Ihr Tagebuch.«

Der persönliche Assistent, den Lahksa höchstpersönlich für ihn ausgewählt hatte, war ein junger Mann namens Waldo Montifiore. Er hatte das Aussehen eines verschlafenen Bauernjungen mit einem Schopf strohblonder Haare, die ihm an der Stirn zu Berge standen. Mit dieser Frisur sah er ein bißchen wie die belgische Cartoon-Figur Tin Tin aus. Eigentlich fehlten ihm nur Kniebundhosen und ein kleiner weißer Hund, um wie eine Zweitausgabe von Tin Tin auszusehen.
 So verschlafen Waldo wirkte, so effizient erledigte er seinen Job: »Sie haben um zehn Uhr einen Termin«, verkündete er.
 »Ich bin eben erst angekommen. Ich habe mich noch nicht einmal hingesetzt. Ich meine, ich habe noch nicht einmal mein Büro gefunden.«
 »Es ist hier drin«, Waldo wies vage auf die Tür hinter seinem eigenen Schreibtisch im Foyer. »Es ist sehr attraktiv. Ms. Hoolihan hat es selbst für Sie eingerichtet.« Er sah auf seine Uhr. »Aber vielleicht könnten Sie es sich später ansehen. Ich fürchte, Sie müssen sich sofort auf den Weg machen, sonst kommen Sie zu spät.« Er raffte ein paar Unterlagen zusammen und stand auf. »Ich bringe Sie hin und erkläre Ihnen alles weitere auf dem Weg.«
 Draußen vor dem Bürohaus führte Waldo ihn über einen bewaldeten Fußweg zu einer Baustelle auf der anderen Seite des Campus.
 »Damit Sie verstehen, worum es eigentlich geht, müssen Sie in die Zukunft denken, bis ans Ende der aktuellen Projekte. Wenn unsere Leute ihre sechs Produkte wirklich fertigstellen und die Produkte so erfolgreich sind, wie wir hoffen, und wir – wie EFN verfügt hat – bis zum Jahr 2000 auf dem besten Weg sind, die führende Software-Exportnation der Welt zu werden, dann brauchen wir auch eine leistungsfähige Produktions- und Versandstätte.«
 »Okay. Und das heißt?«
 »Das heißt, daß wir zwar einen Teil dieser Aufgabe erst sehr viel später in Angriff zu nehmen brauchen, mit bestimmten kapitalintensiven Projekten aber

4 Die CD-ROM-Fabrik

schon jetzt beginnen müssen, weil sie sonst nicht rechtzeitig fertig werden.« Er zog ein handgezeichnetes Diagramm aus seinen Unterlagen hervor. Es sah wie ein Netzplan aus. »Wir werden eine Produktionsstätte für CD-ROMs brauchen. Dazu kommen Verpackungs- und Einschweißanlagen, manuelle Packplätze, Verladestationen usw. Wie Sie sehen«, er zeigte auf das Kästchen, auf dem »CD-Fabrik Fertigstellung« stand, »befindet sich die Eröffnung der Produktionsstätte genau auf dem kritischen Pfad.«

»Aber das ist ein Bauprojekt.«

»Richtig.«

»Was geht mich das an? Ich bin Software-Manager.«

»Ja. Nun ja, Sie sind auch der Chef des Gesamtvorhabens.«

»Bin ich das? Ich meine, das bin ich wohl.«

»Das sind Sie. Leiter des Naczonal Byru av Data Proczessung, um genau zu sein.«

»Aha. Das wäre das Nationalbüro für ...«

»... Datenverarbeitung. Und der Großteil Ihrer Arbeit hat wirklich ausschließlich mit Software zu tun. Aber da ist eben noch diese kleine Sache mit der CD-ROM-Fabrik. Ich fürchte, dieses Projekt ist schon jetzt katastrophal im Rückstand. Und das fällt alles auf uns zurück. Ich meine, auf Sie.«

»Tut mir leid, das zu hören.«

»Mr. Mopoulka, der Bauleiter, ist ein überaus motivierter Mann. Das muß er auch sein: Schließlich hat er seinen Marschbefehl von Ihm erhalten.«

»Ihm?«

»EFN, der Edle Führer der Nation. EFN kann ziemlich überzeugend sein. Er versteht es, die Konsequenzen eines Scheiterns höchst anschaulich aufzuzeigen.«

»Ich verstehe. Einer von denen.«

»Hm. Wie auch immer, Mr. Mopoulka gibt mit Sicherheit sein Bestes. Aber das Projekt kommt einfach nicht in die Gänge.«

Tompkins nickte mißmutig. »Dann werden wir wohl sehen müssen, was sich tun läßt.«

»Schlimmer hätte es nicht kommen können.« Mr. Mopoulka wrang die Hände. »Wer hätte damit rechnen können? Auf allen anderen Grundstücken sind wir nie auf etwas anderes als feinen weißen Sand gestoßen. Wer hätte vermutet, daß sich ausgerechnet hier eine Granitplatte befindet? Das ist schrecklich.«

»Sie wollen also sprengen?«

»Was sollen wir denn sonst tun? Es wird Wochen dauern.«

»Wie viele Wochen?«

Der Mann wich Tompkins' Blick aus. »Viele, viele Wochen. Aber ich weiß nicht, wie viele.«

»Geben Sie mir eine realistische Schätzung.«

»Das Ganze könnte gut und gern ...«, er sah Tompkins prüfend an und versuchte, in seinem Gesicht zu lesen, »... an die zehn Wochen dauern. Ja, zehn.«

»Zehn Wochen«, wiederholte Mr. T. Er fragte sich, was für ein Gesicht er im kritischen Moment hätte machen müssen, um sechs oder elf oder fünfzehn Wochen als Antwort zu bekommen. Er fragte sich auch, wie groß der Zeitbedarf wirklich war. Instinktiv wußte er, daß er die Wahrheit nur herausfinden konnte, wenn er es schaffte, hier und jetzt einen Draht zu dem Mann zu finden. »Wenn Sie zehn Wochen sagen, Mr. Mopoulka, kann die Sache unter Umständen wohl auch länger dauern. Vielleicht zwanzig Wochen«, versuchte er es.

Mopoulka sah aus, als wolle er ihn küssen. »Ja! Oder sogar ...«

»Dreißig?«

»Hm ja ... Wahrscheinlich nicht dreißig, aber fünfundzwanzig.«

Mr. Tompkins versuchte es mit einer anderen Taktik. »Wie wäre es denn, Mr. Mopoulka, wenn wir das Fabrikgelände nach Westen verschieben würden, gerade soweit, daß der Granitblock nicht stört?«

»Das können wir nicht machen!« jammerte Mopoulka. »Ausgeschlossen.«

»Warum denn nicht? Ist dort drüben auch Granit?«

»Nein, nein, der Platz ist einwandfrei. Aber der Plan, Sie wissen schon, der Plan, den EFN mir gab, sieht vor, daß sich die Farbrik exakt hier befindet. Nicht dort drüben. Hier. Ich kann nicht einfach den Plan ändern.«

»Das können Sie nicht?«

»Natürlich nicht. Wenn ich das täte, würden wir Zeit verlieren, wir würden in Verzug geraten. Und der Verzug wäre meine Schuld, weil ich entschieden hätte, die Fabrik zu verlegen, verstehen Sie das nicht? Geraten wir dagegen auf diese Weise, wegen der Granitplatte, in Verzug, kann man mir nichts vorwerfen. Ich hoffe, Sie verstehen das. Das müssen Sie verstehen. Und angenommen, jemandem mißfällt die neue Lage der Fabrik? Wessen Fehler wäre das? Meiner.« Er sah hundeelend aus.

»Hm. Hören Sie, da wir gerade über die Lage reden: Mir ist aufgefallen, daß die Laderampen auf der Rückseite des Gebäudes entstehen sollen, und daß der

4 Die CD-ROM-Fabrik

Boden dort morastig ist. Das heißt, die LKWs müssen durch das Feuchtgebiet an- und abfahren, das in der Regenzeit mit Sicherheit ziemlich matschig sein wird. Gibt es hier eine Regenzeit?«

»Ja. Im Frühjahr. Aber was können wir dagegen tun?«

»Also ich denke, daß wir die Fabrik gerade mal zehn Meter oder so nach Westen verlagern sollten, so daß das Fundament genau neben der Granitplatte entsteht. Dann könnten wir den Grundriß der Fabrik um 180 Grad drehen und die Fabrik genau spiegelverkehrt zum Plan bauen. Die Rampen wären damit auf dieser Seite, direkt über der Granitplatte. Auf diese Weise würden wir uns das Fundament unter den Laderampen sparen, wir könnten sie direkt im Granit verankern. Was meinen Sie?«

Mopoulka war fassungslos. »Sie können doch nicht ernsthaft vorschlagen, die Fabrik in die andere Richtung zu drehen.«

»Warum sollte ich das nicht können?«

»Es ist nicht das, was im Plan vorgesehen ist. Der Plan ...«

»Ja, klar, wir werden den Plan abändern müssen. Ich kümmere mich darum. Verlassen Sie sich auf mich. In der Zwischenzeit bauen Sie einfach das exakte Spiegelbild dessen, was Sie hier sehen.«

»Aber der Zeitplan ...«

»Lassen Sie das meine Sorge sein, mein Bester. Kümmern Sie sich nicht darum. Sie arbeiten jetzt für mich. Stellen Sie mir eine gute Fabrik hin. Sehen Sie zu, daß Ihre Leute vorankommen und zufrieden sind und die Arbeit effektiv erledigen. Wenn Sie das tun, werden wir Ihre Bemühungen als Erfolg werten, ganz egal, wann das Projekt fertig wird.«

Er stürmte so aufgebracht ins Büro zurück, daß Waldo verwundert aufsah. Mr. Tompkins bremste mit hochrotem Kopf vor dem Schreibtisch des jungen Mannes.

»Was zum Teufel hat EFN zu Mopoulka gesagt? Der arme Kerl war völlig eingeschüchtert. Sie sagten mir, Er könne sehr überzeugend sein. In Wahrheit wollten Sie wohl sagen bedrohlich. Was hat er zu Mopoulka gesagt ... daß er ins Salzbergwerk geschickt wird, wenn er die Fabrik nicht termingerecht hochzieht?«

Waldo schluckte verlegen. »Schlimmeres, fürchte ich. Eher schon, daß man ihn verhackstücken und den Haien zum Fraß vorwerfen würde. Oder an einem

Fleischerhaken an der Burgmauer aufhängen würde. Damit droht EFN besonders gern.«

»Fleischerhaken?!? Das *muß* ein Witz sein. Kann er das wirklich tun?«

»Nun ja, immerhin sind wir hier in Morovien. Bürgerrechte haben bei uns nicht gerade Tradition. Ja, ich vermute, er kann tun, was immer er will. Er hat zwar noch nie etwas dergleichen getan, aber er könnte es tun. EFN ist erst dabei, sich an seine neue Rolle als Autokrat zu gewöhnen. Überzeugungstechniken sind in diesem Land keine Grenzen nach oben gesetzt. Das hier ist der ideale Ort, um experimentelle Forschungen über negative Verstärkung als Motivationsanreiz anzustellen.«

»Nun, ich bin nicht der Typ, der auf negative Verstärkung setzt. Ich denke, die Welt hat diese Methode in der Vergangenheit ausführlich genug erforscht. Schreiben Sie EFN einen Brief in meinem Namen und teilen Sie ihm mit, daß negative Leistungsanreize, wie sie Mopoulka in Aussicht gestellt wurden, ab sofort untersagt sind. Teilen Sie ihm mit, daß ich die alleinige Verantwortung für die Motivation und die positive oder auch negative Verstärkung aller Leute übernehme, die für mich arbeiten. Teilen Sie ihm mit, daß ich ihn morgen aufsuchen werde ...«Waldo schrieb in rasender Geschwindigkeit auf seinem Block mit, »... und er *dann* Gelegenheit haben wird, entweder alle diese Bedingungen zu akzeptieren oder mich zu verhackstücken und den Haien zum Fraß vorzuwerfen, oder was auch immer. Soll er doch tun, was er will.«

»Äh ... Mit freundlichen Grüßen?«

»Kommt nicht in Frage. Schreiben Sie: Ihr nicht mit sich spaßen lassender Webster T. Tompkins. Vereinbaren Sie für morgen nachmittag einen Termin für mich bei EFN. Faxen Sie ihm den Brief, so daß er ihn vor unserem Treffen zu lesen bekommt.«

»Geht in Ordnung, Sir.«

Fünf Minuten später hatte Waldo ihm den sauber getippten Brief zur Unterschrift vorgelegt und weggefaxt.

Nun, er hatte in seinem Leben einiges geleistet. Er hatte ein oder zwei phantastische Projekte geschaukelt und ein paar wirklich große Systementwicklungen zuwege gebracht. Vermutlich hatte er auf seinem Gebiet einen Bekanntheitsgrad erreicht, der bei seinem Tod einen kurzen Nachruf in den einschlägigen Publikationen rechtfertigte, vielleicht in *IEEE Software* oder in den *Annals of the History of Computing*. Aber unabhängig davon, wo der Nachruf erscheinen würde:

Wahrscheinlich endete er mit einem Satz wie »Hauchte sein Leben an einem morovischen Fleischerhaken aus.«

Er war in der Stimmung, etwas Ordnung in sein Leben zu bringen, nur für den Fall, daß es jäh enden sollte. Aber was wichtiger war, er war noch immer verärgert. Die Erinnerung an die dummen, destruktiven »negativen Leistungsanreize«, die er in der Vergangenheit kennengelernt hatte, stieg in ihm hoch. Woher kam diese »Vergiß-die-Rute-nicht«-Mentalität mancher Manager? Waren sie als Eltern genauso unmöglich wie als Manager? Wahrscheinlich.

Das Buch, das Lahksa ihm geschenkt hatte, lag auf seinem Schreibtisch. Er schlug die erste leere Seite auf und begann zu schreiben.

Auszug aus Mr. Tompkins' Tagebuch:

Sicherheit und Veränderung:

- ☐ Menschen können Veränderungen nur in Angriff nehmen, wenn sie sich sicher fühlen.
- ☐ Veränderung ist eine entscheidende Voraussetzung für den Erfolg jeder Projektarbeit (und wahrscheinlich auch der meisten anderen lohnenden Unternehmungen).
- ☐ Fehlende Sicherheit bewirkt fehlende Risikobereitschaft.
- ☐ Risikovermeidung ist fatal: Sie führt dazu, daß die mit einem Risiko verbundenen Chancen ungenutzt bleiben.
- ☐ Unsicherheit entsteht, wenn Menschen sich direkt bedroht fühlen oder Angst vor Machtmißbrauch haben.

5
EFN

Ein früher Morgenzug brachte Mr. Tompkins von Varsjop in die Hauptstadt Korsach. Der kleine Zug folgte bis Lovradje dem Verlauf der Küste nach Norden und zweigte dann ins Landesinnere ab. In Tompkins' Schoß lag ein in London erschienenes Büchlein, das Waldo ihm besorgt hatte: *Morovien für Reisende*. Es war die erste Gelegenheit seit seiner Ankunft, etwas über Morovien zu erfahren. Das Urheberrecht des Buches lautete auf die Thomas Cook, Ltd. und war auf das Jahr 1907 datiert.

Zwischen den Kapiteln legte er das Buch beiseite, um die vorbeiziehende Landschaft in sich aufzunehmen. Die Küste war üppig-grün und übersät mit kleinen pittoresken Fischerdörfern. Fast überall wurde Wein angebaut, und die wogenden Getreidefelder versprachen eine üppige Ernte. Obwohl er nur wenige Autos sah, machten die Dörfer einen recht wohlhabenden Eindruck. Das Dorf, das in seinem Buch abgebildet war, sah im Vorbeifahren kaum anders aus als 1907.

Er sah der Begegnung mit EFN bemerkenswert gelassen entgegen. Die Wahrheit war: Morovien brauchte ihn. Seine Forderungen an EFN (keine Fleischerhaken usw.) waren gewiß nicht überzogen. Außerdem stand es einem neuen Manager nicht schlecht an, dachte er, entschieden aufzutreten und seine Prinzipien durchzusetzen. Man würde ihm wohl am Anfang einen gewissen Vertrauensvorschuß gewähren. Und schließlich nahm er mal an, Lahksa hätte ihn nicht zu Ihm fahren lassen, wenn sie befürchtet hätte, er sei für den Fleischerhaken bestimmt. Als sie seinen Brief an EFN gelesen hatte, hatte sie nur mit den Schultern gezuckt.

Ein reichhaltiges Frühstück wurde auf einem gestärkten weißen Tischtuch serviert, das der Schaffner über das Tischchen vor Tompkins' Platz legte. Nach dem Frühstück genehmigte er sich ein kleines Nickerchen.

Alle verbleibenden Zweifel über den Empfang, den EFN ihm bereiten würde, wurden ausgeräumt, als Mr. Tompkins am Palasteingang seinen Namen nannte. Die Wachen sprangen auf, zogen respektvoll den Hut und verbeugten sich. »Mr.

Tompkins! *Der* Mr. Tompkins. Bitte sehr, Mr. Tompkins, Sir, wenn Sie mir bitte folgen würden.« Sie geleiteten ihn durch eine eindrucksvolle, marmorgetäfelte Empfangshalle, an deren Wänden große Gobelins hingen, und dann eine geschwungene, an die sechs Meter breite Steintreppe hinauf.

Eine junge Frau im dunkelblauen Business-Anzug nahm ihn oben auf der Treppe in Empfang. »Mr. Tompkins«, sagte sie. »Herzlich willkommen. Ich bin Miss Lane.«

Alle Leute, denen er bisher begegnet war, sprachen ziemlich gut Englisch, aber das von Miss Lane schien besonders gut zu sein. Er hatte das Gefühl, sie sei Amerikanerin. »Kann es sein ... kommen Sie möglicherweise aus ...«

»Providence«, beendete sie den Satz für ihn. »Kommen Sie bitte hier entlang. Er erwartet Sie bereits.« Sie führte ihn über einen Balkon, der den Blick auf einen schön angelegten Garten freigab, und dann durch ein großes Portal in ein Vorzimmer. Am äußersten Ende des Raumes befand sich eine von einem Rundbogen überwölbte Tür, die den Weg in ein riesiges Arbeitszimmer freigab. Dort verließ ihn Miss Lane. Der Raum war voll von gesunden, glänzenden Pflanzen, Perserteppichen und schweren Polstermöbeln, die zu einladenden Sitzecken gruppiert waren. Es war kein Licht eingeschaltet, und alles Licht kam von drei großen Fenstern, die auf den Garten hinausgingen. Zuerst dachte er, er sei allein im Raum. Dann sah er am anderen Ende des Raumes hinter einem Bibliothekstisch neben dem eigentlichen Schreibtisch ein Gesicht. Das Gesicht wurde vom Lichtschein eines Computerbildschirms erleuchtet. Lediglich das leise Geräusch tippender Finger auf der Tastatur war zu hören.

Tompkins trat näher. »Ähm...« sagte er zögernd.

»Oh.« Der Mann hörte auf zu tippen.

»Ich ...«

»Ja ...«

Tompkins öffnete seine Augen etwas weiter. Moment mal. Das Gesicht, das ihn ansah, kannte er doch. Es war jung, höchstens dreißig oder fündunddreißig, dachte er, ein rundes, fast kindliches Gesicht. Eine Hornbrille mit breitem Rand, die ihm ein eulenhaftes Aussehen verlieh, ein Schopf sandfarbener Haare.

»Sagen Sie, Sie sehen aus wie ...«

Der Mann winkte ab. »Keine voreiligen Schlüsse, bitte. Ich kenne Sie nicht, und Sie kennen mich nicht.«

»Nein, aber ...«

»Das heißt, wir müssen uns erst einmal kennenlernen. Ich dachte, das sollten wir bei diesem Treffen tun. Tompkins, nicht wahr?«

»Ja.«

Ein leichter Händedruck.

»Und Sie sind ...«

»Ja. Genau.«

»Der Edle Führer der Nation. Er.«

»So ist es.«

Tompkins merkte, daß er keine Ahnung hatte, wie er den Mann ansprechen sollte. Wie spricht man den Souverän eines Landes an? Er hätte Waldo fragen sollen. »Äh, ich weiß nicht recht, wie ich ... Wie möchten Sie angesprochen werden?«

EFN dachte einen Moment nach. »Sir, denke ich. Ja, das gefällt mir. Sir.«

»Gut, dann Sir.« Tompkins setzte sein ernstestes Gesicht auf. »Hören Sie, ich habe Ihnen einen Brief geschrieben.«

»Ach ja, stimmt.« Wieder winkte er ab.

»Und, gehen Sie auf meine Bedingungen ein? Denn falls nicht, hat es keinen Sinn, über etwas anderes zu sprechen. Das sind meine Bedingungen.«

»Halten wir uns nicht mit Kleinigkeiten auf.«

»Kleinigkeiten?!? Für mich sind das keine Kleinigkeiten. Also, sind Sie mit meinen Bedingungen einverstanden? Ich muß das wissen.«

Ein Seufzen. »Sicher. Ganz wie Sie wollen.«

»Ich nehme Sie beim Wort.«

»Sicher. Äh ...« EFN wirkte etwas ratlos. Er sah sehnsüchtig auf seinen Bildschirm, so als würde er im Grunde am liebsten dort weitermachen, wo er unterbrochen wurde. Soweit Tompkins es sehen konnte, zeigte der Bildschirm Quellcode an, C++, dachte er.

Ein Geräusch war hinter ihnen zu hören, und Miss Lane trat mit einem Tablett mit Erfrischungsgetränken und Snacks ein. Die Miene von EFN hellte sich spürbar auf. »Oh, gut«, sagte er. Er nahm sich eine Art Cremetörtchen und schob es sich in den Mund.

»Ist das etwa ein Yes-Tortie?« konnte Tompkins sich nicht verkneifen zu fragen.

»Jaah«, antwortete EFN, den Mund voller Kuchen und Creme. Er nahm sich ein Cola. Mr. Tompkins angelte sich über Snickers-Riegel und Getränkedosen hinweg ein paar Erdnüsse.

Nachdem sie beide hinuntergegessen hatten, folgte eine längere unbehagliche Pause. Schließlich sagte EFN: »Leben Sie sich gut ein?«

»O ja.«

»Und Sie haben alles, was Sie brauchen.«

»Hmhm.«

»Wenn Sie etwas brauchen, sagen Sie es einfach.«

»Mache ich.«

Erneute Stille. Tompkins hatte erreicht, was er erreichen wollte. Vermutlich sollte er sich einfach verabschieden und gehen. Aber irgendwie kam ihm das nicht richtig vor. Er sollte ein gewisses Interesse an dem Mann zeigen. »Soviel ich weiß, sind Sie auch noch ziemlich neu hier. Sie sind wohl noch nicht lange ... na ja, was immer es ist, was Sie hier sind.«

»Tyrann. Ich habe immer gedacht, es müßte schön sein, ein Tyrann zu sein, und jetzt bin ich einer. Nein, ich bin noch nicht lange in dieser Position. Ich muß mich auch erst eingewöhnen. Aber ich denke, es wird mir gefallen.«

Das Thema interessierte Tompkins. »Wenn ich Sie das fragen darf, wie wird man ein Tyrann? Wie haben Sie diesen Job bekommen.«

EFN lehnte sich in seinen feudalen Chefsessel zurück und legte seine Füße auf den Mahagonischreibtisch. »Ein Staatsstreich«, sagte er. »Das ist jedenfalls die offizielle Sprachregelung.«

»Es war also kein Staatsstreich«

»Eigentlich nicht. Es war eher so eine Art Buy-out.«

»Wie bitte?«

»Eine Übernahme. Ein Deal. Sie wissen schon, ein bißchen Bargeld, ein paar Schuldscheine, so in dieser Art.«

»Sie haben Morovien gekauft?!?«

»Genau.«

»Das ist ... unglaublich.«

»Ja, na ja. Ich besaß eine Menge Aktien eines ziemlich großen Unternehmens in den USA. Und ich hatte etwas Geld, oder vielmehr massenhaft Geld. Und da es schon immer mein Wunsch war, ...«

»Haben Sie sich ein ganzes Land gekauft? Sie haben einfach einen Haufen Geld auf den Tisch gelegt ...?«

»Hauptsächlich Aktien.« EFN schüttelte den Kopf. »Ich hatte alle diese Aktien, aber meinen Sie, ich hätte die einfach verkaufen können oder so. Sie waren nicht registriert. Da gibt es dieses entsetzliche Ministerium, das sich einen

Spaß daraus macht, arme Spitzenmanager zu traktieren, die durch die Gründung neuer Unternehmen zu Geld gekommen sind. Und auf mich hatten sie es ganz besonders abgesehen. Als ich zum Beispiel ein paar Aktien verkaufen wollte, gerade mal genug, um mir einen bescheidenen Landsitz und ein paar Bilder zu kaufen, sind sie völlig ausgerastet.« Sein Gesicht sah etwas gequält aus.

»Aber es gibt da dieses Schlupfloch in den Regelungen für Aktien für die Firmenleitung«, fuhr EFN fort. »Danach kann man seine Aktien gegen ähnliche Aktien eines anderen Unternehmens tauschen, und das wird nicht überprüft. Deshalb bin ich an die frühere Regierung dieses Landes, die Generäle, herangetreten und habe sie dazu gebracht, Morovien in eine Aktiengesellschaft umzuwandeln. Und dann ..«

»... haben Sie einen Aktientausch vorgenommen«, ergänzte Tompkins.

»Genau. Die Generäle wurden sehr reich und zogen sich an die Riviera zurück – oder taten, was reiche alte Generäle eben so tun. Und ich bekam Morovien.«

»Sie besitzen das Land, den gesamten Grund und Boden, die Gebäude und sogar die Menschen.« Tompkins konnte es kaum fassen.

»Na ja, die Menschen wohl nicht. Aber alles andere. Und damit alles seine Richtigkeit hat, hatten wir eine Volksabstimmung, in der die Neuordnung bestätigt wurde. Mit überwältigender Mehrheit. Natürlich mußten wir ein bißchen nachhelfen und den Bürgern Aktien und Optionspakete geben. So kam jeder zu seinem Recht.«

»Aber warum haben Sie das getan?«

»Nun, zum einen für die Bilanz. Meine Güte, das ist ein besserer Deal als alles, was je an der Wall Street gelaufen ist. All diese natürlichen Ressourcen, die Strände, die Landwirtschaft, die Berge. Stellen Sie sich das Potential vor. Was es allein schon bringen würde, ein paar Resorts und Ferienanlagen an dieser schönen und dazu noch völlig unerschlossenen Küste hinzustellen ... Ich kann Ihnen sagen: Marriott und Intercontinental sind höchst interessiert daran. Und Disney natürlich auch.«

Tompkins schüttelte den Kopf.

»Ja, und dann natürlich diese phantastischen, gut ausgebildeten Leute, alle diese Programmierer und Systemanalytiker und Designer, dieser ganze Fundus von Softwareleuten. Ich habe es Ihnen noch nicht gesagt: ich war drüben in den USA im Softwaregeschäft tätig.«

»Ich verstehe.«

»Ich dachte, das hier könnte die ultimative Software-Factory sein.«

»Ich verstehe, was Sie meinen.«

»Und sie als Tyrann und nicht nur als Unternehmenschef zu leiten, hat ein paar ganz besondere Vorteile. Zumindest dachte ich das.«

»Besondere Vorteile wie zum Beispiel?«

»Na ja, wenn ich den Leuten in meiner anderen Firma sage, was ich will – zum Beispiel daß dieses oder jenes Produkt bis zum Jahresende fertig sein muß –, bin ich andauernd mit diesen Neinsagern konfrontiert.«

»Neinsagern?«

»Sie sind ständig um mich herum«, sagte EFN unglücklich. »Ich sage Jahresende, und sie runzeln mit den Augenbrauen und sagen: O nein, Bill. O nein. Nein, das geht auf gar keinen Fall. O nein, Bill. Völlig unmöglich.« Er schüttelte betrübt den Kopf. »Es ist zum Kotzen.«

Tompkins versuchte, verständnisvoll auszusehen.

»Ganz gleich, was ich wollte, immer hieß es: O nein, Bill. Und da dachte ich, daß ich einmal gerne in einer Position wäre, in der die Leute einfach nicht sagen können: O nein, Bill. Wo es ihnen nicht im Traum einfallen würde, nein zu sagen.«

»Also dachten Sie, daß die Position des Tyrannen Ihnen gewisse Management-Vorteile einbringen würde.«

»Genau.«

»Und dann kam ich und machte den Plan zunichte.«

»Ach, die Schwierigkeiten fingen schon an, bevor Sie herkamen. Nehmen wir diesen Typ, Mopoulka, der die CD-ROM-Fabrik baut. Als ich ihm dem Job gab, sagte ich ihm: Sie werden diese Fabrik in achtzehn Monaten für mich hochziehen, oder ich reiße Ihnen den Kopf ab. Das habe ich wirklich gesagt: Ich reiße Ihnen des Kopf ab. Ich wollte das schon immer sagen und ich habe es gesagt, und es war einfach traumhaft. Ich sage Ihnen, er *dachte* nicht einmal daran zu sagen: O nein, Bill. Er hat nicht einmal mit der Wimper gezuckt. Er wurde lediglich weiß wie die Wand und sagte: Zu Befehl, Sir. Es war unglaublich.«

»Aber dann begannen die Schwierigkeiten, sagten Sie?«

»Er geriet trotzdem in Verzug!« stöhnte EFN. »Er geriet in Verzug. Er würde das Projekt nicht rechtzeitig abschließen, ganz gleich, was ich gesagt hatte, ganz gleich, was ihm passieren würde. Und was zum Teufel sollte ich dann tun? Wer würde mir je wieder glauben, wenn ich ihn ungestraft davonkommen ließe? Ich hätte ihm tatsächlich den Kopf abreißen müssen.«

»Verstehe.«

»Ich weiß nicht einmal, wie man das macht. Ich meine, wer erledigt die Schmutzarbeit? Stelle ich mir einen Scharfrichter ein, der für mich arbeitet? Ich weiß es nicht. Womöglich müßte ich es selbst erledigen. Verdammt. Was für eine undankbare Aufgabe. Sie reißen einem Typ den Kopf ab, nur um für Disziplin zu sorgen, Sie wissen schon. Und wer dankt es Ihnen? Niemand, das kann ich Ihnen versichern. Obwohl es wirklich notwendig sein kann. Was für ein Schlamassel.« Wie ein geprügelter Schuljunge legte er seinen Kopf auf den Schreibtisch.

Mr. Tompkins wartete eine volle Minute lang, daß EFN weitersprechen würde. Nichts. »Also bin ich sozusagen Ihre Rettung«, wagte Mr. Tompkins sich vor.

»Ja«, kam es erstickt unter den Armen von EFN hervor.

»Ich habe Ihnen aus der Patsche geholfen.«

»So ist es.«

Nach zwei weiteren Yes-Torties und einem Cola fühlte sich EFN etwas besser. »Wir sollten über die Projekte sprechen, Tompkins. Wenigstens über eins von ihnen. Da gibt es eines, bei dem ich ein wirklich gutes Gefühl habe.«

»Welches denn?«

»Also, ich will versuchen, Ihnen zu erklären, was ich mir bei der Konzeption der Projekte gedacht habe. Wir wollen bis zum Jahr 2000 weltweit die Nummer Eins bei den Software-Exporten sein. Was machen wir also?«

»Wir denken uns ein paar Produkte aus und realisieren sie.«

»Nein. Wir realisieren sie, aber wir denken sie uns nicht aus.« Er schlug sich an die Stirn, so als wäre ihm gerade ein genialer Einfall gekommen. »Wir brauchen sie uns nicht auszudenken.«

»Nicht?« fragte Mr. Tompkins.

»Nein. Sie wurden bereits erdacht. Warum zum Teufel sollten wir etwas Neues erfinden? Wir wissen bereits, welche Produkte sich am besten verkaufen. Wir bauen sie einfach nach.«

»Ist das nicht illegal?«

»Nicht wirklich. Es wäre illegal, den Code eins zu eins zu übernehmen. Das verbietet uns das Urheberrecht. Aber kein Gesetz verbietet es uns, einen Produktnachbau von Grund auf neu zu entwickeln. Wir können ein oder zwei kosmetische Änderungen vornehmen, damit das Ganze nicht völlig identisch ist. Das dürfte reichen. Dann hat niemand das Recht, uns zu verklagen. Selbst wenn die Wettbewerber versuchen würden zu klagen, könnte kein Gericht tätig werden. Das ist die schöne neue Welt der Globalisierung. Gerichte spielen dabei keine große Rolle mehr.«

»Verstehe.«

»Also, was bauen wir? Was ist das erfolgreichste Softwareprodukt aller Zeiten? Ich meine, wenn man von der Zahl der verkauften Pakete ausgeht. Na, was meinen Sie?«

»Ich habe das Gefühl, daß Sie es mir gleich erzählen werden.«

»Es ist Quicken«, sagte er.*

»Quicken.«

»Ja. Von Intuit. Millionenfach verkauft. Läuft auf PCs und Macs und Suns und anderen Unix-Rechnern. Jeder, der einen Computer hat, besitzt das Programm. Menschen auf der ganzen Welt setzen es als Haushaltsbuch oder für die Buchführung ihrer kleinen Firma oder zur Verwaltung ihrer Investitionen ein.«

»Also ich will kein Neinsager sein, aber wenn schon jeder das Programm hat, wie wollen wir dann unseres verkaufen?«

»Das ist natürlich ein Problem. Aber Intuit selbst hat dieses Problem auch: Weil sie das Programm schon an praktisch jeden verkauft haben, fragt man sich, wo ihre künftigen Einnahmen herkommen sollen. Offensichtlich rechnet man aber damit, daß sie von irgendwoher kommen werden, sonst wäre das Kurs-Gewinn-Verhältnis ihrer Aktien nicht so hoch.«

»Und, wo kommt das künftige Einkommen her?«

»Neue Versionen.«

»Wir werden unser Quicken im direkten Wettbewerb zu ihren Aktualisierungen verkaufen? Warum sollte jemand ausgerechnet unser Produkt kaufen?«

»Preiswettbewerb.«

»Wie sollen wir einen Preiswettbewerb mit einem Produkt führen, das gerade mal 29,95 Dollar kostet?«

»Wir verschenken unseres!«

»Was? Und wie wollen wir damit Geld verdienen?«

EFN lächelte geheimnisvoll und sah ungeheuer selbstgefällig aus. »Sie entwickeln mir das Produkt, und ich verdiene das Geld damit. Unmengen von Geld. Das verspreche ich Ihnen.«

---

* Quicken ist ein eingetragenes Warenzeichen von Intuit, Inc.

Im Zug zurück nach Varsjop zog Mr. T. das Tagebuch aus seiner Mappe. Er hatte beschlossen, alle neu gelernten Lektionen darin zu notieren. Nur: Welche neuen Erkenntnisse hatte ihm dieser Tag gebracht? Er hätte gern einen Eintrag zu dem Thema »Wie man zu Geld kommt, indem man sein Produkt verschenkt« gemacht, aber offensichtlich war er noch nicht soweit. Den Trick mußte er erst noch durchschauen. Merkwürdigerweise hatte er aber nicht den geringsten Zweifel daran, daß EFN das Kind schon schaukeln würde. Der Mann schien ein ausgesprochenes Talent dafür zu haben, Geschäfte zu machen.

Vielleicht ließ sich aus der Sache Mopoulka etwas lernen und aus der Drohung, zu der EFN gegriffen hatte, in der Hoffnung, den Bau der Fabrik in kürzester Zeit realisieren zu können. Er dachte einen Moment nach, schlug das Tagebuch auf und begann zu schreiben.

Aus Mr. Tompkins' Tagebuch:

> Negative Verstärkung:
>
> ☐ Drohungen motivieren nur bedingt zu höheren Leistungen.
>
> ☐ Eine Drohung kann so ernst sein wie sie will: Eine Aufgabe wird nicht termingerecht erledigt werden, wenn die veranschlagte Zeit zu knapp bemessen ist.
>
> ☐ Schlimmer noch: Wenn das Ziel nicht erreicht wird, muß man seine Drohungen womöglich wahr machen.

6
Der beste Projektmanager der Welt

Bei der Entscheidung, ob er den Job annehmen sollte oder nicht, hatte Mr. Tompkins sich ausschließlich auf die Frage konzentriert, ob die Aufgabe es wert war, angenommen zu werden. Er hatte sich gefragt: Stimmten die grundlegenden Voraussetzungen? Konnte er seinen unmittelbaren Vorgesetzten – EFN und der morovischen Regierung – vertrauen? War die Aufgabe eine Herausforderung? Wurde sein Einsatz angemessen dotiert? Aber nun, da er die Entscheidung getroffen und sich zum Bleiben entschlossen hatte, beschäftigte ihn erstmals eine andere Frage: War er der Sache gewachsen?

Die Wahrheit lautete: Er hatte noch nie vorher soviele Leute gemanagt. Er hatte einmal ein Projekt mit zweihundertfünfzig Mitarbeitern und ungefähr fünfunddreißig Mittelmanagern geleitet. Aber fünfzehnhundert! In Morovien würden fast so viele Manager an ihn berichten, wie er in seinem größten Projekt insgesamt Mitarbeiter gehabt hatte. Und jeder einzelne von ihnen war eine unbekannte Größe. Wie Waldo ihn unablässig erinnerte: Er mußte jetzt handeln und die Projektgruppen zusammenstellen. EFN hatte sechs Projekte vorgegeben, die die Speerspitze der neuen starken Präsenz Moroviens in der Softwarewelt bilden sollten. Sechs Projekte, das war an sich nicht schlimm, aber er wollte nach wie vor Lahksas Vorschlag folgen und mehrere Teams einrichten, die unter unterschiedlichen Bedingungen an der gleichen Aufgabe arbeiten sollten: das Projektmanagement-Labor. Angenommen, er ließ an jedem Projekt drei konkurrierende Teams arbeiten. Das hieße, er müßte achtzehn Projektteams bilden und achtzehn Manager auswählen.

Waldo hatte alle zweihundert Softwaremanager in Aidrivoli aufgefordert, einen Lebenslauf zu erstellen, und jetzt warteten die zweihundert Lebensläufe auf seinem Schreibtisch. Er starrte sie mit Entsetzen an, und sie starrten anklagend zurück. Er hatte nicht die leiseste Idee, wo er anfangen sollte.

Bei besonders großem Streß fühlte er sich immer ganz leer im Kopf. Er hatte dann die dumme Angewohnheit, abzuschalten und sich abzulenken, statt sich der anstehenden Aufgabe zu stellen. Heute bestand seine Ablenkung darin, ein Buch zu lesen, das Lahksa auf einem Stapel in seinem alten Schlafzimmer gefunden, eingepackt und hier in seinem Büro in einem Regal verstaut hatte. Das Buch hieß *Strukturelles kybernetisches Management*, und er hatte es schon immer lesen wollen. Bisher war er jedoch viel zu beschäftigt damit gewesen zu managen, als daß er sich mit Managementtheorien hätte befassen können. Jetzt war er entschlossen, sich die Zeit dafür zu nehmen, wenigstens ein paar Stunden, bevor er sich dem entsetzlichen Stapel mit den Lebensläufen zuwenden mußte. Er legte die Füße auf den Schreibtisch und begann zu lesen.

Das Buch war todlangweilig. Am Ende jedes Kapitels legte er es nieder und klappte sein Tagebuch auf, um sich seine neu gewonnenen Erkenntnisse zu notieren. Aber Kapitel für Kapitel war ihm nichts eingefallen, und er hatte keine einzige Zeile geschrieben. »Die wirklich interessanten Dinge kommen wahrscheinlich am Schluß«, tröstete er sich am Ende von Kapitel 10 und wandte sich Kapitel 11 zu.

Waldo kam mit einer Tasse starken morovischen Kaffees herein. Er sah Mr. T. seltsam an. »Der Chef steckt in der Krise«, bemerkte er.

»Ich wappne mich für die vor mir liegende Aufgabe«, informierte ihn Tompkins und wies mit dem Kopf auf den gigantischen Stapel Lebensläufe.

»Ziemlich deprimierend, nicht?« sagte Waldo mitleidig.

»Allerdings. Aber ich packe das schon. Ich dachte nur, ich sollte mir die Zeit nehmen, mich inspirieren zu lassen, bevor ich anfange. Ich arbeite mich in das strukturelle kybernetische Management ein. Es wird mir zweifellos unschätzbare Dienste dabei leisten, mir einen Eindruck über die Manager auf der Personalliste zu verschaffen und zu entscheiden, wen ich für welches Projekt einsetze.«

»Ah so.«

»Genau.«

»Wie haben Sie denn Personalentscheidungen in Ihrem früheren Job getroffen, Boss? Ich meine, bevor Sie den strukturellen kybernetischen Ansatz kannten? Wenn Sie mir diese Frage gestatten.«

Tompkins klappte das Buch zu und setzte sich aufrecht hin. »Das war ganz anders. Ich habe keine Entscheidungen allein getroffen. Ich hatte eine Gruppe von Kollegen und Mitarbeitern, denen ich vertraute und die ich seit Jahren kannte. Wir saßen herum und diskutierten die Möglichkeiten durch.«

»Ich verstehe.«

»Die Sache mit dem Herumsitzen habe ich schon ganz gut im Griff ...«

»Das sehe ich. Aber die Sache mit dem Ausdiskutieren klappt nicht so recht. Es ist keiner zum Ausdiskutieren da.« Waldo war ein scharfer Beobachter.

Mr. Tompkins seufzte. »Wie wahr.« Das war des Pudels Kern. Er war mutterseelenallein. Lahksa hatte gesagt, er könne ein paar seiner Leute mitbringen und den einen oder anderen Berater importieren. Aber bis es soweit war, mußten Verhandlungen geführt und Vorbereitungen getroffen werden. Und das würde dauern. Niemand läßt alles liegen und stehen, um einen neuen Job in Morovien anzunehmen. (Er begann zu verstehen, warum Lahksa sich entschlossen hatte, ihn zu kidnappen.) Nein, es würde noch lange kein vertrautes Gesicht in der Führungsetage geben, vielleicht viele Monate nicht. Und in diesen Monaten mußte er alle Schlüsselentscheidungen alleine treffen, Schlüsselentscheidungen, die den Weg der Projekte unwiderruflich vorzeichnen würden.

»Ich wüßte da vielleicht eine Möglichkeit ...«, deutete Waldo an.

»Wirklich?«

»Ich meine, eine Möglichkeit, wie wir auf die Schnelle einen Kollegen für Sie beschaffen könnten – jemanden mit langjähriger Erfahrung in der Leitung großer Projekte in amerikanischen Unternehmen. Er heißt Binda.«

»Oh ja, EFN hat ihn erwähnt. Er war der Typ, der ursprünglich meinen Job machen sollte, nicht wahr?«

»Ja, Lahksa hat ihn herübergebracht – auf die übliche Weise.«

»Und der Bursche war so vernünftig, den Job abzulehnen?«

»Mehr oder weniger.«

»Ja, und dann? Ist er nicht zurückgeflogen?«

»Nein. Aus irgendeinem Grund blieb er hier hängen. Es war alles sehr seltsam. Keiner von uns hat ihn je getroffen. Er kam an, bezog seine Suite – sie liegt direkt neben Ihrer – und verschwand. Gelegentlich kommt er zurück, um Bücher zu holen oder Sachen zu deponieren. Er bleibt nie über Nacht. Ich weiß nicht einmal, wie er aussieht.«

»Und Sie meinen, er wäre möglicherweise bereit, als Teilzeit-Berater für uns zu arbeiten?«

»Fragen kostet nichts.« Waldo sah verlegen aus. Und er hielt etwas hinter seinem Rücken versteckt.

»Hm. Und was Sie da hinter Ihrem Rücken haben, ist zweifellos Bindas Lebenslauf. Geben Sie schon her, Waldo.«

»Sie kommen mir zuvor, Boss.« Waldo reichte ihm die vier Blätter.

Tompkins las laut aus den Unterlagen vor: »B. Binda. Geboren 1950. Ausbildung: U.C. Berkeley, summa cum laude, Mitglied der Rudermannschaft; MBA, Harvard. Berufserfahrung: Xerox PARC, Apple, dann kurze Zeit bei Tandem, acht Jahre Projektleitung bei Hewlett-Packard, und schließlich zehn Jahre bei Computer Sciences. Wow, und schauen Sie sich diese Projekte an, kein einziger Fehlschlag darunter. Bei einigen davon habe ich mich immer gefragt, wer sie wohl geleitet hat.«

»Ich weiß natürlich nicht, ob er einverstanden ist.«

»Aber wie Sie schon sagten: Fragen kostet nichts. Verdammt noch mal – ich glaube, das mache ich. Wer weiß, vielleicht hat der Typ Lust, als zweiter Mann an Bord zu kommen.« Er fühlte sich bereits viel besser. Mit jemandem wie Binda an seiner Seite sah die vor ihm liegende Aufgabe schon sehr viel weniger beängstigend aus. »Wie finde ich ihn?«

»Am besten fragen Sie Lahksa.« Waldo nahm Tompkins' leere Tasse und verschwand.

Tompkins eilte den Flur hinunter in Lahksas Büro. Weil in ihrem Beruf nicht viel Papierkram anfiel, gab es in ihrem Büro nicht einmal einen Schreibtisch. Statt dessen stand neben dem Fenster eine bequeme Couch. Dort hatte sie es sich mit einem Taschenbuch gemütlich gemacht.

»Lahksa, wo finde ich diesen B. Binda? Wissen Sie vielleicht, wo er sich herumtreibt?«

»Sie.«

»Was?«

»Sie. Sie ist eine Frau, Webster. Eine Frau, Sie wissen schon.«

Er starrte sie fassungslos an. »Oh. Ich dachte nur ...«

»Nichts als Vorurteile, mein Lieber. Auch Frauen können Manager sein.«

»Ich habe nicht die geringsten Vorurteile.« Er verabschiedete sich von dem inneren Bild, wie er und sein neuer Kollege Binda bei ein paar Flaschen Bier die Lebensläufe durcharbeiten und sich Kriegsgeschichten aus ihrer nicht ganz unähnlichen Vergangenheit erzählen würden. Und statt dessen versuchte er sich vorzustellen, wie er und ... Er wußte nicht einmal ihren Namen. »Wie heißt sie denn?«

»Belinda.«

Er und Belinda Binda. »Nicht die geringsten Vorurteile«, wiederholte er. »Waldo sagt, sie hat beschlossen, in Morovien zu bleiben, zumindest eine Weile lang. Haben Sie eine Ahnung, wo ich sie finden kann?«

Lahksa klappte ihr Buch zu und setzte sich gerade hin. »Ich nehme an, Sie kennen Ihre Geschichte.«

»Sie hat den Job abgelehnt. Kluge Frau.«

»Nein, ganz so war es nicht. Sie hatte vor ein paar Jahren einen Burnout. Wenn Sie sich Ihren Lebenslauf genauer ansehen, werden Sie feststellen, daß er 1995 endet. Sie hat den Job einfach eines Tages hingeschmissen und ist nie zurückgekommen. Den Lebenslauf, den Sie in der Hand halten, habe ich zusammengestellt. Ich habe mir von CSC eine Kopie ihres früheren Lebenslaufs beschafft und um eine Zusammenfassung ihrer Tätigkeiten dort ergänzt, soweit ich sie den Unterlagen entnehmen konnte.«

»Weiß man bei Computer Sciences, daß man Ihnen diese Informationen überlassen hat?«

»Natürlich nicht«, sie setzte ihr schelmisches Lächeln auf. »Wie auch immer, dann machte ich mich daran, sie aufzuspüren. Ich fand sie in San José.«

»Da gibt es eine Menge guter High-Tech-Firmen. Wahrscheinlich war sie ...«

»Sie war eine Stadtstreicherin.«

»Was?«

»Eine Stadtstreicherin wie aus dem Bilderbuch: mit einem Einkaufswagen voller alter Sachen. Und sie war unbeschreiblich schmutzig.«

»Ich kann das nicht glauben. Sie haben versucht, den Job mit einer Stadtstreicherin zu besetzen?«

»Sie war zu ihrer Zeit die beste Projektmanagerin der Welt. Sie versäumte nie einen Termin, sie schloß nie ein Projekt ab, das kein voller Erfolg gewesen wäre. Und es gibt ungefähr tausend Leute in der Branche, die ohne zu zögern wieder für sie arbeiten würden, die mit ihr durch dick und dünn gehen würden.«

»Aber eine Stadtstreicherin, die auf der Straße lebt!«

»Sie war immer noch die Beste, die Brillanteste. Wir haben eine Stunde lang über das Management großer Projekte gesprochen. Ich habe nie jemanden mit mehr Sachverstand über das Thema reden hören. Auf jeden Fall wollte ich nichts unversucht lassen: Vielleicht würde sie sich ja doch dazu bewegen lassen, in die Zivilisation zurückzukehren. Nach einer Stunde machte ich ihr mein Angebot.«

»Sie boten ihr den Job an.«

»Nein, ein Stück Zucker mit 2 ml Secobarbital und einem Tropfen LSD. Das ist mein übliches Rezept, das gleiche, das ich auch bei Ihnen angewendet habe.«

»Die Droogn.«

»Ja. Sie schob es sich in den Mund. Sagte, ihrem Körper fehle es bedauerlicherweise an bewußtseinsverändernden Substanzen.«

»Und dann brachten Sie sie hierher und erzählten ihr von dem Job.«

»Genau. Sie sagte wohlerzogen danke. Sie sagte, sie habe schon immer reisen wollen, und eigentlich spräche nichts gegen Morovien. Sie wollte wissen, ob das Wetter schön sei. Ich sagte ja, und sie stand auf und ging. Sie ging hinunter zu den Docks am Hafen. Und seither lebt sie dort.«

»Sie ist eine morovische Stadtstreicherin geworden.«

Lahksa seufzte. »Ja, so könnte man es nennen.«

Sie war unschwer zu erkennen. Aus der Tatsache, daß sie in Berkeley in der Damenmannschaft gerudert war, schloß Tompkins, daß sie groß sein mußte, und mit dieser Vermutung lag er richtig. Selbst als sie da so im Hafenpark im Gras saß, sah sie lang und geschmeidig aus. Etwas Magnetisches umgab sie – etwas Magnetisches oder leicht Verrücktes; es lag in ihren Augen.

»Ich denke, Sie sind Belinda Binda.«

»Kein schlechter Gedanke. Und wer, denken Sie, sind Sie?«

»Tompkins. Webster Tompkins.«

»Nehmen Sie Platz.« Sie warf einen Blick auf den Platz neben sich, und Tompkins setzte sich zu ihr ins Gras.

Belinda sortierte Dosen und Flaschen aus. Alle Flaschen und ein Teil der Dosen, so schien es, besaßen einen Pfandwert. (EFN hatte ein Pfandsystem eingeführt, um den Müll auf den Straßen zu verringern.) Einige der Dosen allerdings trugen keine Pfandmarke. Die, für die sie ein Pfand einlösen konnte, steckte sie in einen riesigen Kartoffelsack an ihrer Seite; die anderen warf sie in einen Müllcontainer aus Draht, der unter einer Palme stand. Tompkins sah ihr bewundernd zu. Der Müllcontainer stand gut zehn Meter von ihr entfernt, aber sie verfehlte ihn kein einziges Mal. Jede einzelne Dose landete mit einem gezielten Wurf im Container.

»Wow«, sagte er nach den ersten paar Würfen. »Sie sind gut.«

»Alles eine Frage der Konzentration«, sagte sie. »Man darf einfach nicht darüber nachdenken. Man braucht einen leeren Kopf. Wie es aussieht, habe ich momentan den Kopf ohnehin nicht sehr voll.«

»Ich verstehe. Ein klarer Kopf, das ist es.«

»Klar, oder einfach nur leer.«

»Ich habe Ihnen etwas mitgebracht – vielleicht haben Sie Lust, sich darüber den Kopf zu zerbrechen. Ein Geschenk.« Er reichte ihr seine Ausgabe von *Strukturelles kybernetisches Management.*

Sie blätterte kurz darin und begann dann, den Text rasch zu überfliegen. Ab und an hielt sie inne, um ein paar Worte oder eine Zahl in sich aufzunehmen. Dann klappte sie das Buch zu. »Lieb von Ihnen, Webster, mir ein Geschenk mitzubringen. Aber, äh ...«

»Es ist nicht Ihr Fall.«

»Nein.« Belinda warf das Buch in hohem Bogen in den Papierkorb. »Purer Schwachsinn.«

»Hmm. Sie nehmen kein Blatt vor den Mund, nicht wahr?«

»Als Stadtstreicherin kann ich mir das leisten. Sie sollten es auch versuchen. Wirklich. Es befreit Sie von Ihren Zwängen.«

»Kann ich mir vorstellen. Also, was das strukturelle kybernetische Management anbetrifft, bin ich etwa zur gleichen Meinung gekommen wie Sie. Ich habe nur länger dafür gebraucht. Irgendwie scheint dem Autor entgangen zu sein, was Management eigentlich heißt. Ich meine, er schreibt einfach zu ...«

»Kopflastig. Das Buch ist eine einzige Kopfgeburt. Management ist aber keine durchgeistigte Wissenschaft.«

»Vermutlich nicht, nein.«

»Überlegen Sie doch einmal, welche Ihrer Organe beim Managen am meisten beansprucht sind. Bestimmt nicht der Kopf. Management hat vor allem mit dem Bauch, dem Herzen und der Seele zu tun.«

»Tatsächlich?«

»Tatsächlich. Ein Manager muß lernen, auf sein Gefühl im Bauch zu vertrauen, mit dem Herzen zu führen und seinem Team und seiner Organisation eine Seele einzuhauchen.«

»Seinem Gefühl im Bauch zu vertrauen ...«

»Zum Beispiel bei Personalentscheidungen. Sie ziehen jemanden für eine Schlüsselposition in Betracht, der auf dem Papier gut aussieht, aber irgendetwas sagt Ihnen, weiterzusuchen. Dieses Etwas ist Ihr Gefühl im Bauch. Und dann stoßen sie auf einen anderen Kandidaten und eine kleine Stimme in Ihnen jubiliert: »Das ist er!« oder »Sie ist es! Schnapp' sie dir, gib' ihr das Projekt und laß' sie in Ruhe arbeiten.« Was hier spricht, ist Ihr Instinkt. Die besten Manager sind die mit den besten Instinkten. Die wichtigste Gehirnfunktion eines Managers ist es zu wissen, wann er seinem Gefühl im Bauch vertrauen muß.«

»Hm.« Das mußte Tompkins erst einmal verdauen. »Das war der Bauch. Und das Herz?«

»Es ist Ihr Herz, auf das die Menschen ansprechen. Sie folgen Ihnen nicht, weil Sie intelligent sind oder weil Sie immer recht haben, sondern weil sie Sie mögen. Ich weiß, das klingt verrückt, aber es ist die Wahrheit. Die Manager, die ich bewundert habe, hatten alle ein riesengroßes Herz. Führung steht und fällt mit dem Herzen. Eine kopflastige Führungskraft kann führen so viel sie will: Die Mitarbeiter ziehen nicht mit.«

Mr. Tompkins grübelte. »Das ist natürlich als Rezept ungeeignet. Schließlich kann man das Herz, das man hat, kaum verändern. Ihre Definition von Management läßt keine Möglichkeit offen zu lernen, ein guter Manager zu sein.«

»Vielleicht nicht. Vielleicht muß man dazu geboren sein.«

Er schüttelte den Kopf. »Ich habe dazu noch keine endgültige Meinung. Vielleicht muß man dazu geboren sein. Aber andererseits wachsen die Menschen auch in Management-Aufgaben hinein; sie fangen ungeschickt an, gewinnen an Selbstsicherheit und entwickeln sich im Lauf der Zeit zu wunderbaren Managern. Heißt das, sie entwickeln ein riesengroßes Herz?«

»Ja, das denke ich.«

»Vielleicht. Und die Seele? Welche Rolle spielt sie?« fragte er sie.

»Das ist etwas komplizierter. Es hat mit der Tatsache zu tun, daß Projekte in dem Maße gedeihen, wie die Menschen lernen, effektiv zusammenzuarbeiten. Wenn sie arbeiten würden, ohne miteinander in Berührung zu kommen, wie Akkordarbeiter an unterschiedlichen Standorten, die einander nicht kennen, würde die Seele keine Rolle spielen. In diesem Fall wäre Management nichts anderes als die Koordination verschiedener Aufgaben, also ein rein mechanischer Prozeß.«

»Vielleicht würde der strukturelle kybernetische Ansatz in solchen Fällen funktionieren.«

»Kann sein. Aber in der wirklichen Welt brauchen wir enge, herzliche und fast intime Verbindungen zwischen den Teammitgliedern und eine problemlose, effektive Interaktion über alle Hierarchie-Ebenen hinweg.«

»Und wie bringen Sie so ein Team zum Entstehen?«

»Man *bringt* es nicht zum Entstehen. Man *läßt* es entstehen. Man schafft ein Klima, in dem es entstehen *kann*. Und wenn man Glück hat, entsteht es tatsächlich.«

»Und die Rolle des Managers bei alledem ...«

»... ist es, ein Klima zu schaffen, in dem Beziehungen optimal gedeihen können, oder – poetischer ausgedrückt – die Organisation zu beseelen. Daran führt kein Weg vorbei, auch wenn es unterschiedliche Möglichkeiten gibt, dieses Ziel zu erreichen. Vielleicht stilisieren Sie Qualitätsarbeit zum Kult hoch, oder Sie vermitteln den Leuten das Gefühl, ihre Gruppe sei auf ihrem Gebiet eine Elite, die beste der Welt. Sie bringen Sie dazu, über Integrität nachzudenken und alles, was mit diesem Wort verbunden ist. Ein Team braucht eine gemeinsame Vision – ganz gleich, welche. Diese gemeinsame Vision ist es, was eine Gruppe eint und sie beseelt.«

»Klingt kompliziert.«

»Halb so wild. Sehen Sie, Gruppen sehnen sich verzeifelt nach Einheit. Der Mensch hat – fest in seine Firmware eingebaut – das Bedürfnis, Teil einer Gemeinschaft zu sein. Und in unserer sterilen Welt ist Gemeinschaft nicht leicht zu finden. Denken Sie bloß an die Schlafstädte, in denen die meisten Menschen wohnen: Sie sind zum Einschlafen, Gemeinschaft gibt es dort nicht.«

»Das stimmt. Erstaunlich viele Leute kennen nicht einmal ihre Nachbarn.«

»Gemeinschaft geht heute nicht mehr von den Städten aus. Aber das Bedürfnis nach Gemeinschaft ist immer noch in uns vorhanden. Die meisten von uns finden Gemeinschaft am ehesten am Arbeitsplatz.«

Mr. Tompkins hatte das Bedürfnis, sich in den Arm zu kneifen. Da saß er hier neben einer Stadtstreicherin in einem morovischen Park und redete mit ihr über Seele und Gemeinschaft. Wahrscheinlich waren anderen Menschen an anderen Orten schon seltsamere Dinge widerfahren, aber ihm ganz gewiß nicht. Nun gut. Er gab nicht nach: »Eine Seele in die Organisation zu bringen, würde demnach bedeuten, Einzelindividuen zu einer verschworenen Gemeinschaft zu formen.«

»Hm. Genau. Die Seele, die Sie der Organisation einhauchen, ist wie das Sandkorn in einer Muschel; sie ist der Keim, um den herum sich Gemeinschaft zu formen beginnt.«

Er blickte über den Hafen in die Ferne, und seine Augen verloren sich in der Weite des Meeres. Belinda sortierte weiter ihre Dosen und Flaschen.

»Das also ist es?« sagte er nach einer langen Pause. »Bauch, Herz und Seele. Das also ist das Geheimnis des Managements.«

»Hm. Der Bauch, das Herz, die Seele ... und die Nase.«

»Die Nase?«

»Genau. Ein guter Manager braucht auch einen Riecher für Scheiße.«

Mr. T. blieb fast den ganzen Nachmittag und redete mit Belinda Binda. Als dann die Dämmerung über ihnen hereinbrach, unterbreitete er ihr sein Angebot.

»Belinda, ich möchte, daß Sie Ihre Instinkte für mich arbeiten lassen. Würden Sie das in Erwägung ziehen? Könnten Sie sich vorstellen, mit mir zusammenzuarbeiten?«

»Sie wollen mich als Beraterin engagieren?«

»Ja.«

»Das wird teuer für Sie werden, Webster.«

»Nennen Sie Ihren Preis.«

»Einen Einkaufswagen.«

»Das ist alles? Ein Einkaufswagen?«

»Das ist alles. Sie können sich nicht vorstellen, wie nervtötend es ist, als Stadtstreicherin ohne Einkaufswagen zu leben. Ohne Platz für meinen Kram.«

»Einen Einkaufswagen. Okay, das können Sie haben. Abgemacht.«

Sie gaben einander ernsthaft die Hand.

»Sie müssen sich ein bißchen herrichten«, sagte er ihr. Er sah vielsagend auf ihre nackten Füße und Knöchel, die vor Schmutz starrten.

»Sie meinen, ich soll mich waschen und etwas Sauberes anziehen?«

»Ja«, sagte er mit fester Stimme.

»Sie meinen, ich soll mich benehmen wie ein normaler Mensch.«

»Ja. Nach außen hin zumindest. Der Rest von Ihnen bleibt am besten, wie er ist.«

»Sie will einen Einkaufswagen«, informierte er Lahksa.

Lahksa drehte die Augen gen Himmel.

»Das dürfte ja wohl nicht allzu schwierig sein? Wir gehen in den örtlichen Supermarkt und besorgen uns einen.«

»Webster, in Morovien gibt es keine Supermärkte.«

»Oh.«

»Wir sind hier in der dritten Welt, vergessen Sie das nicht.«

»Okay, dann müssen wir einen aus dem Ausland beschaffen. Fliegen Sie nach London und klauen Sie einen bei Sainsbury. Das müßte Ihnen doch liegen. Das ist es doch, was Industriespione können, nicht wahr? Sachen stehlen?«

»Dazu bin ich sicherlich in der Lage. Sainsbury ist nicht das Problem. Aber ich denke an British Air. Können Sie sich vorstellen, welches Theater die machen, wenn ich versuche, einen Einkaufswagen als Gepäck aufzugeben? Die werden sämtliche Zustände kriegen.«

Er ging und überließ es Lahksa, das Problem zu lösen. Zurück in seinem Büro klappte er sein Tagebuch auf und nahm einen Stift in die Hand.

Aus Mr. Tompkins' Tagebuch:

Die wichtigsten Körperteile des Managers sind Herz, Bauch, Seele und Nase. Sie braucht er, um

- mit dem Herzen zu führen,
- dem Gefühl im Bauch zu vertrauen (auf die innere Stimme zu hören),
- die Organisation zu beseelen,
- zu riechen, daß etwas stinkt.

7
Mitarbeiter anheuern

Belinda kreuzte in einem frischen Sommerkleid und strahlend sauber in seinem Büro auf. Das einzige Zugeständnis, zu dem sie sich nicht hatte aufraffen können, waren ordentliche Schuhe. Sie kam mit bloßen Füßen. »Schuhe? Nie wieder«, klärte sie ihn auf, als er sie danach fragte. Nun gut, damit konnte er leben. Selbst barfuß überragte sie ihn um gut fünfzehn Zentimeter.

»Okay«, sagte er. »Ich denke, wir sollten anfangen.« Er zog einen Stuhl für sie an seinen Schreibtisch heran und deutete auf den Stapel mit den Lebensläufen. »Den müssen wir abarbeiten.«

Belinda blieb stehen. Mit angewidertem Gesicht nahm sie einen der Lebensläufe in die Hand. »Wo sitzen diese Leute?« fragte sie nach einem Moment. »Stunden von hier?«

»Ich denke, eher Minuten von hier. Sie sind vermutlich alle irgendwo in diesem Gebäudekomplex untergebracht.«

Ihr Gesicht hellte sich auf. »Oh, das ist gut.« Sie holte einen Papierkorb und fegte den Stapel mit den Lebensläufen ohne weitere Umstände vom Tisch. »Schauen wir uns statt der Lebenläufe lieber die Leute selbst an.«

Mr. Tompkins starrte sie verblüfft an, aber sie war bereits auf dem Weg zur Tür.

Von Waldo bekamen sie eine Liste der Leute, die sie interviewen mußten. Darauf war auch vermerkt, wo sie sie auf dem Campus finden konnten. Nach ein paar Minuten standen sie im Büro des ersten Kandidaten, einem intelligent aussehenden jungen Mann, der untadelig in ein sportliches Jacket und eine braune Hose gekleidet war.

»Wir würden gern Ihre Ansichten über Management hören«, fing Belinda an. »Worauf kommt es Ihnen beim Managen von Projekten an?«

Die Augen des jungen Mannes leuchteten auf, das Thema war offensichtlich nach seinem Geschmack. »Management ...«, sagte er. »Wenn ich über Management nachdenke, kommt mir immer der Film *Patton* in den Sinn. Haben Sie den Film gesehen? Sie wissen schon, mit George C. Scott als Patton?«

Belinda und Webster nickten.

»Also, ich bin wie Patton. Ich meine, ein Projektmanager ist wie Patton. Muß wie Patton sein. Wie Patton in der ersten Kampfszene des Films, als er den Befehl zum Angriff auf Rommel gibt. Er bestimmt den Kampfverlauf. Er hat das Sagen.«

Der junge Mann sprang auf und umspann mit großer Geste ein imaginäres Schlachtfeld. »Wir brauchen die Luftunterstützung! befiehlt er. Und die Luftunterstützung kommt. Tack-Tack-Tack-Tack! ... WHUMM! Flanke aufrollen! Linkes Schwadron zum Angriff vorbereiten! Angriff! Und zurückfallen lassen! Schneller, schneller! Zurück, zurück, warten auf mein Kommando ... JETZT! Feuer, Feuer, volles Rohr! Rechter Flügel zur Unterstützung anrücken. Ja, das ist es. GENAU! Jetzt die taktische Luftunterstützung: Bomben mitten rein. Und dann das Filetstück: Reserve von links anrücken. Schnell. Ja, genau, dort wo der Feind nicht mit uns rechnet. Gut! Whumm! Macht sie alle. Jaaa!«

Mr. Tompkins saß mit offenem Mund da. Er hatte Mühe, ihn wieder zu schließen. Er sah zu Belinda hinüber. Sie wirkte ausdruckslos, vielleicht sogar ein bißchen schläfrig.

»Das also«, beeilte sich Tompkins zu sagen, »verstehen Sie unter Management.«

»Absolut. Es ist, als würde man eine Panzerschlacht befehligen. Der Manager ist der Kopf, und alle anderen bilden das Fußvolk.«

Als Mr. Tompkins wenig später allein mit Belinda den Gang entlang ging, bemerkte er: »Schien mir ein ernsthafter junger Mann zu sein. Ich hatte das Gefühl, Sie waren nicht besonders beeindruckt.«

Sie schnitt eine Grimasse. »Sie haben den Film doch gesehen, Webster? *Patton*? Haben Sie ihn gesehen?«

»Habe ich, ja.«

»Und erinnern Sie sich an die Szene am Anfang, wo Patton nach Darstellung unseres jungen Freundes die Schlacht kommandiert haben soll? Die Wahrheit ist: Patton gibt in dieser Szene keinen einzigen Befehl. Er beobachtet die ganze Sache durch sein Fernglas. Er sieht, wie die Panzerdivision den Bergrücken heraufkommt, ganz so, wie er es erwartet hatte. Und im Ausguck des Panzers steht ein Offizier mit einer Reitgerte unter dem Arm. Patton richtet das Fernglas auf ihn und sagt: ›Rommel, du ausgefuchster Bastard, ich habe dein Buch gelesen.‹ Er hat das Buch gelesen und kann sich deshalb vorstellen, was Rommel wahrscheinlich tun wird. Dann beginnt die Schlacht. Die Attacke, der Flankenangriff, der vorgetäuschte Rückzug, der erneute Angriff, die Luftunterstützung, die Ankunft der Reserve. Und die ganze Zeit über sieht Patton einfach nur zu. Er gibt keinen einzigen Befehl.«

»Dann hat der Bursche die Sache wohl ein bißchen durcheinandergebracht. Ehrlich gesagt, ich konnte mich selber nicht mehr an die Details erinnern.«

»Er hat sich an das erinnert, woran er sich erinnern wollte. Und er wollte sich daran erinnern, daß der General, der Manager sozusagen, als einziger über die notwendigen Informationen verfügte, daß er der intelligente Kopf und alle anderen reine Befehlsempfänger waren.«

»Aha.«

»Aber Patton war nicht so. Er war nicht der aktive Kopf der Schlacht. Er hat die Informationen an seine Offiziere weitergegeben. Als die Schlacht begann, war Pattons Aufgabe bereits erfüllt. Und das war ihm klar.«

Das zweite Interview endete, noch bevor es begonnen hatte. Sie nahmen am Schreibtisch eines zweiten, ernst aussehenden jungen Mannes Platz, der ebenfalls ziemlich gut angezogen war.

»Wir würden gern etwas über Ihre Management-Philosophie hören«, eröffnete Tompkins, so wie vorher Belinda, das Gespräch.

»Hm ...«, begann der junge Mann.

Belinda wandte sich an Webster. »Nehmen Sie ihn«, sagte sie.

»Was?!?«

»Nehmen Sie ihn.«

»Warten Sie, ich habe ja noch nicht einmal seinen Namen aufgeschrieben.«

»Kartak. Elem Kartak«, informierte ihn der junge Mann. »Heißt das, ich habe den Job?«

»Hm, ja, ich glaube schon ...«, sagte Tompkins.

»Definitiv«, sagte Belinda.

Tompkins schrieb den Namen des Mannes pflichtschuldigst auf sein Clipboard. Na schön, das war einer. Siebzehn standen noch aus.

Draußen im Korridor konnte Tompkins sich nicht länger zurückhalten. »Belinda, was um Himmels willen sollte das denn?«

»Nun ja, ich habe mit ein paar seiner Leute gesprochen, während Sie auf der Toilette waren. Als ich sie nach Elem fragte, gingen in ihren Augen die Lichter an. Und ist Ihnen aufgefallen, wie sein Büro eingerichtet ist?«

»Äh ...«

»Es sieht nicht wie ein Büro aus. Mit all den angepinnten Unterlagen wirkt es eher wie eine Schaltstelle, so eine Art Kommandozentrale.«

»Ja, das ist mir auch aufgefallen. Die Wände waren mit Zeichnungen zugepflastert.«

»Entwürfen, Schnittstellen-Templates, Terminplänen, Meilenstein-Diagrammen. Es war einfach toll. Und kein Schreibtisch. Nur ein langer Tisch mit vielen Stühlen. Offensichtlich führen sie die Kommandozentrale alle gemeinsam.«

»Ist es das, was wir suchen? Manager ohne Schreibtisch? Manager, die ihr Büro in eine Kommandozentrale verwandeln?«

»Was wir suchen, sind Manager, die aufgeweckt genug sind, die Welt, die sie vorfinden, so zu verändern, daß sie mit den Plänen und Zielen harmoniert, die sie und ihre Leute verfolgen.«

Sie führten an diesem ersten Tag fast dreißig Interviews. Die Interviews ließen sich problemlos einer von zwei Kategorien zuordnen. Bei den Interviews der ersten Kategorie lächelte Belinda höflich und ein bißchen verträumt und wartete, daß der Kandidat zum Ende kam; dann suchten sie das Weite. In den Interviews der zweiten Kategorie schnitt sie dem Kandidaten das Wort ab und sagte Webster, er solle ihn einstellen. Es war Tompkins nicht immer ganz klar, was sie in einem erwählten Kandidaten sah, aber er hatte bei allen ein recht gutes Gefühl. Offensichtlich vertraute sie ihrem Instinkt. Gelegentlich traf er die Entscheidung, und Belinda nickte zustimmend. Ehe sie einen der neu angeworbenen Manager verließen, ließ Belinda es sich nicht nehmen, sie nach Empfehlungen zu fragen: Wer waren, ihrer Meinung nach, die besten anderen Manager im Unternehmen?

Beim letzten Interview an diesem Tag zeigten beide schon deutliche Verfallserscheinungen. Sie wurden in das Büro einer Frau namens Molly Makmora geführt. Belinda bat sie, das Projekt zu beschreiben, das sie gerade leitete: ein Vorhaben, bei dem es darum ging, ein paar Reportgeneratoren für die morovische Hafenverwaltung zu entwickeln. Molly hatte kaum begonnen, das Projekt mit dem gebotenen Enthusiasmus zu skizzieren, als sie von einem Klopfen an der Tür unterbrochen wurde.

»Entschuldigen Sie mich, bitte«, sagte sie. »Einer meiner Leute, nehme ich an.«

Der Mann an der Tür war offensichtlich außer sich. »Molly«, sagte er, »da ist ein Typ, der die Beichte ablegen möchte. Es ist dringend.«

7 Mitarbeiter anheuern

»Ja, klar«, sagte sie. »Ich hole nur meinen Schal.« Sie ging zum Schrank und beugte sich hinein, mit dem Rücken zur Tür. Webster und Belinda konnten ihre Neugierde nicht zähmen und gingen hinaus in den Flur, wo sie sahen, wie der gleiche Mann in einem mit üppigen Schnitzereien verzierten Beichtstuhl verschwand. Er zog den Vorhang hinter sich zu und einen Augenblick später ging über seiner Tür das grüne Licht aus und ein rotes Licht an.

Dann kam Molly aus ihrem Büro und legte sich einen geblümten Seidenschal um den Hals. »Es dauert höchstens zwei Minuten«, sagte sie.

Sie betrat den Beichtstuhl durch eine zweite Tür und schloß sie fest hinter sich. Sie hörten, wie ein Schiebefenster zwischen den beiden getrennten Teilen des Beichtstuhls zurückgeschoben wurde. Dann Stimmengemurmel, Stille und wieder das Geräusch des Schiebefensters. Das Licht wechselte von rot auf grün, und der Mann kam heraus und ging rasch den Flur hinunter um die Ecke. Kurz darauf tauchte Molly auf. Sie nahm ihren Schal ab und führte Belinda und Webster in ihr Büro zurück.

Sie schloß die Tür. »Sie fragen sich, was das sollte.«

»Ehrlich gesagt, ja«, gab Mr. Tompkins zu.

»Also, er wollte mir sagen, daß seine Tests länger dauern werden als erwartet. Um genau zu sein: er wird den Meilenstein-Termin mindestens um zwei Wochen überziehen, wenn nicht sogar um vier.« Sie ging zu ihrer Weißtafel und zeichnete einen roten Kreis um einen der Meilensteine. Dann zeichnete sie eine Linie ein, die etwa vier Wochen umfaßte, um zu verdeutlichen, wann der geänderte Meilenstein voraussichtlich erreicht werden würde.

Sie wandte sich ihnen wieder zu, um festzustellen, daß sie noch immer perplex aussahen. »Manchmal ist es einfach schwer, seiner Chefin in die Augen zu schauen und zuzugeben, daß man im Rückstand ist. Manchmal ist es einfacher, Termine ohne Vorwarnung platzen zu lassen. Wenn sie dann das Problem Wochen später selbst erkennt, ist der Zug oft abgefahren, und sie hat keine Möglichkeit mehr, einzugreifen. Deshalb haben wir uns dieses halb-anonyme System einfallen lassen. Natürlich weiß ich immer, wer die Beichte ablegt, aber ich tue so, als wüßte ich es nicht. Und sie wissen, daß ich weiß ... und tun so, als wüßten sie es nicht. Das Gute daran ist, daß ich schlechte Nachrichten frühzeitiger erfahre.«

Belinda sprang auf und sah Mr. T. an. »Brauchen Sie noch mehr Informationen über Molly Makmora?« fragte sie ihn.

»Nein, ich denke, das reicht. Willkommen im Team, Molly. Wenn Ihre Aufgabe genau feststeht, kommen wir wieder auf Sie zu.«

»Einen Moment noch«, sagte Belinda und wandte sich an Molly. »Sie haben Ihre Beichte als einen halb-anonymen Mechanismus bezeichnet. Wie wäre es, wenn wir eine anonyme E-Mail-ID einrichten würden, mit einem Paßwort, das alle Ihre Mitarbeiter kennen. Dann hätten sie alle die Möglichkeit, Ihnen völlig anonyme Nachrichten zukommen zu lassen.«

Molly nickte. »Wir haben versucht, etwas in der Art einzuführen. Aber unsere allmächtigen Netzverwalter waren dagegen. Allein der Gedanke daran hat sie geschockt. Vermutlich fürchteten sie, eine anonyme Mail-ID könnte für obszöne Nachrichten oder so etwas genutzt werden. Auf jeden Fall sagten sie laut und deutlich nein.«

»Ich werde das mit ihnen klären«, sagte Belinda. »Notfalls mit einem Hammer. Morgen um diese Zeit haben Sie Ihre anonyme Mail. Sollen wir ANON als ID und MOLLY als Paßwort nehmen? Verlassen Sie sich darauf: Morgen steht die Sache. Das können Sie Ihren Leuten sagen.«

»Wird der anonyme Mail-Zugang nicht doch für obszöne Nachrichten mißbraucht werden?« fragte Webster sie auf dem Weg zurück in sein Büro. »Ich meine, das könnte schon ein Problem sein.«

»Glaube ich nicht. Es gibt genügend andere Möglichkeiten, solche Nachrichten zu senden, wenn die Leute es unbedingt wollen. Was in den meisten Organisationen fehlt, ist eine saubere Möglichkeit, eine wirklich anonyme Nachricht an einen Vorgesetzten zu senden. Auf diese Weise dringen schlechte Nachrichten, die sich die Mitarbeiter von der Seele reden möchten und über die jeder gute Chef Bescheid wissen möchte, immer erst durch, wenn es zu spät ist. Ich wette, die ANON ID wird praktisch nie benutzt werden. Aber wenn doch, wird sie von unschätzbarem Wert sein.«

Nach ihrer Rückkehr ins Büro bat Belinda Waldo, ihnen ein paar Informationen über die Projekte zu beschaffen, die die ausgewählten Manager in der Vergangenheit geleitet hatten. Vor allem wollte sie wissen, wie groß die jeweils größte Gruppe war, die sie bisher gemanagt hatten. Waldo hatte die Informationen in kürzester Zeit beisammen.

»Also, hier haben wir zum Beispiel Molly. Seit sie Managerin ist, hat sie vier Projekte geleitet: drei Mitarbeiter, fünf Mitarbeiter, fünf Mitarbeiter und sechs Mitarbeiter.«

Zusammen gingen sie hinüber zu der Schautafel, an der sie am Morgen Übersichten der ersten sechs Projekte (achtzehn Teams) aufgehängt hatten. Mr. T. führte ihre Überlegungen zu Ende: »Das heißt, sie ist perfekt für PMill, das Projekt zur Gestaltung von Webseiten. Wir geben ihr eine Mannschaft von acht oder zehn Entwicklern.«

»Hmm«, sagte Belinda. »Ich würde ihr lieber das hier geben.« Sie zeigte auf die Übersicht für QuickerStill, das Projekt für den Nachbau von Quicken. Es war das kleinste der sechs Projekte. In das Kästchen für »Maximale Anzahl von Mitarbeitern« hatten sie 6 geschrieben. Sie wies bedeutungsvoll auf die Zahl.

»Sechs? Aber das hat sie bereits hinter sich. Sie will mehr, etwas, woran sie wachsen und sich beweisen kann.«

»Stimmt. Klar will sie das. Aber wir bitten sie, uns einen Gefallen zu tun und mit dem Wachsen auf das nächste Projekt zu warten. Wir bitten sie, ein einziges Mal das für uns zu tun, was sie vorher erfolgreich für andere getan hat. Und genau das Gleiche machen wir auch bei allen anderen Projekten: Wir bitten die Leute, vorerst auf die Chance zu verzichten, ein wirklich herausforderndes Projekt in Angriff zu nehmen, und nur noch einmal etwas zu wiederholen, von dem sie wissen, daß sie es schaffen können. Es ist ein Trick, Webster, ein Trick, der sich bewährt hat.«

Belinda ging, um die Nacht an ihrem gewohnten Platz im Hafenpark zu verbringen, und Mr. T. machte es sich in der Lese-Ecke seines Büros in dem Chintz-bezogenen, weichgepolsterten Sessel bequem, den Lahksa für ihn ausgewählt hatte. Was für ein Tag! Dreißig Interviews, und sie hatten nicht weniger als fünf Manager gefunden, bei denen sie beide ein gutes Gefühl hatten. Von einem solchen Fortschritt hatte er nicht einmal zu träumen gewagt.

Als er seine Notizen durchsah, wußte er, daß er noch niemals so zufrieden mit Neueinstellungen gewesen war, wie mit den fünf Managern, die sie gerade ausgewählt hatten. Wenn sie es schafften, das Management-Team mit ähnlich vielversprechenden Kandidaten abzurunden, wäre ihnen wirklich ein großer Wurf gelungen.

Es war bereits dunkel draußen, als er sich aus seinem Sessel erhob. Er war bereit für sein Bad und ein ausgiebiges Abendessen. Aber bevor er Feierabend machte, setzte er sich pflichtbewußt an seinen Schreibtisch, um die wichtigsten Beobachtungen des Tages festzuhalten. Ein Großteil der gewonnenen Erkenntnisse hatte mit dem Einstellungsprozeß zu tun. Aber außerdem war da noch Belindas aufschlußreiche Bemerkung über Patton als Manager ...

Aus Mr. Tompkins' Tagebuch:

> Wenn man das Befehligen einer Schlacht als Metapher für Management sieht
> - Bei Beginn der Schlacht ist die eigentliche Arbeit des Managers bereits getan.
>
> Vorstellungsgespräch und Personalbeschaffung
> - Wer Personal einstellt, braucht dafür alle für das Management relevanten Körperteile: Herz, Seele, Nase und Bauch (vor allem das Gefühl aus dem Bauch heraus).
> - Versuchen Sie nicht, es allein zu tun – zwei Bäuche sind besser als einer.
> - Bitten Sie neu eingestellte Mitarbeiter, ein Projekt zu leiten, dessen Anforderungen exakt denen entsprechen, denen sie bereits früher gerecht wurden, und herausforderndere Ziele dieses eine Mal zurückzustellen.
> - Fragen Sie nach Empfehlungen: Vielleicht kann Ihnen die Person, die Ihnen am meisten zusagt, andere gute Kandidaten nennen.
> - Reden ist Silber, Zuhören ist Gold.

Dieser letze Punkt betraf etwas, was er sich im Lauf des Tages von Belinda abgeschaut hatte. Er selbst hatte die Untugend, sich in Betrachtungen über den Aufbau der neuen Organisation, das Projekt, seine Herausforderungen und alles mögliche andere zu ergehen. Es war, als könnte er es nicht ertragen, ruhig zu sein. Wenn der Kandidat nichts sagte, fühlte Mr. Tompkins sich gezwungen, die Stille zu füllen. Ganz anders Belinda. Wenn er es schaffte, sich zurückzuhalten und Belinda die Interviews führen zu lassen, machte es ihr nichts aus, lange peinliche Pausen entstehen zu lassen. In dieser Zeit saß sie ruhig da und sah den interviewten Kandidaten an. Irgendwann knickte jeder Kandidat ein und brach das Schweigen. Was in solchen Momenten gesagt wurde, erwies sich fast immer als der nützlichste Teil des Interviews.

Er las das Geschriebene noch einmal durch und merkte, daß er nicht nur den letzten Eintrag, sondern fast alle Erkenntnisse auf seiner Liste Belinda verdankte. Hatte er denn gar keinen Beitrag geleistet? Doch, natürlich. In der Nacht vor

7 Mitarbeiter anheuern

Belindas Ankunft hatte er endlich die Entschlußkraft aufgebracht, alle Lebensläufe durchzulesen. Danach hatte er den Stapel in loser Folge geordnet und die aussichtsreichsten Kandidaten nach oben gelegt. Später hatte dann Waldo die Liste mit den Namen und Zimmernummern der Kandidaten in der Reihenfolge erstellt, in der der Stapel der Lebensläufe sortiert war. Das hieß, daß Belinda und er mit den Managern gesprochen hatten, die ihm nach seiner flüchtigen Durchsicht der Lebensläufe am vielversprechendsten zu sein schienen.

Er beugte sich noch einmal über sein Tagebuch, um seine Eintragungen über Vorstellungsgespräche und Personalbeschaffung um einen Punkt zu ergänzen:

☐ All das funktioniert besser, wenn die Karten richtig gemischt sind.

8
Der berühmte Dr. Rizzoli

Lahksa Hoolihans Augen glänzten, als hätte sie Unsinn im Sinn. Da sie Unsinn im Sinn hatte, auch wenn man es ihr nicht ansah, machte Mr. Tompkins sich auf Probleme gefaßt.

»Ich brauche Ihre Zustimmung für etwas, was ich gerade getan habe, Webster. Etwas ziemlich Ungewöhnliches.«

»O Gott. Ich kann mir nicht vorstellen, warum Sie meine Zustimmung brauchen, wenn ohnehin schon alles gelaufen ist.«

»Darum. Einfach so. Ich habe diese Momente, in denen ich Zustimmung brauche. Also sagen Sie schon ja.«

Er schüttelte den Kopf und rechnete mit dem Schlimmsten. »Okay, ich gebe mich geschlagen. Sagen Sie mir, was Sie getan haben.«

»Natürlich. Aber erst müssen Sie mir Ihre Zustimmung geben.«

»Lahksa! Das geht nicht. Was Sie da wollen, ist ein Blankoscheck.«

Sie schmollte. »Einen kleinen Blankoscheck, daß Sie zustimmen. Das werden Sie mir doch nicht verwehren wollen? Kommen Sie schon, Webster.«

Er starrte sie an. Die Frau trieb ihn zum Wahnsinn. Sie würde den Mund erst aufmachen, wenn er seine Zustimmung gab. Tompkins seufzte tief. »Okay, ich gebe Ihnen meine Zustimmung. Aber jetzt heraus mit der Sprache!«

Sie grinste. »Okay. Sie wissen so gut wie ich, daß dieses Vorhaben, ein Projektmanagement-Labor einzurichten, etwas ist, wovon keiner von uns eine Ahnung hat. Wir werden mehrere Instanzen eines Projekts generieren, jede mit der Vorgabe, genau die gleiche Software zu entwickeln. Indem wir eine oder mehrere Bedingungen ändern und dann die Ergebnisse vergleichen, hoffen wir herauszufinden, wie unterschiedliche Bedingungen die Projektarbeit beeinflussen.«

»Exakt.«

»Nur, was sind die Bedingungen? Was sollen wir variieren? Wie sehen die Kontrollbedingungen aus? Was schlußfolgern wir? Wenn zwei Leute eine gestellte Aufgabe schneller erfüllen als vier, was beweist das? Daß zwei immer schneller arbeiten als vier? Angenommen, ein Team arbeitet schneller, macht aber mehr Fehler, was heißt das? Wie vergleichen wir ihre Leistung?«

Er nickte. »Das habe ich mich auch schon gefragt. Uns stellen sich Unmengen solcher Fragen. Wir haben hier die einmalige Chance, ein paar kontrollierte Experimente über Projektmanagement anzustellen. Aber das ist nicht so einfach, wie es aussieht.«

»So ist es. Also: Wir haben eine ungewöhnliche und sehr spezielle Anforderung. Wir müssen wissen, wie man etwas macht, was praktisch noch nie vorher gemacht wurde. Ja, was machen wir denn da?« Sie tat, als würde sie nachdenken. Dann erhellte sich ihr Gesicht, als sei ihr plötzlich die Erleuchtung gekommen. »Hört sich an, als hätten wir einen Beratungsauftrag zu vergeben.«

»Gut, akzeptiert. Aber wer? Gibt es jemanden, der schon einmal ein Projektlabor eingerichtet hat?«

»Gibt es. Es gibt einen Mann, der genau das getan hat: Dr. Hector Rizzoli.«

»Ja, natürlich.« Selbstverständlich kannte Tompkins diesen Namen: Rizzoli war einer der anerkanntesten Wissenschaftler auf dem Gebiet. »Da haben Sie recht. Er hat ein paar ausgeklügelte Experimente durchgeführt, zum Beispiel über den Nutzen bestimmter Prüfmethoden. Ich erinnere mich, davon gelesen zu haben. Er leitete eine Art Software-Engineering-Labor für eine amerikanische Regierungsbehörde. Eine ganze Serie von kontrollierten Experimenten.«

»Genau der.«

»Sie sind mir einen Schritt voraus, Lahksa. Aber er könnte uns tatsächlich als Berater überaus nützlich sein. Ich hätte Sie gleich bei unserem ersten Gespräch über das Projektmanagement-Labor bitten sollen, Kontakt zu Dr. Rizzoli aufzunehmen. Was meinen Sie: Wann können wir ihn hierherbekommen?«

»Morgen nachmittag.«

»Was?!?«

»Morgen nachmittag. Er kommt mit der Drei-Uhr-Maschine aus Neu-Delhi. Wir holen ihn am Flughafen ab.«

Mr. Tompkins wurde auf der Stelle mißtrauisch. »Moment. Moment mal. Wie kommt es, daß er ausgerechnet morgen nachmittag in Morovien zwischenlandet? Sie haben doch nicht wieder zu Ihren alten Methoden gegriffen? Secobarbital und LSD? Sie haben den armen Mann doch nicht etwa gekidnappt?«

Sie sah ihn eingeschnappt an. »Webster! Würde ich so etwas tun? Natürlich nicht. Nein, er kommt aus freien Stücken. Gewissermaßen«, setzte sie hinzu.

»Gewissermaßen? Was soll das heißen?«

»Na ja, er kommt aus freien Stücken. Nur: Er weiß nicht so genau, wohin er kommt. Sehen Sie, er denkt, er landet in Lettland. Die lettische Regierung hat ihn schon vor Monaten als Hauptredner zu einer Konferenz in Riga eingeladen. Weil er den Termin gut mit seiner Indienreise verbinden konnte, nahm er die Einladung an. Und wir haben dafür gesorgt, daß die Maschine hier zwischenlandet. Eine unserer Agentinnen fliegt als Stewardess mit. Sie weckt Rizzoli auf und sorgt dafür, daß er hier aussteigt.«

»Das ist un-er-hört!«

»Aber eine einmalige Chance ...«

Am nächsten Nachmittag stieg ein sehr schläfriger Hector Rizzoli am Varsjop-Airport aus einer British-Air-Maschine aus. Mr. Tompkins und Ms. Hoolihan standen bereit, ihn abzuholen. Sie warteten unter einem riesigen Spruchband auf ihn, auf dem zu lesen stand: »Lettland begrüßt den berühmten Dr. Rizzoli.«

Mr. Tompkins ging ihm entgegen. »Dr. Rizzoli?«

»Ja.«

»Ich bin Webster Tompkins. Und das ist meine Kollegin Ms. Hoolihan.«

Dr. Rizzoli gab ihnen die Hand und sah sich dann etwas verwirrt um. »Palmen«, sagte er. »Ich habe nicht gewußt, daß es in Lettland Palmen gibt. Liegt Lettland nicht im Norden?«

»Nicht so nördlich, wie Sie vielleicht denken«, sagte Lahksa.

»Und dann dürfen Sie die Wirkung des Humboldt-Stroms nicht vergessen«, warf Tompkins hilfreich ein.

»Ah ja. Der Humboldt-Strom.«

Trotz ihres kleinen Täuschungsmanövers war Mr. T. begeistert, eine der Koryphäen seines Fachgebiets zu treffen. »Es ist uns eine große Ehre, Dr. Rizzoli. Ich bewundere seit langem Ihre Arbeit.«

Dr. Rizzoli errötete bescheiden. Seine Augen waren von vielen kleinen Falten umgeben, die darauf hindeuteten, daß er gerne lachte. Dieser Eindruck sollte sich bestätigen. Graue Strähnen durchzogen seinen Bart, während sein volles Haar noch ziemlich schwarz war. Etwas Solides, Vertrauenerweckendes ging von ihm aus; er schien einer der Menschen zu sein, denen man fast alles anvertrauen und auf deren überlegte und einfühlsame Reaktion man zählen konnte.

»Wir hoffen, daß Sie Ihren Aufenthalt hier in ... Lettland genießen werden«, umgarnte ihn Tompkins. »Für ihren Vortrag morgen nachmittag erwarten wir ein Riesenpublikum. Außerdem haben wir eine kleine Rundfahrt arrangiert, Mittag- und Abendessen ... ja, und dann hätte ich gerne gewußt, ob Sie vielleicht daran interessiert sind, ein paar unserer geplanten Experimente kennenzulernen?«

»Experimente?« Dr. Rizzoli war plötzlich hellwach. »Welche Art von Experimenten?«

Sie hatten das gesamte Software-Engineering-Personal – insgesamt fast fünfzehnhundert Leute – verpflichtet, an Dr. Rizzolis Vortrag teilzunehmen. Der Vortrag war eine Glanzleistung. Am Ende hielt es die Zuhörer nicht länger in den Sitzen, und sie applaudierten minutenlang. Als sie ihm endlich erlaubten, das Podium zu verlassen, taumelte Dr. Rizzoli vor Glück.

Es folgte ein Empfang mit anschließendem Stadtrundgang und Besichtigung der alten Wehranlagen, danach das Galadiner, dann ein weiterer Empfang, dann ein Kammerkonzert, dann Brandy auf der Terasse, im kleinen Kreis, in Erwartung des Mondaufgangs über dem Tal. An diesem Tag, seinem zweiten in Morovien (Lettland) hatte Dr. Rizzoli keine freie Minute, um sich den Experimenten des Projektmanagement-Labors zu widmen. Den dritten Tag aber verbrachte er ausschließlich mit Mr. Tompkins und Belinda Binda. Am späten Nachmittag hatten sie eine Reihe kontrollierter Experimente skizziert. Jedes der Produkte sollte dreimal entwickelt werden, von drei parallel arbeitenden Teams.

Produkt	Konkurriert mit	A-TEAM		B-TEAM		C-TEAM	
		Mgr	MA	Mgr	MA	Mgr	MA
NOTATE	NOTES	???	12	???	10	Taichi	4
PMILL	PAGEMILL	Gradish	9	???	8	Onyon	4
PAINT-IT	PAINTER	Alweez	13	???	11	Nefer	5
PSHOP	PHOTO-SHOP	???	17	Isbek	16	Alterbek	7
QUIRK	QUARK-XPRESS	???	13	Apfels	12	Kabach	5
QUICKER-STILL	QUICKEN	Grosz	7	Kartak	3	Makmora	6

---

* Notes ist ein eingetragenes Warenzeichen von International Business Machines, Inc. PageMill ist ein eingetragenes Warenzeichen von Adobe Systems, Inc. Painter ist ein eingetragenes Warenzeichen von Fractal Design Corporation. Photoshop ist ein eingetragenes Warenzeichen von Adobe Systems, Inc. QuarkXPress ist ein eingetragenes Warenzeichen von Quark, Inc. Quicken ist ein eingetragenes Warenzeichen von Intuit, Inc.

Für jedes Projekt hatten sie ein einziges, klar definiertes Lernziel aufgestellt, einen bestimmten Effekt, den die relative Leistung der miteinander konkurrierenden Teams beweisen oder widerlegen würde.

Am Abend nach diesem langen Arbeitstag waren ein großes Buffet und eine Weinprobe geboten. »Scheint so, als würden wir heute abend ausschließlich morovische Weine probieren«, bemerkte Dr. Rizzoli.

»Teil unseres Programms *Weine der Welt*«, beeilte sich Lahksa zu versichern. »Heute Morovien, morgen vielleicht Spanien, Algerien oder Luxemburg. Wir sind für alles offen.«

»Ein bezaubernder Gedanke«, schwärmte Dr. Rizzoli und leerte sein Glas Zelenikë-Wein in einem großen Zug. »Ich glaube, ich könnte mich an morovischen Wein gewöhnen, vor allem an die Weißweine.«

»Als nächstes müssen Sie die dunkleren aus Bilak und Viziçë im Osten versuchen.« Mr. Tompkins entwickelte sich langsam, aber sicher zum Experten für morovische Weine. Er füllte das Glas seines Gastes. »Sehen Sie sich nur diesen bernsteinfarbenen Ton an.«

Dr. Rizzoli kostete den klaren, dunklen Wein. »Hmm. Ein köstliches Nußaroma. Das ist ein Wein. Ich glaube, ich würde eines Tages gerne mal nach Morovien reisen. Es würde mich interessieren, wie es dort ist.«

»So ähnlich wie hier, schätze ich«, sagte Tompkins. »Schöne Landschaft, nette Leute und ausgezeichnete Weine natürlich.«

Die Weinprobe fand im Erdgeschoß und Garten des Residence statt, in dem Tompkins auch seine Suite hatte. Auch Dr. Rizzoli war im Residence untergebracht. Als der Abend ausgeklungen war, mußten sie deshalb nur die breite geschwungene Treppe hochsteigen, um zu ihren Räumen zu gelangen. Sie nahmen sich beide ein Glas Mogradec-Tokaier, einen eleganten, blassen Dessertwein, der nach Orangen duftete, mit auf den Weg. Und wie es manchmal so geht, wenn zwei Herren dem Wein zugesprochen haben, blieben sie auf halbem Weg auf der Treppe stehen, um miteinander zu plaudern. Eine Stunde später waren sie immer noch da: Seite an Seite saßen sie auf dem burgunderroten Treppenläufer und redeten übers Geschäft.

»Wissen Sie, Hector, wir waren so sehr auf die Kontrollen und Lernziele für die Projekte konzentriert, daß ich fast vergessen habe, Ihnen zu sagen, daß die Projekte nicht nur Experimentierzwecken dienen. Ich meine, sie müssen in absehbarer Zeit wirklich brauchbare Ergebnisse liefern – genauer gesagt, absolut erstklassige Softwareprodukte.«

»Aber selbst wenn es sich nicht um ein reines Experiment handelt, ist das Ganze doch eine wunderbare Gelegenheit, grundlegende Dinge über die Dynamik von Projekten zu erfahren.«

»O ja. Aber ich muß auch an die Dynamik meines Jobs denken. Es könnte sein, daß wir eine Menge lernen und nichts Substantielles zustande bringen; in diesem Fall würde man mein Wirken als Fehlschlag bezeichnen müssen. Es könnte aber auch sein, daß wir nichts lernen, aber sechs phantastische Softwareprodukte entwickeln; in diesem Fall würde meine Managementleistung, wenn man das Ganze rein von der Aufgabenstellung her betrachtet, als Erfolg gewertet.«

»Und Sie wollen in beide Richtungen hin erfolgreich sein.«

»Genau.«

»Genau. Das würde ich auch wollen.«

»Wir wollen aus ein paar schlechten Zwischenergebnissen lernen, aber in der Haupsache natürlich aus den Erfolgen, die wir letztendlich erzielen.«

Dr. Rizzoli nickte. »Nun, zunächst einmal scheint es mir doch, daß schon allein die Tatsache, daß Sie die Experimente durchführen, den Projekterfolg begünstigt. Wie können Sie scheitern, wenn Sie ein Produkt dreimal parallel entwickeln lassen und das beste als Endprodukt wählen? Das ist ein Luxus, den sich die wenigsten Organisationen leisten können. Und der feine Stachel des Wettbewerbs, der zwischen den Teams herrscht, ist eine nützliche Erinnerung an den Wettbewerb, dem die Produkte von außen ausgesetzt sein werden; er wird ein Ansporn für die Entwickler sein.«

»Ja, dessen bin ich mir bewußt. Aber jetzt kommt's: Neben mir sitzt niemand anderer als der weltberühmte Dr. Hector Rizzoli, ein Mann, der sich einen Namen als Meister in der Softwareentwicklung als Wissenschaft gemacht hat, ein Mann, der nicht nur hunderte von wissenschaftlichen Aufsätzen veröffentlicht hat, sondern dazu noch Artikel, Bücher, Schulungsunterlagen ...«

»Hmm. Man hat mir vorgeworfen, ein Mann zu sein, der nie einen unveröffentlichten Gedanken hatte.«

»Den Kerl, der diesen Unsinn behauptet hat, würde ich gerne treffen.«

»Ehrlich gesagt: Ich glaube, das sollte ein Kompliment sein.«

»Das hoffe ich. Aber wie auch immer: Hier habe ich die Chance, unter vier Augen mit dem berühmten Dr. Rizzoli zu sprechen. Ich wäre verrückt, wenn ich

Sie nicht um Rat fragen würde. Sagen Sie mir, Hector, was soll ich tun, um den Projekten die bestmöglichen Erfolgschancen zu verschaffen? Was würden Sie an meiner Stelle tun? Geben Sie mir einen Tip, einen einzigen.«

Hectors Augen blickten in die Ferne. »Einen einzigen Tip. Das ist eine schwierige Frage.«

»Soll ich mich auf Prozeßverbesserung konzentrieren? Wissen Sie, die Leute unseres Software Engineering Institute versuchen mich davon zu überzeugen, ein radikales Prozeßverbesserungsprogramm sei das beste, was ich für die Organisation tun könnte. Damit würden wir das gesamte Personal von CMM-Stufe 2 auf Stufe 3 bringen. Sehen Sie das auch so?«

»Diese Frage ist schnell beantwortet. Nein.«

»Aha.«

»Im Prinzip ist Prozeßverbesserung eine gute Sache. Sie bedeutet, daß Sie Ihren Job immer besser machen. Aber ich bin wenig begeistert von *Programmen* wie dem CMM-Ansatz, die sich Prozeßverbesserung auf ihre Fahne schreiben. Sie werden leicht zum Selbstzweck.«

»Aber es muß doch etwas geben, was ich tun kann, irgendeinen Schnellschuß, der zum Beispiel die Produktivität verbessert, ...«

Hector schüttelte energisch den Kopf. »So etwas wie eine schnelle Lösung gibt es in unserer Branche nicht. Es gibt keine Möglichkeit, die Produktivität kurzfristig zu steigern. Die Produktivität, die Sie heute erreichen, ist das direkte Ergebnis der langfristigen Investitionen, die vor Ihrer Zeit getätigt wurden. Und auch *Sie* können die Produktivität nur beeinflussen, wenn Sie Ihrerseits eine langfristige Investition tätigen, die Ihren Nachfolgern zugute kommt.«

Mr. Tompkins seufzte. »Ich habe es geahnt. Aber es tut gut, wenn jemand es so unverblümt ausspricht.«

»Die ungeschminkte Realität zum Thema Produktivitätsverbesserung.«

»Danke, das habe ich gebraucht.«

Ein aufmerksamer Kellner brachte ihnen zwei weitere Gläser des orangefarbenen Tokaiers. Hector und Webster bedienten sich und nippten gedankenvoll.

»Was würden Sie also tun, Hector? Wenn Sie nur eine Sache verbessern könnten?«

»Da Sie im Grunde gar nichts zur Verbesserung der Produktivität tun können, zumindest nicht kurzfristig, müssen Sie sich ausschließlich darauf konzentrieren, keine Zeit zu verschwenden. Wenn Sie von einer gegebenen Produktionsleistung in den effektiven Arbeitsstunden ausgehen, ist die einzige Variable, mit der

Sie spielen können, der *Anteil* der effektiven Arbeitsstunden. Das heißt: Sie sollten sich darauf konzentrieren, die Zahl der ineffektiven Stunden zu reduzieren.«

»Das leuchtet mir ein. Ich lokalisiere also die Ursachen, die zu Zeitverschwendung führen, und rotte sie aus.«

»Ja, das kann nicht schaden. Aber es wird Ihnen auch nicht viel helfen: Die Mitarbeiter sorgen ohnehin von sich aus für diese Art von Grundhygiene, um sich Frustrationen zu ersparen. Die Zahl der effektiven Stunden pro Arbeitstag bietet also kein großes Potential für systemische Verbesserungen mehr. Jedenfalls kein wirklich substantielles.«

»Auf welche nicht-systemische Verschwendung muß ich dann achten?«

»Überlegen Sie mal, was passiert, wenn bei einem Projekt etwas falsch läuft. Ein Risiko tritt auf: Vorher war es nur eine Möglichkeit; jetzt ist es plötzlich Wirklichkeit, ein handfestes Problem.«

Mr. Tompkins nickte. »Wenn zum Beispiel missionskritische Hardware nicht rechtzeitig geliefert wird? Meinen Sie etwas in der Art?«

»Genau. Oder ein missionskritisches Teilprojekt nicht rechtzeitig abgeschlossen wird, einfach weil zuwenig Zeit dafür vorgesehen wurde. Die Mitarbeiter werden in ihrem Fluß gestört, die Arbeit wird hinausgeschoben, einige Leute hängen untätig herum, weil sie mit der nächsten Aufgabe erst weitermachen können, wenn die Vorbedingungen erfüllt sind. Was tun Sie in diesem Fall?«

»Nun, ich denke, ich würde die Funktionalität des Produkts einschränken. Das könnte den kritischen Pfad entlasten und uns außerdem helfen, einen Teil der Zeit bei den noch verbleibenden Aufgaben wieder hereinzuholen.«

»Okay. Sie machen Abstriche bei der Funktionalität. Aber auch das riecht nach Verschwendung, weil die Abstriche im Grunde zu spät kommen. Schließlich wurde schon ein gewisses Maß an Arbeit in die Funktionen investiert, die Sie jetzt streichen.«

»Ich verstehe.«

»Verschwendung, Verschwendung, Verschwendung. Verschwendung und Risiko gehen meiner Meinung nach Hand in Hand. Der wirklich vergeudete Anteil der Projektarbeit ist immer die direkte Folge eines auftretenden Risikos. So entstehen die Vergeudungen, die Sie wirklich zurückwerfen. Deshalb würde ich mich in aller erster Linie für das Risikomanagement stark machen. Ich würde jedes Projekt managen, indem ich die Risiken manage, mit denen das Projekt konfrontiert ist. Software-Entwicklung ist ein riskantes Geschäft, und Management ist in dieser Branche vor allem und zuallererst eine Übung in Risikomanagement.«

»Die meisten meiner Projekte sind mit den gleichen Risiken behaftet: Sie werden zu spät fertiggestellt oder sie kosten zu viel.«

»Ja, das sind die ultimativen Risiken, das, was letztendlich an unerwünschten Folgen herauskommt. Aber die meine ich nicht. Es sind die *ursächlichen* Risiken, die Dinge, die ein Scheitern in letzter Konsequenz verursachen, die Sie managen müssen. Sie haben also nicht nur mit ein paar großen Risiken zu kämpfen, die das Endprodukt beeinträchtigen, sondern mit vielen kleinen, ursächlichen.«

Mr. Tompkins grübelte. »Projektmanagement als Management der ursächlichen Risiken. Das gefällt mir. Software-Entwicklung ist ein riskantes Geschäft, und was sonst als die Risiken sollte man managen? Der Gedanke gefällt mir ... zumindest in der Theorie. Trotzdem weiß ich noch nicht so recht, wie ich diese Erkenntnis in die Praxis umsetzen kann. Wie weiß ich, ob ich die ursächlichen Risiken wirklich manage?«

»Zäumen Sie das Pferd von hinten auf. Wie würde jemand beweisen, daß Sie die Risiken nicht gemanagt haben? Stellen Sie sich vor, man würde Sie gerichtlich belangen, kein vernünftiges Risikomanagement durchgeführt zu haben. Was könnte man Ihnen beweisen?«

»Hm ... vielleicht, daß ich über die Risiken nicht Buch geführt habe. Das wäre ein möglicher Vorwurf.«

»Oder daß Sie nicht abgeschätzt haben, mit welcher Wahrscheinlichkeit ein erkanntes Risiko eintreten wird, und welche Kosten dadurch verursacht werden.«

»Oder daß ich keinen Mechanismus etabliert habe, der auftretende Risiken umgehend erkennt.«

»Das ist eine gute Idee. Es gibt immer einen allerersten Hinweis darauf, daß ein Risiko zum Problem zu werden beginnt – deshalb müssen Sie herausfinden, was dieses erste Anzeichen sein wird, und mit Falkenaugen darauf achten.«

»Zum Beispiel jemanden zum Falken erklären, ihn als eine Art Risikobeauftragten einsetzen.«

»Ja. Schließlich wäre es vor einem Gericht wahrscheinlich sehr belastend, wenn die Staatsanwaltschaft beweisen könnte, daß Sie keine Mechanismen etabliert haben, die dafür sorgen, daß die Mitarbeiter Sie über schlechte Nachrichten gleich bei ihrem Auftreten informieren. Oder noch schlimmer, daß Sie den Fluß der schlechten Nachrichten durch eine Kultur der Furcht behindert haben, daß die Leute Angst davor hatten, Sie über das zu informieren, was Sie so offensichtlich nicht hören wollten.«

»Das würde ich natürlich niemals tun«, beteuerte Mr. Tompkins.

»Nein, nicht absichtlich. Kein guter Manager würde das tun. Aber vielleicht pflegen Sie unter Ihren Mitarbeitern so erfolgreich eine Das-schaffen-wir-Mentalität, daß es ihnen peinlich ist, Ihnen eine wichtige Das-schaffen-wir-nicht-Information zukommen zu lassen.«

»Das wäre dann zwar keine Kultur der Furcht, ...«

»Hätte aber eine ähnliche Wirkung.«

»So ist es.«

»Das ist also mein Geheimtip: Ich würde die Projekte managen, indem ich ihre Risiken manage.«

Dr. Rizzoli wollte am nächsten Morgen die erste Maschine nehmen. Er würde abfliegen, ohne gemerkt zu haben, wo er die letzten paar Tage verbracht hatte. (Eines Tages würde Mr. Tompkins seinem neuen Freund deswegen Abbitte leisten müssen.) Am nächsten Morgen würden Katerstimmung und Brummschädel den Schleier des Vergessens über all die anregenden Gedanken legen, die auf den Treppenstufen ausgetauscht worden waren. Mr. T. hatte das sichere Gefühl, daß er sich morgen früh an nichts mehr würde erinnern können. Statt endlich ins Bett zu gehen, zwang er sich deshalb, sich an seinen Schreibtisch zu setzen und die Ratschläge von Dr. Rizzoli schwarz auf weiß festzuhalten.

Aus Mr. Tompkins' Tagebuch:

Produktivitätsverbesserungen:

- ☐ Es gibt keine Schnellschüsse zur Verbesserung der Produktivität.
- ☐ Produktivitätsverbesserungen erfordern langfristige Investitionen.
- ☐ Alles, was kurzfristige Ergebnisse verspricht, ist vermutlich Scharlatanerie.

Risikomanagement:

- ☐ Managen Sie Projekte, indem Sie ihre Risiken managen.
- ☐ Führen Sie akribisch Buch über die Risiken jedes Projekts.

- Setzen Sie sich mit den ursächlichen Risiken auseinander, statt nur die unerwünschten Folgen am Ende zu sehen.
- Schätzen Sie für jedes Risiko die Wahrscheinlichkeit seines Auftretens und die mutmaßlichen Kosten ab.
- Antizipieren Sie für jedes Risiko das allererste Symptom, mit dem es sich vermutlich ankündigen wird.
- Ernennen Sie einen Risikobeauftragten, einen Mitarbeiter, den Sie von der Das-Schaffen-wir-Haltung entbinden.
- Richten Sie zwanglose (vielleicht sogar anonyme) Kanäle ein, über die schlechte Nachrichten bis in die höchsten Hierarchie-Ebenen hinauf kommuniziert werden können.

9
Ex-General Markov

Da EFN sich heute in der Stadt aufhielt, schlug Belinda vor, seine Dienste in Anspruch zu nehmen. Es standen noch Dutzende von Interviews aus. Der Mann hatte offensichtlich eine gewisse Erfahrung darin, Softwaremanager einzustellen, meinte Belinda, warum sollten sie ihn also nicht für ihre Zwecke einspannen? Sie würden die Interviews als Dreier-Team führen. Und was noch wichtiger war, sie könnten sich aufteilen und einzeln einige der Mitarbeiter ganz unten in der Firmenhierarchie interviewen, um ihre Meinungen über ihre Manager zu hören. Zu dritt würde dieser Teil der Arbeit schneller voranschreiten.

Der Mann, der Moroviens Tyrannen mimte, war nicht nur bereit, sich an den Interviews zu beteiligen, sondern zeigte sich geradezu enthusiastisch. Mr. Tompkins hatte das Gefühl, daß es EFN zu Tode langweilte, den Tyrannen zu spielen, und er darauf brannte, etwas zu tun, das eher seinen wahren Fähigkeiten entsprach. Für die Interviews hatte er sich extra eine Verkleidung zugelegt: ein dunkles Brillengestell, an dem eine falsche Nase, buschige schwarze Augenbrauen und ein Bart befestigt waren. Er stellte sich bei jedem Interview als »Mr. Lider« vor.

Ein junger Manager sagte ihnen: »Management? Halb so wild. Sehen Sie, Sie würden nicht in erster Linie mich als Manager bekommen, sondern vor allem das Team, das für mich arbeitet. Sie sind die besten. Sie arbeiten seit zwei Jahren für mich. Und davor haben sie auch schon zwei Jahre zusammen gearbeitet. Ich habe sie als verschworenes Team übernommen. Glauben Sie mir, jeder könnte diese Leute managen.«

»Den nehmen wir«, sagte Mr. Lider. Mr. T. sah auf die Uhr. Das Interview hatte gerade mal zwei Minuten gedauert. Allmählich hatte er den Verdacht, er sei der einzige, dem Einstellungsfragen Kopfzerbrechen bereiteten. EFN und Belinda Binda jedenfalls hatten dazu keine Neigung. Na schön, auch Tompkins hielt den Kandidaten für einen Volltreffer. Er schrieb seinen Namen auf das Clipboard.

»Respekt für das Team steht einem Manager gut an«, sagte EFN später beim Kaffee. »Aber man muß solche Beteuerungen immer auch mit Vorsicht genießen: Heute ist es in den meisten Organisationen politisch korrekt, für Teamarbeit zu sein. In Wirklichkeit ist so mancher Lobgesang auf Teams pure Heuchelei. Manager lernen, sich positiv über Teams zu äußern, selbst wenn sie sich durch das ganze Konzept heimlich bedroht fühlen.«

»Wer kann schon zugeben, gegen Teams oder gegen Teamarbeit zu sein?« fügte Belinda hinzu.

EFN nickte. »Aber manche Manager sind dagegen. Ganz tief in sich fühlen sie sich bedroht von einer verschworenen kleinen Arbeitsgruppe, die ihnen wie ein elitärer geschlossener Club vorkommt ...«

»Und manchmal sogar den Manager selbst ausschließt«, nahm Belinda den Faden auf. »Ich habe Teams gemanagt, die mir in aller Deutlichkeit zu verstehen gaben, daß ich nicht zum Team gehörte. Das tat mir damals weh, auch wenn es natürlich die Wahrheit war. Teams setzen sich aus gleichrangigen Kollegen zusammen, und der Manager ist etwas anderes: Er ist weniger eng in die Details der Arbeit involviert und so eine Art Autoritätsfigur. Wie auch immer, er ist ganz sicher kein Kumpel.«

Mr. T. wartete auf die Gelegenheit, seinerseits etwas einzuwerfen. »Aber unser junger Freund im letzten Interview hat nicht einfach die politisch korrekten Floskeln abgespult. Er hat es wirklich ernst gemeint. Der Beweis dafür ist, daß er ein bestehendes Team übernommen und zusammengehalten hat. Jemand, der sich insgeheim von einem verbündeten Team bedroht fühlt, hätte das nicht getan ...«

»... und das Team wahrscheinlich auseinandergerissen«, fügte EFN hinzu. »Das ist etwas, was ich einfach nicht verstehen kann, obwohl manche Firmen es sogar zur Unternehmenspolitik erheben: Sie reißen Teams aus Prinzip auseinander, sobald ein Projekt abgeschlossen ist. Meiner Meinung nach ist das ausgemachter Schwachsinn! Ein gut funktionierendes Team gehört zu den wichtigsten Projektergebnissen. Man sollte einen Manager am Ende nicht nur nach der Software beurteilen, die er produziert hat, sondern auch danach, ob er mindestens ein gutes, solides Team aufgebaut hat, das darauf brennt, in einem neuen Projekt zusammenzuarbeiten.«

»Nun gut«, sagte Mr. Tompkins nach einer kurzen Pause. »Offensichtlich sind wir in diesem Punkt so sehr einer Meinung, daß eine Diskussion darüber überflüssig ist. Wer ist unser nächster Kandidat?«

Belinda sah auf ihre Liste. »Ein Typ namens Gabriel Markov.«

»O ja«, sagte EFN. »Der Ex-General Markov.«

»Ein General?« Belinda kam das seltsam vor.

»Einer der Generäle. Bevor ich auf den Plan trat, gehörte er dem morovischen Staatsrat an. Er war einer von denen, die durch meinen Coup abgesetzt wurden. Das heißt: durch den Coup und ein paar Millionen in Aktien und Optionen.«

Mr. T. wunderte sich: »Aber haben Sie nicht gesagt, die morovischen Generäle hätten sich an die Riviera zurückgezogen, um ihren neuerworbenen Reichtum zu genießen?«

»Alle außer Ex-General Markov. Er fragte mich, ob er bleiben und als Softwaremanager für mich arbeiten könne. Es ist mir schleierhaft, warum er trotz all seines Geldes arbeiten will.«

»Das müssen ausgerechnet Sie sagen!« sagte Belinda anzüglich. Vorsichtig geschätzt war EFN ein paar Milliarden wert.

»Oh. Nun, mein Fall liegt etwas anders«, sagte EFN. »Ich baue ein neues Haus. Sie können sich nicht vorstellen, was Installateure und Zimmerleute und Elektriker heutzutage kosten. Sie verlangen ein Vermögen!«

Belinda und Webster bemühten sich um einen verständnisvollen Blick.

»Wie auch immer«, fuhr EFN fort, »der Ex-General war in der Armee für die Software-Entwicklung zuständig. Das Thema ist also nicht neu für ihn. Er hat ein paar ziemlich eindrucksvolle Referenzen, aber im Grunde ist er eher Verwalter als Manager.«

»Unterschätzen Sie das nicht«, sagte Belinda. »Wir haben Unmengen von Mitarbeitern auf dem Hals. Wir könnten einen guten Verwalter gebrauchen.«

»Das dachte ich auch«, stimmte EFN zu. »Ich habe ihm bereits alle Mitarbeiter unterstellt, die nicht an einem der neuen Spitzenprojekte arbeiten. Ex-General Markov leitet den Rest der Organisation. Jeder, den wir nicht in die Softwareprojekte für den Export hineinnehmen, arbeitet für ihn. Er managt gewissermaßen den Mitarbeiter-Pool.«

Mr. Tompkins war davon wenig angetan. »Das heißt also, daß wir alle Mitarbeiter und alle Teams, die wir für eines der neuen Projekte wählen, de facto von ihm abziehen. Wird ihm das nicht unangenehm sein?«

»Das glaube ich nicht«, sagte EFN. »Er weiß sowieso nicht, was er mit den Leuten anfangen soll, die er hat.«

»Was um Himmels willen machen sie eigentlich?« fragte Belinda. »Offenbar arbeiten sie alle an irgendetwas: entwickeln Software, produzieren Entwürfe, testen Module, schreiben Dokumentation. Trotzdem sagen Sie, daß sie uns im

Prinzip alle zur Verfügung stehen. Ich bin gespannt zu erfahren, womit der Ex-General sie alle beschäftigt hat.«

Kaum hatten sie Gabriel Markovs Büro betreten, stellte ihm Belinda ihre Frage: »Was machen sie, alle diese Leute, die für Sie arbeiten?«

»Die meisten von ihnen entwickeln Software für das morovische Zentrale Planungsbüro«, informierte sie der Ex-General. Er war ein großer, extrem durchtrainierter Mann, der auch im Business-Anzug so wirkte, als trüge er eine Uniform. Er hatte einen Schneidezahn aus Gold. Weil er fast ununterbrochen lächelte, war der Goldzahn ständig zu sehen. Im Augenblick wirkte sein Lächeln ein bißchen traurig. »Ich habe nicht das Herz gehabt, es ihnen zu sagen.«

»Ihnen was zu sagen?« fragte Tompkins.

»Ihnen zu sagen, daß das morovische Zentrale Planungsbüro abgeschafft wurde. Es war eine Entscheidung, die Er höchstpersönlich getroffen hat.« Bei diesen Worten blinzelte er mit den Augen, grinste breit und zeigte auf Mr. Lider mit seinem falschen Bart.

»Das ist ja furchtbar«, sagte Tompkins. »Alle diese Leute, die für nichts und wieder nichts arbeiten.«

»Aber nur vorübergehend«, beeilte sich der Ex-General, sie zu beruhigen. »Wir haben bereits Kontakt zu ausländischen Behörden in den USA und Großbritannien aufgenommen. Ich versichere Ihnen, nächstes Jahr um diese Zeit sind sie alle mit Auftragsarbeiten beschäftigt, zumindest diejenigen, die Sie nicht für die neuen Softwareprojekte auswählen.«

Das kam auch für EFN überraschend. »Ich wußte gar nicht, Gabriel, daß Sie vorhatten, Arbeit aus dem Ausland zu beschaffen.«

»Nun, ich dachte, das sei sinnvoll. Und der Markt dafür ist groß. Zugegeben, es spielt eigentlich keine Rolle, ob sie Umsatz machen oder nicht: Gemessen an internationalen Standards sind ihre Gehälter Peanuts. Wir könnten sie einfach weiterbeschäftigen, bis wir sie selbst brauchen, und als riesigen Pool verfügbarer Arbeitskräfte managen. Aber im Grunde ist das witzlos. Selbst wenn es noch ein Zentrales Planungsbüro gäbe, wäre die Arbeit ziemlich inhaltsleer: die endlose Automatisierung einer aufgeblähten, überflüssigen Bürokratie. Um die Moral hochzuhalten, muß ich echte, sinnvolle Aufgaben für sie finden.«

Belinda wechselte das Thema: »Wie groß war die größte Gruppe, die Sie je gemanagt haben?«

»Dreizehntausendfünfhunderteinundsiebzig Mitarbeiter, die vereinte Erste und Zweite Morovische Armee und die Luftwaffe«, antwortete der Ex-General, ohne zu zögern. »Einhunderteinundneunzig Millionen U.S.-Dollar Jahresbudget, achthundertdreiundfünfzig Millionen Kapitalinvestitionen, sechshundertachtundachtzig Offiziere einschließlich neun Offizieren im Generalsrang, dreihundertzweiundsechzig Zivilangestellte, zweiundsiebzigtausend Quadratmeter umbauter Raum und etwas mehr als elfhundert Quadratkilometer Kasernengelände und Stützpunkte, fünfhundertneun technische Mitarbeiter einschließlich dreihundertachtundachtzig Programmierern, Systemanalytikern und Systemdesignern.«

»Oh«, sagte Belinda.

»Nun«, folgerte Tompkins nach einer kurzen Pause. »Damit dürften Sie über die Qualifikation verfügen, unsere Mitarbeiter zu führen. Sagt Ihnen der Job zu?«

Der Ex-General lächelte wieder. »Das tut er. Ich bin zwar ein Neuling in Ihrer Branche, aber ich glaube fest an sie. Ich denke, die Zukunft liegt in der Informationstechnik, darin, Informationen zu Wissen zu verarbeiten und die Informationen über Netze dorthin zu übertragen, wo das Wissen gebraucht wird. Das ist die große Revolution, die vor uns liegt. An ihr will ich teilhaben. Es wäre eine Ehre für mich, für Sie und mit Ihnen zu arbeiten, Ihnen allen dreien, von Ihnen zu lernen und Ihnen meine Erfahrungen zur Verfügung zu stellen.«

Als er zu Ende gesprochen hatte, trat erneut Stille ein. Von dem Mann ging eine beeindruckende Aufrichtigkeit und Herzlichkeit aus. Tompkins staunte über das gute Gefühl, das ihm seine Worte vermittelten.

Nicht so Belinda: Sie staunte noch immer über die Zahlen. »Wissen Sie, Mr. Ex-General, ich habe nie auch nur ein Zehntel der Leute gemanagt, die Ihnen unterstellt waren. Lassen Sie uns an Ihren Erkenntnissen teilhaben. Was haben Sie aus all diesen Erfahrungen gelernt? Erzählen Sie uns etwas darüber, irgendetwas, was Ihnen gerade einfällt.«

Ex-General Markov sah nachdenklich aus. Seine Augen verloren sich ins Leere. Nach einem Moment begann er: »Eine Lektion, die man immer wieder neu lernen muß, hat mit der Begrenzung von Verlusten zu tun. Mit jeder guten Absicht ist immer auch ein großes Risiko verbunden. Sie laufen immer Gefahr, daß eine Anstrengung scheitert. Bei Softwareprojekten ist dieses Problem besonders groß. Denken Sie an die Zahl der Projekte, die zu nichts führen, die abgeblasen werden, oder die ein Produkt liefern, das sich als nutzlos erweist.

Ungefähr ein Viertel aller Projekte, zumindest der großen Projekte, gehören dieser Kategorie an.

Wenn Sie Ihre Leistung ausschließlich daran messen, wie gut Sie die Projekte leiten, die sich letztlich als Erfolg erweisen, bekommen Sie ein falsches Bild. Sie müssen auch beobachten, wie gut Sie die Zahl der Mißerfolge begrenzen und wie schnell Sie scheiternde Projekte abschreiben. Das ist die wichtigste und schwierigste Lektion, die ich lernen mußte.«

Allmählich bekamen sie eine eindrucksvolle Mannschaft zusammen. Allerdings bestand sie aus lauter unbekannten Größen. In seinen früheren Positionen hatte Mr. Tompkins zumindest immer auf ein paar vertraute Gesichter zählen können: Leute, mit denen er seit fünf, zehn oder sogar fünfzehn Jahren zusammen gearbeitet hatte und auf die er sich verlassen konnte. Auch wenn er die neuen Gesichter in seinem morovischen Management-Team sympathisch fand, blieb die Frage, wie er in ein paar Jahren über sie denken würde. Trotzdem konnte er seinen Optimismus kaum unterdrücken. Insbesondere der Ex-General war ihm ein willkommener Zuwachs. Er hatte das Gefühl, in diesem sympathischen und intelligenten Mann eine Ergänzung und Abrundung seiner eigenen Fähigkeiten gefunden zu haben. Vor allem bedeutete es eine Erleichterung zu wissen, daß sich die etwa dreizehnhundertfünfzig Mitarbeiter, die nicht an den sechs Schlüsselprodukten arbeiten würden, unter dem Ex-General in guten Händen befanden.

Tompkins sah sich das neue Organisationsdiagramm an, das er und Belinda am späten Nachmittag an der Weißtafel aufgehängt hatten.

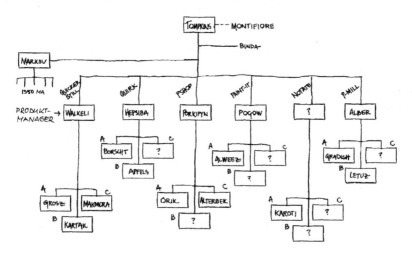

Er hatte sieben Leute, die direkt an ihn berichteten: Ex-General Markov und die sechs Produktmanager, die dafür verantwortlich waren, Produkte zu liefern, die direkt mit Quicken, QuarkXpress, Photoshop, Painter, Lotus Notes und PageMill konkurrieren konnten. Unter jedem Produktmanager gab es ein A-Team, ein B-Team und ein C-Team, drei voneinander getrennte Einheiten, die miteinander wetteiferten, in der kürzesten Zeit das beste Produkt zu produzieren.

Noch immer fehlten ihm acht Schlüsselleute, von denen einer direkt an ihn berichten würde. Er würde den Ex-General als Resonanzboden nutzen, wenn er die Meinung eines erfahrenen Organisators brauchte und ihn ansonsten einfach als Manager des Mitarbeiter-Pools behandeln. Der Ex-General würde sämtliche Freiheiten haben, nach eigenem Ermessen ausländische Auftragsarbeiten zu übernehmen. Er mußte lediglich versprechen, Mitarbeiter, die für die sechs Schlüsselprodukte angeworben wurden, bereitwillig abzutreten.

Die Sache war noch nicht perfekt – die unbesetzte Schlüsselposition direkt unter ihm bereitete ihm nach wie vor Kopfzerbrechen – aber sie hatten in einer kurzen Woche Beachtliches geleistet. Elf der achtzehn Arbeitsgruppen waren besetzt und auf den Weg gebracht. Belinda sagte, sie sei von ihren bisherigen Fortschritten begeistert, und ihr Instinkt galt ihm zunehmend als Gesamtindikator für seine Erfolgsaussichten. Seine eigenen Erwartungen hätten durchaus ihrem Optimismus entsprochen, wäre da nicht das erbarmungslose Mahnen der Countdown-Anzeige auf der Weißtafel gleich neben dem neuen Organisationsdiagramm gewesen. Er hatte Waldo gebeten, sie aufzuhängen und jeden Tag um eins zu dekrementieren. Im Moment stand auf der Anzeige zu lesen:

Noch **705** Tage bis D-Day!

Zog man davon die Wochenenden und Feiertage ab, so blieben bis zu seinem Vertragsende weniger als fünfhundert Arbeitstage übrig. Das war mit an Sicherheit grenzender Wahrscheinlichkeit zu wenig für ein großes Produkt wie PShop (und er hatte immer noch keinen Manager für das PShop-B-Team!). Bisher waren noch keine Termine festgelegt; er hatte darauf bestanden, daß er keine Terminpläne von oben vorgesetzt bekam. Aber mal ehrlich: Wem machte er eigentlich etwas vor? Jeder erwartete doch, daß die sechs Produkte, oder zumindest die meisten von ihnen, fertig wurden, bevor sein Vertrag ablief. Trotz all seiner Entschlossenheit, es zu verhindern, stand ihm auch bei diesem Job ein extrem aggressiver Termin in aller Deutlichkeit vor Augen. Noch siebenhundertundfünf Tage ... Er griff nach seinem ledergebundenen Buch und seinem Füllfederhalter.

Aus Mr. Tompkins' Tagebuch:

Defensives Management:

- ☐ Begrenzen Sie Verluste.
- ☐ Sie können Ihre Gesamtleistung stärker durch Eindämmen der Mißerfolge als durch Optimieren der Erfolge verbessern.
- ☐ Blasen Sie scheiternde Anstrengungen frühzeitig ab – ohne Wenn und Aber.
- ☐ Überlassen Sie es nicht dem Zufall, ob ein Team zusammenwächst oder nicht: Setzen Sie, wenn irgend möglich, ein vorgeformtes Team ein.
- ☐ Trennen Sie nie ein funktionierendes Team (wenn die Teammitglieder damit einverstanden sind). So ersparen Sie Ihren Nachfolgern die Schwierigkeit, sich mit Teams herumschlagen zu müssen, die nur langsam oder überhaupt nicht zusammenwachsen.
- ☐ Betrachten Sie ein eingeschworenes Team, das bereit und willens ist, ein neues Projekt in Angriff zu nehmen, als eines der Projektergebnisse.
- ☐ Ein Tag, der am Anfang eines Projekts verloren geht, tut genauso weh wie ein Tag, der am Ende verloren geht.

Dieser letzte Gedanke stammte von Belinda und war etwas, was sie fast jeden Vormittag bei der einen oder anderen Gelegenheit äußerte. Er sah noch einmal hoch zu Waldos Countdown-Anzeige. Wenn er morgen früh ins Büro kam, würde bereits 704 dort stehen. Hatte er den Tag siebenhundertundfünf so gut genutzt, wie zu hoffen war? Oder würde er irgendwann feststellen, daß er ihn vertan hatte? Die Zeit würde es offenbaren. Er wandte sich noch einmal dem Tagebuch zu und ergänzte das Thema »Defensives Management« um einen letzten Punkt, einer Einsicht, zu der er vor Jahren gelangt war und mit der er auch nun wieder konfrontiert war:

- ☐ Es gibt unendlich viele Möglichkeiten, einen Tag zu vertun ... aber keine einzige, ihn zurückzubekommen.

10
Abdul Jamid

Mr. Tompkins war in Rom. Zwingende geschäftliche Gründe und ein gewisses Bedürfnis nach Ruhe und Erholung hatten ihn dorthin geführt. Jetzt, wo alle Projekte auf den Weg gebracht waren, konnte er es sich leisten, einer Frage nachzugehen, die die ganze Zeit über an ihm genagt hatte. An der Rezeption des Hotel Hassler schob er seine neue American-Express-Firmenkarte über den Schreibtisch.

Der Hotelangestellte wunderte sich über den Aufdruck. »Morovianze Naczonal Byru av Data Proczessung«, buchstabierte er. »Das wäre dann das Morovische Nationalbüro für Daten ... Um, Sie wissen nicht zufällig, was das auf italienisch heißt?«

»Processione?« versuchte es Tompkins.

»Aha. Nun gut. Willkomen in Rom, Mr. Tompkins. Willkommen im Hassler.«

»Danke.«

Kurz darauf wurde er in eine komfortable Suite mit phantastischer Aussicht auf die Spanische Treppe geleitet. Sobald der Page gegangen war, stellte Mr. T. sein Powerbook auf den Schreibtisch, stöpselte es in die Telefonsteckdose des Hotels ein und sandte ein zweiseitiges Fax an eine New Yorker Nummer.

Am nächsten Morgen weckte ihn gegen 7 Uhr ein Anruf des Anwalts Spofford.

»Webster! Einen wunderschönen guten Morgen, Webster. Ich bin's.«

»Hallo, Jack.«

»Hallo. Das können Sie laut sagen. Ich habe Ihr Fax bekommen. Ich habe den ganzen Tag herumtelefoniert und dann am späten Nachmittag bei der Fidelity-Zentrale hier an der Wall Street vorbeigeschaut. Dort habe ich mich mit Ms. Lampool unterhalten, wie Sie mich gebeten hatten. Sie war äußerst kooperativ und hatte bereits alles für mich vorbereitet. Sagte, es lägen alle notwendigen Vollmachten und Papiere von Ihnen vor, damit ich als Ihr Bevollmächtigter handeln kann.«

»Gut.«

»Wir haben Ihr Konto geprüft und mit dem Bildschirmabzug auf Ihrem Fax verglichen, dem Kontoauszug, den Sie online von Morovien aus abgerufen haben.«

»Und ...?«

»Die Übereinstimmung ist perfekt. Sie sind definitiv bei Fidelity gelandet, und Sie greifen definitiv auf Ihr eigenes Konto zu. Wir haben keine Anzeichen für irgendwelche Mauscheleien gefunden.«

»Ich war einfach besorgt, daß ...«

»... daß Ihre KVJ-Freunde zu faulen Tricks greifen könnten. Ich weiß. Also, Sie können ganz beruhigt sein. Sie haben nichts dergleichen versucht.«

Mr. Tompkins atmete auf. »Okay, das Geld ist also da. Sie haben tatsächlich den gesamten Betrag überwiesen.«

»Auf den Penny genau, wie versprochen. Das Geld kam sogar einen Tag früher an als angekündigt.«

»Gut. Danke für Ihre Hilfe, Jack. Und Sie haben die neuen Konten eingerichtet und die Überweisungen veranlaßt?«

»Genau nach Ihren Vorgaben. Das alte Konto ist aufgelöst, neue Konten wurden eingerichtet und die Gelder dorthin überwiesen. Die Zugriffspaßwörter sind die, die Sie in Ihrem Fax angegeben haben. Aber Sie werden sie natürlich ändern, nicht wahr?«

»Natürlich.«

»Und vergessen Sie nicht: Sie müssen die Paßwörter in Ihrem Kopf speichern, nicht in Ihrem Computer. Sonst könnten diese morovischen Ganoven sich ihr Geld zurückholen, einfach indem sie sich Ihren Laptop schnappen. Aber daran haben Sie ja sicher selbst schon gedacht.«

»Natürlich.« In Wahrheit war ihm diese Gefahr überhaupt noch nicht in den Sinn gekommen. Er würde alle Paßwörter aus den Zugriffsprogrammen löschen und auswendig lernen müssen.

Jack redete weiter. »Gut. Ich denke, das wär's dann. Ihr Geld ist da, und Sie sind in diesem Punkt auf der sicheren Seite. Ach ja, da fällt mir noch etwas ein.«

»Ja, Jack?«

»Erinnern Sie sich an die Party, die Sie letzten Sommer gegeben haben? Und an den älteren Herrn, den Sie mir an diesem Tag vorgestellt haben, Johnny ...?«

»Johnny Jay, mein alter Chef. Ja, klar erinnere ich mich an ihn. Zu schade, daß er in Pension gegangen ist. Wenn er geblieben wäre, wäre ich immer noch da und würde immer noch für ihn arbeiten. Er war der beste Chef, den man sich vorstellen kann.«

»Ein echter Gentleman.«

»Wissen Sie, Jack, ich denke fast täglich an ihn. Ich glaube, mein ganzes Leben als Manager ist ein Versuch, die Management-Weisheit, die ihm in den Knochen steckt, zu erkennen und rational zu durchdringen. Für mich war er der beste. Es war ein Privileg, mit ihm zu arbeiten.«

»Das Gefühl scheint auf Gegenseitigkeit zu beruhen. Ich habe ihn letzten Samstag abend hier in New York getroffen ...«

»Nein. Wirklich?«

»Wirklich. Er und seine Frau waren in der Oper im Lincoln Center. Er kam in der Pause auf mich zu, und wir haben uns unterhalten, vor allem über Sie. Er wußte bereits Bescheid über Ihre morovische Eskapade.«

»Sieh an, der alte Gauner. Wie geht es ihm denn?«

»Er ist fit wie ein Turnschuh. Seine Frau übrigens auch. Sie wollten am nächsten Morgen zu einer Segeltour aufbrechen: zuerst nach Martha's Vineyard und dann noch weiter Richtung Norden, möglicherweise bis hinauf nach Maine. Er wollte wissen, wie man Kontakt zu Ihnen aufnehmen könnte. Er wüßte da nämlich einen jungen Mann, den Sie unbedingt kennenlernen sollten. Fragte mich, wie man Sie erreichen könnte. Ich sagte ihm, daß ich keine Nummer von Ihnen in Varsjop hätte, aber daß Sie heute und morgen im Hassler in Rom anzutreffen wären.«

»Jeder Mensch, von dem Johnny meint, ich sollte mit ihm sprechen, ist mir mehr als willkommen. Das heißt, ich bekomme hier einen Anruf?«

»Nein, ich glaube der Bursche sucht Sie persönlich auf. Johnny sagte, er sei zu dieser Zeit in Europa. Sein Name ist ...«

»Warten Sie, ich hole mir einen Stift. Okay.«

»Sein Name ist Abdul Jamid.«

Mr. Tompkins verbrachte einen Großteil des Vormittags zwischen Brunnen und Ruinen und genoß das angenehm kühle Wetter und ein köstliches Mittagessen in der Nähe der Villa Borghese. Gegen drei kam er ins Hotel zurück.

»Mr. Tompkins, nehme ich an.« Ein dunkelhaariger, ausnehmend gutaussehender Mann trat auf ihn zu. Er erinnerte Mr. Tompkins an den jungen Omar Sharif.

»Ja, das bin ich«, sagte Mr. Tompkins. »Äh, der bin ich. Ich meine, ich bin Mr. Tompkins.«

»Ich bin Dr. Jamid. Ihr Freund Mr. Jay ...«

»Ah ja. Dr. Jamid. Es ist mir eine Ehre. Mit dem Namen Johnny Jay laufen Sie bei mir offene Türen ein. Wen er empfiehlt ... wie auch immer, ich bin begeistert, Sie kennenzulernen.«

»Sie sind überaus freundlich.«

»Keineswegs. Mr. Jay wollte, daß wir uns kennenlernen, und darauf freue ich mich. Wissen Sie, weswegen wir uns kennenlernen sollen?«

»Wegen meiner Arbeit. Ich habe eine Arbeit über das Thema Management-Dynamik geschrieben, und als ich sie Johnny zeigte, dachte er an Sie. Er meinte, Sie hätten in Ihrer neuen Position vielleicht Bedarf dafür.«

Mr. Tompkins nickte. »Johnny tut immer gerne jemandem einen Gefallen, und ich vermute, in diesem Fall schlägt er sogar zwei Fliegen mit einer Klappe. Ich würde sehr gern mehr über Ihre Arbeit erfahren, Dr. Jamid. Ich bin noch zwei Tage in Rom. Genügt das?«

»Für den Anfang, ja.«

»Gut, dann fangen wir an.« Er gab ihm die Hand.

»Webster.«

»Abdul.«

Sie schüttelten sich feierlich die Hand. Webster geleitete ihn die Treppe hinauf in den kleinen Wohnraum seiner Suite.

Ein paar Stunden später riß sich Mr. Tompkins von Dr. Jamids Mac-Laptop los. Ihm rauchte der Kopf.

»Das reicht. Das reicht. Ich bin völlig ausgepowert. Sie reden da über meine Instinktbasis ...«

»Die Menge aller Instinkte, die Sie nutzen, um Ihr Projekt zu leiten.«

»Ja, ich weiß, aber Sie sprechen in einer Art und Weise über Instinkte, wie Sie mir noch nie begegnet ist. So als wäre ein Instinkt eine kleine Datenbank und ein Programm in meinem Bauch. Das Programm interpretiert die Daten und liefert eine Antwort. Funktionieren Instinkte wirklich so?«

»Etwa nicht?«

»Na ja, mehr oder weniger, vermute ich. Ich meine, ganz sicher sind Daten in mir drin – die Summe meiner bisherigen Erfahrungen. Und ich nehme an, es gibt auch ein paar Algorithmen, die mir sagen, was ich mit den Daten anfangen soll.«

»Exakt.«

»Aber Sie wollen, daß ich ein explizites Modell meiner Instinkte über den Fortgang der Projektarbeit bilde und es verwende, um die Ergebnisse zu simulieren.«

»Richtig.«

»Aber welches Interesse sollte ich daran haben? Warum kann ich meine Instinkte nicht für mich behalten, in meinem Kopf oder Bauch oder wo auch immer? Dort scheinen mir Instinkte hinzugehören.«

»Klar, das steht Ihnen frei. Aber einen guten Mechanismus, Ihre Instinkte zu verbessern, bekommen Sie auf diese Weise nicht. Sie stimmen mir doch zu, daß die besten Manager die mit der besten Instinktbasis sind, die, deren Gefühl im Bauch, wie Sie es nennen, am öftesten den Nagel auf den Kopf trifft? Dann müßte Ihnen aber eigentlich daran gelegen sein, Ihre Fähigkeit zu verbessern, die Wirklichkeit instinktiv richtig vorherzusagen.«

»Schon, aber was bringt mir die Modellierung?«

»Sie eröffnet Ihnen eine gute, saubere Möglichkeit, Ihre Theorien über den Projektverlauf abzubilden. Auf diese Weise können Sie dann die tatsächlichen Ergebnisse mit dem Modell vergleichen und lernen, was Sie verbessern müssen. Wenn Sie einen Kollegen haben, der über eine gute Instinktbasis verfügt ...«

»Das habe ich. Sie heißt Belinda.«

»Dann können Sie zusammen an diesen Modellen arbeiten und voneinander lernen. Ohne das Modell haben Sie nichts als ein vages Gefühl im Bauch, daß ein Projekt – um nur ein Beispiel zu nennen – unwirtschaftlich sein wird, weil Sie zu schnell zu viele Leute dafür eingestellt haben. Aber das ist nichts als Ihre private Meinung. Sie erahnen das Problem, oder vielleicht erahne ich es oder Belinda erahnt es, aber wir haben keine Möglichkeit, es untereinander zu diskutieren. Vielleicht beunruhigt die Sache Belinda doppelt so sehr wie Sie, aber wahrscheinlich merken wir das nicht einmal, weil wir normalerweise unsere vagen Gefühle im Bauch nicht quantifizieren. Wenn wir dagegen ein Instinktmodell erstellen, wird die Theorie darstellbar: Wir können ausdrücken, wie stark sich die Geschwindigkeit der Personalaufstockung auf die Produktivität auswirkt.«

Mr. Tompkins lachte unsicher. »Selbst wenn die Theorie darstellbar ist, muß sie nicht richtig sein.«

»Zugegeben. Wir haben es lediglich mit einer Theorie zu tun. Aber wir verfügen mit dem Modell über einen Mechanismus, die Theorie auszutesten, indem wir sie mit dem vergleichen, was tatsächlich passiert. Und in der Zwischenzeit haben wir eine ausgezeichnete Darstellungsmethode, die es Ihnen und Belinda ermöglicht, Ihre unterschiedlichen Gefühle über die Sache zu formulieren und Ihre instinktiven Erkenntnisse miteinander zu verbinden.«

»Okay, nehmen wir mal an, ich kaufe Ihnen das ab. Vorher will ich natürlich ein paar Anwendungsbeispiele sehen, aber sagen wir, ich finde das Konzept der Instinktmodellierung gut, einfach um die Gefühle im Bauch ans Tageslicht zu fördern. Dann verstehe ich aber immer noch nicht, was mir daran liegen sollte, das Modell durch einen Simulator laufen und seine Ergebnisse präzise berechnen zu lassen. Ist das nicht zu viel des Guten?«

»Wenn Sie nur einen Instinkt hätten, hätten Sie recht. Aber angenommen, Sie haben ein halbes Dutzend davon. Wie finden Sie dann ihre Gesamtwirkung heraus?«

Mr. Tompkins war immer noch nicht überzeugt. »Der Simulator rechnet die Gesamtwirkung aus, sagen Sie. Na und? Ich gebe doch sowieso nur meine Instinkte in den Simulator ein. Wie soll denn der Simulator damit die Gesamtwirkung exakter ermitteln können als ich mit meinen Instinkten?«

Dr. Jamid nickte. »Sie meinen also, Sie sind in der Lage, sich die Kombinationen der verschiedenen Wirkungen auszumalen. Sie sind in der Lage, diese Berechnungsaufgabe in dem für Berechnungsaufgaben völlig ungeeigneten Prozessor zu lösen, in dem Ihre Instinkte sitzen. Sie haben diesen Instinkte-Prozessor verschiedentlich als Ihren Kopf, Ihren Bauch und mehrmals als Ihre Knochen bezeichnet. Führen Sie exakte Berechnungen aus dem Bauch heraus durch, Webster?«

»Also ...«

»Machen wir doch einfach einen Test. Wir nehmen dafür ein kleines Beispiel aus der Literatur zur Simulationsmodellierung. Angenommen, Sie leiten ein Projekt, für das am ersten Januar einhundert Leute zur Verfügung stehen. Sie arbeiten seit ein paar Jahren für Ihr Unternehmen und Sie wissen, daß die durchschnittliche Fluktuationsrate bei vier Mitarbeitern im Monat liegt. Jedesmal, wenn ein Mitarbeiter geht, stellen Sie sofort einen neuen ein und arbeiten ihn zwei Monate lang ein. Danach ist der neue Mitarbeiter oder die neue Mitarbeiterin in das Projekt integriert.«

»Okay.«

»Nun erfahren oder vermuten Sie, daß die Fluktuationsrate wegen irgendeiner Änderung der Personalpolitik ab ersten Mai steigen wird. Nehmen wir an, sie verdoppelt sich Ihrer Meinung nach.«

»Okay. Wir rechnen jetzt also damit, acht Mitarbeiter im Monat zu verlieren.«

»Richtig. Was sagt Ihnen Ihr Instinkt: Wieviele Mitarbeiter sind am ersten August voll in das Projekt integriert?«

»Äh? Hundert, oder?«

»Wirklich?«

»Ich dachte, Sie sagten, ich hätte einen festen Bestand von einhundert Leuten. Und ich stelle für jeden Mitarbeiter, den ich verliere, sofort einen neuen ein. Das heißt, ich habe immer eine Belegschaft von einhundert Leuten. Ich arbeite die Neueinstellungen ein ... Oh, warten Sie, ich sehe, was Sie meinen. Es befinden sich immer ein paar Leute in der Einarbeitungsphase. Und jetzt durchschnittlich mehr als vorher.« Er dachte eine Moment nach. »Okay, im ersten Monat habe ich wegen des plötzlichen Anstiegs der Fluktuationsrate sicherlich weniger integrierte Mitarbeiter. Das heißt, zweiundneunzig statt hundert. Aber dann bekomme ich sie doch zurück? Ich denke schon, oder? Dann müßte ich im August doch eigentlich wieder hundert haben ... Okay, ich weiß es nicht. Der Arithmetikprozessor in meinem Bauch ist diesem Beispiel nicht gewachsen.«

»Aber das ist ein völlig triviales Beispiel, Webster. Viel weniger kompliziert als die Simulationen, die Sie fast jeden Tag aus dem Bauch heraus durchzuspielen versuchen. Dann wollen wir doch mal sehen, was der Simulator zu diesem Beispiel zu sagen hat.« Dr. Jamid zeichnete ein Modell auf den Bildschirm.*

»Ich zeichne ein rechteckiges Reservoir, das das einsetzbare Personal repräsentiert. Je höher sein Niveau, desto mehr Mitarbeiter stehen Ihnen zur Verfügung. Wir setzen den Anfangswert auf einhundert.

Verfügbare Mitarbeiter

☐

»Das ist bereits ein Modell, aber ihm fehlt noch die Dynamik: der Fluß der Leute, die das Projekt verlassen, und der Neueinstellungen, die an Bord kommen. Wenn

---

* Das Beispiel von Dr. Jamid wurde entnommen aus *Introduction to Systems Thinking and ithink* (Hanover, N.H.: High Performance Systems, Inc., 1994, Seite 17-18.)

wir den Simulator jetzt laufen ließen, würde er uns sagen, daß der Personalbestand die ganze Zeit konstant auf einhundert steht.

»Als nächstes zeichnen wir eine Pipeline für den Fluß der Leute ein, die das Projekt verlassen, und ein Ventil, dessen Wert für die Fluktuationsrate steht. Wir stellen das Ventil zunächst auf eine Rate von vier Mitarbeitern im Monat ein.

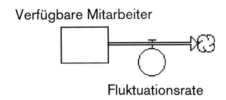

»Das kleine Wolkensymbol besagt, daß sie mit dem Projekt auch den Kontext des Modells verlassen. Als nächstes zeichnen wir noch eine Pipeline der Personalaufstockung ein, an die wir ein Ventil mit der Aufstockungsrate anklemmen. Die Einstellung des Einflußventils verbinden wir direkt mit dem Ausflußventil: Für jeden Mitarbeiter, den wir in einem bestimmten Monat verlieren, stellen wir einen neuen ein. Schließlich plazieren wir zwischen das Ventil mit der Einstellungsrate und den Einfluß in das Projekt noch eine zweimonatige, schulungsbedingte Verzögerung. Unser Modell sieht dann so aus:

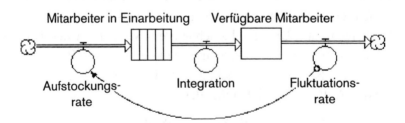

»Um unseren Instinkt darzustellen, daß die Kündigungsrate ab Mai plötzlich ansteigen wird, ordnen wir dem Ventil mit der Fluktuationsrate eine Gleichung zu, wonach die Fluktuation bis Mai bei vier Mitarbeitern liegt und dann mit einem Schlag auf acht Mitarbeiter pro Monat ansteigt. Wenn Sie jetzt auf RUN drücken, sehen Sie das Simulationsergebnis.«

Mr. Tompkins verfolgte auf dem animierten Display fasziniert die Reservoir-Änderungen im Lauf der Monate. Als sich eine Stabilisierung abzuzeichnen begann, hielt Dr. Jamid die Ausführung an und brachte das System mit ein paar

Mausklicks dazu, die Zahl der verfügbaren Mitarbeiter über die Zeit grafisch darzustellen.

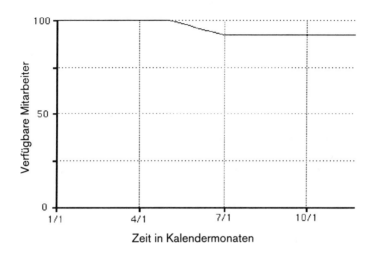

»Na ja, das ist nicht ganz das, was ich erwartet habe«, gab Mr. T. zu. »Der Bestand sinkt ein paar Monate lang kontinuierlich, stabilisiert sich im Juli und kehrt nie mehr auf den alten Stand zurück. Ich frage mich, warum?«

Dr. Jamid überlegte. »Das ist mir auch nicht auf Anhieb klar. Vielleicht, weil immer mehr Leute mit der Einarbeitung beschäftigt sind? Aber was ich eigentlich sagen will: Selbst dieses triviale Netz verknüpfter Wirkungen läßt sich ohne Hilfe nur schwer durchschauen. Die Simulation macht die Verknüpfungen für uns sichtbar und erledigt mühelos die Art von arithmetischer Analyse, ohne die sich das Problem kaum lösen läßt.«

Mr. Tompkins mußte lachen. »Die Art, bei der uns unser Gefühl im Bauch im Stich läßt. Ja, ich sehe, was Sie meinen.«

Dr. Jamid schwieg einen Moment. Mr. Tompkins wandte sich vom Bildschirm ab und sein gedankenverlorener Blick schweifte über die linke äußerste Ecke des Raumes hinweg an die Decke. Was hatte all das mit ihm und seiner Aufgabe zu tun, irgendwo am Ende der Welt sechs versandfertige Softwarepakete zu entwickeln? Wo war der Praxisbezug?

Er wußte es nicht. Aber es dämmerte ihm, daß die Modelle und die Simulation von Nutzen sein konnten.

Er wandte sich wieder seinem neuen Freund zu. »Nehmen wir an, Sie hätten mich mit Ihrer Demonstration überzeugt, Abdul. Was soll ich dann Ihrer Meinung nach damit anfangen? Wie kann ich das, was Sie mir heute gezeigt haben, nutzbringend anwenden?«

»Okay, nehmen wir ein Element Ihrer Instinktbasis, am besten eines, das bei Ihnen sehr stark ausgeprägt ist. Das finden wir am leichtesten, wenn ich Sie ein bißchen provoziere und mit ein paar haarsträubenden Vorschlägen konfrontiere. Von Ihnen möchte ich dann wissen, was Sie so haarsträubend daran finden.«

»Okay, fangen Sie an.«

»Nehmen wir an, ich sei Ihr Chef. Sie sagen mir, zehn Leute könnten eine bestimmte Aufgabe in einem Jahr erledigen. Weil ich aber das Produkt so schnell wie möglich haben möchte, fordere ich Sie auf, sich zwanzig Leute zu nehmen und das Produkt in sechs Monaten zu entwickeln.«

Mr. Tompkins konnte seinen Unmut nicht verhehlen. »Dann sage ich Ihnen, daß Sie sich das abschminken können.«

»Ihr Instinkt meint also, zwanzig Mitarbeiter für sechs Monate seien nicht das Gleiche wie zehn Mitarbeiter für zwölf.«

»Das meine ich nicht nur«, zischte Mr. Tompkins. »Davon bin ich überzeugt.«

Dr. Jamid griff nach einem gelben Notizblock und malte eine Skizze auf. Als er fertig war, schob er den Block zu Mr. Tompkins hinüber und zeigte darauf.

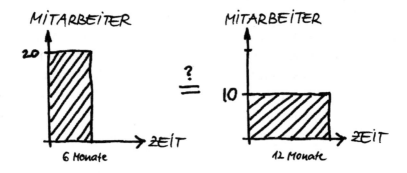

»Das heißt, es steht nicht zu erwarten, daß diese beiden Mitarbeitereinsatzpläne die gleiche Menge an produktiver Leistung bringen?«

»Absolut nicht!«

»Zwischen der Gesamtproduktionskapazität der beiden Varianten besteht ein Unterschied?«

»Ein großer Unterschied.«

Ein hinterlistiger Blick trat in Dr. Jamids Augen. »Tja ... wie groß?

»Wie bitte?«

»Wie groß ist der Unterschied zwischen den beiden Varianten? Nehmen wir an, zehn Leute können in einem Jahr ein Softwareprodukt der Größe tausend Irgendwas bauen. Stören Sie sich im Moment nicht an meiner Größeneinheit, nehmen Sie einfach an, ich hätte eine vernünftige Möglichkeit, die Softwaregröße zu messen. Wenn zehn Leute in einem Jahr ein Produkt mit tausend Einheiten zustandebringen, ein wie großes Produkt kann dann ein gleich gut qualifiziertes Team mit zwanzig Mitarbeitern in sechs Monaten entwickeln?«

»Weniger als eintausend Einheiten.«

»Wieviel weniger?«

»Viel weniger!«

»Wieviel ist viel?«

»Unmengen. Diese zwanzig Leute stehen sich gegenseitig im Weg. Sie können nicht annähernd so viel leisten wie das kleinere Team in längerer Zeit.« Allmählich begann Mr. Tompkins, sich aufzuregen. »Können Sie das nicht sehen?«

»O doch. Klar kann ich das. Ich zweifle nicht an der Richtigkeit Ihres Instinkts, Webster, ich will Sie nur dazu bringen, ihn zu quantifizieren. Wieviel weniger erreicht das größere Team in sechs Monaten?«

Mr. Tompkins warf die Arme hoch. »Die Hälfte. Oder vielleicht auch nur ein Viertel. Ich weiß nicht.«

»Das ist nicht Ihr Ernst.« Dr. Jamid lachte leise.

»Na ja ... also ich vermute, ich weiß es wirklich nicht. Ich meine, nicht genau.«

»Auch nicht bis auf einen Faktor zwei.«

»Warum lachen Sie so?«

»Weil Sie es wissen müssen. Das Wechselspiel zwischen Mitarbeitern und Zeit ist eine Frage, die sich einem Manager nahezu täglich stellt. Sie sind damit fast ständig konfrontiert. Wie tarieren Sie es aus?«

»Ich nehme mal an, ich habe ein Feeling dafür.«

»Dieses Feeling ist Ihr Modell. Sehen Sie, Sie haben bereits ein Modell, im Moment ist es aber ausschließlich in Ihnen intern vorhanden. Es ist so tief in Ihnen vergraben, daß nicht einmal Sie selbst es ansehen können, wenn Sie das wollen. Dieses Modell gilt es, ans Tageslicht zu bringen. Lassen Sie uns Ihr Feeling in Form eines Modells beschreiben. Wie wird die Produktionsleistung des Teams beeinflußt, wenn man dem Team neue Mitarbeiter hinzufügt?«

»Okay.«

»Beschreiben Sie mir einfach die Zusammenhänge, und ich reduziere Sie auf Konzepte, die das Modellierungs- und Simulationspaket verstehen kann. Was passiert, wenn Sie das Team um einen Mitarbeiter erweitern?«

Tompkins dachte nach. »Die Wirkung ist zunächst immer negativ«, begann er. »Der Neue tut an seinem ersten Tag nichts Nützliches, und seine Einarbeitung nimmt die Zeit anderer Mitarbeiter in Anspruch. Das heißt, die Gesamtproduktionsleistung des Teams sackt ab.«

Dr. Jamid hörte zu und modellierte das Gesagte am Laptop.

»Schritt für Schritt wächst der Neue dann zu einem vollwertigen Teammitglied heran.« Tompkins nahm den gelben Block und einen Stift und skizzierte in wenigen Strichen sein Konzept. »Ungefähr so.«

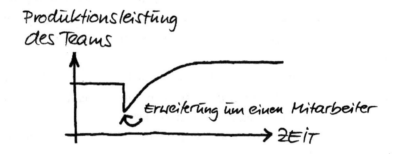

Dr. Jamid sah sich die Kurve an und integrierte die darin enthaltene Vorstellung mit ein paar Dutzend Tastatur- und Mausbefehlen in das Modell, das am Bildschirm zu entstehen begann.

Mr. Tompkins machte weiter: »Nur: Wenn er zum Beispiel der siebte Mann im Team ist, bringt er einen geringeren Leistungszuwachs, als wenn er der sechste wäre. Wahrscheinlich haben wir es hier mit einem Verlust zu tun, der eine Funktion der Teamgröße ist. Je mehr Leute einem Team angehören, desto mehr Interaktionen sind notwendig und desto mehr Zeit geht verloren.«

»Legen Sie sich fest. Zeichnen Sie mir auch dazu einen Graphen.«

»Okay, lassen Sie es mich versuchen. Wenn wir die Gesamtproduktionsleistung des Teams als Funktion der Teamgröße betrachten«, sagte er und skizzierte den Zusammenhang, »dann würde die in einem 45°-Winkel verlaufende Linie bedeuten, daß der Beitrag jedes neuen Mitarbeiters so hoch wäre wie der des unmittelbar vor ihm eingestellten. Mit einer Verdoppelung der Teamgröße würde sich auch die Leistung verdoppeln, kein Interaktionsverlust. In Wahrheit läßt sich dieses Ideal bei weitem nicht erreichen. Die Differenz sieht ungefähr so aus.«

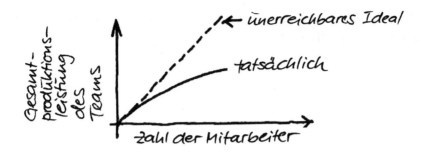

»Die Differenz zwischen *Tatsächlich* und *Unerreichbares Ideal* ist der Interaktionsverlust.«

Dr. Jamid warf einen Blick auf die Skizze. »Verstehe. Ich kann die Form Ihres Graphen mehr oder weniger in das Modell übernehmen.« Er legte einen Finger auf die *Tatsächlich*-Kurve, die etwa in der Mitte des Diagramms verlief. »Sagen Sie: Wie groß muß das Team sein, bevor der Interaktionsverlust ein Drittel ausmacht?«

»Was?«

»Auf Ihrer Kurve gibt es einen Punkt, bei dem der Interaktionsverlust etwa halb so hoch ist wie der Wert *Tatsächlich*. Das heißt, an diesem Punkt ist etwa ein Drittel der im Idealfall möglichen Leistungsfähigkeit verschwendet.«

»Soweit kann ich Ihnen folgen.«

»Wie groß ist das Team an diesem Punkt?«

»Ich weiß nicht.«

»Natürlich wissen Sie es nicht. Wir wollen momentan ja auch nicht herausfinden, was Sie wissen, sondern was Sie fühlen. Hören Sie auf Ihr Gefühl im Bauch. Wie groß muß das Team sein, damit der Interaktionsverlust ein Drittel der Leistungsfähigkeit ausmacht?«

»Diese Frage kann ich bestenfalls Pi mal Daumen beantworten.«

»Legen Sie sich fest. Wie groß?«

»Hmm, ich würde sagen, etwa vier.«

»Die Nettoleistungsfähigkeit von vier Mitarbeitern, die zusammen arbeiten, ist etwa ein Drittel niedriger als vier Mal die Leistungsfähigkeit eines Einzelkämpfers, der die ganze Arbeit alleine macht.«

Mr. Tompkins zuckte die Schultern. »Ich kann das natürlich nicht beschwören, aber so scheint es mir in etwa zu stimmen.«

»Gut.« Dr. Jamid gab weitere Informationen in seinen Laptop ein. Als er fertig war, wählte er die Gesamtansicht des entstandenen Modells und drehte den

Bildschirm so, daß Mr. Tompkins ihn sehen konnte. »Hier ist das Modell Ihres Instinkts zum Thema Teamgröße.«

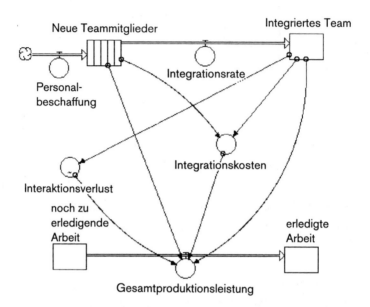

»Das ganze Projekt wird als der Versuch dargestellt, Arbeit von einem Reservoir in ein anderes zu transferieren. Am Ausgangspunkt ist das Reservoir *Verbleibende Arbeit* voll und das Reservoir *Erledigte Arbeit* leer. Die Arbeitseinheiten müssen durch ein künstliches Maß der Aufgabengröße dargestellt werden ...«

»Codezeilen? Etwas in der Art?«

»Ja, wenn uns nichts Besseres einfällt, wäre das eine Möglichkeit. Die Arbeitskapazität wird durch ein Ventil *Gesamtproduktionsleistung* modelliert. Je höher sein Wert, desto schneller fließt die Arbeit von *Verbleibende Arbeit* in *Erledigte Arbeit*. Natürlich müssen die Werte von *Gesamtproduktionsleistung* in der gleichen Größeneinheit ausgedrückt werden, die wir für die Reservoirs verwenden.«

»Verstehe«, sagte Mr. Tompkins. Er war sich alles andere als sicher, daß er das wirklich verstand.

»Die dünnen Pfeile stehen für Abhängigkeiten. Sie sagen uns zum Beispiel, daß die Gesamtproduktionsleistung von vier Dingen abhängt: der Größe des *Integrierten Teams*, der Zahl der *Neuen Teammitglieder*, die erst teilweise integriert sind, dem *Interaktionsverlust* und dem *Integrationsaufwand*.«

»Der Integrationsaufwand wäre, nehme ich an, der Anteil der unproduktiven Zeit, die benötigt wird, um die neuen Mitglieder einzuarbeiten.«

»Ja. Jetzt schreibe ich eine Gleichung oder entwickle eine grafische Definition für jedes Ventil und für jede daran befestigte Meßskala. Hier sehen Sie zum Beispiel, wie die Meßskala für den Interaktionsverlust definiert ist.«

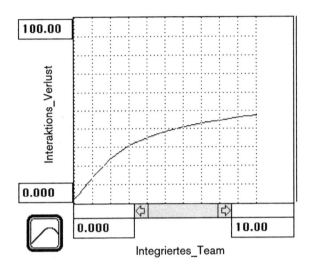

»Sie beginnt, wie Sie sehen, bei null, steigt allmählich an und liegt, wenn eine Teamgröße von vier Mitarbeitern erreicht ist, bei etwa ein Drittel. Wie der Rest der Kurve aussieht, habe ich einfach mal geraten.«

Mr. Tompkins starrte den Graphen an. War das wirklich die bestmögliche Repräsentation seines Instinkts über den Interaktionsverlust bei steigender Teamgröße?

Dr. Jamid schien seine Gedanken lesen zu können. »Beim Experimentieren mit dem Modell werden Sie möglicherweise merken, daß Sie die eine oder andere Kurve noch anpassen müssen. Es kann auch sein, daß Sie das Modell selbst ändern müssen.«

»Um es noch feiner auf meine Instinktbasis abzustimmen.«

»Genau.«

»Okay, also im Moment sagt mir meine Instinktbasis, daß wir etwas ändern müssen. Mit dem statischen Wert des *Interaktionsverlustes* bin ich noch nicht ganz glücklich. Vielleicht sollte man den Verlust besser als dynamische Funktion der Zeit darstellen. Schließlich lernen die Leute, zusammenzuarbeiten.«

Dr. Jamid nickte zustimmend. »Sprechen Sie weiter.«

Mr. Tompkins dachte einen Moment nach. »Nun, meiner Meinung nach besitzen Teams das Potential, den Interaktionsverlust im Lauf der Zeit nachgerade in einen Gewinn zu verwandeln. Etwas passiert, und die Teamdynamik wird so stark, daß sie den Interaktionsverlust mehr als wettmacht. Das Ganze kann größer werden als die Summe der Teile. Das Team findet zusammen und ... wie soll ich sagen, verschmilzt zu einer Einheit.«

Einen Augenblick später drehte Abdul den Bildschirm wieder in seine Richtung. »Etwa so?«

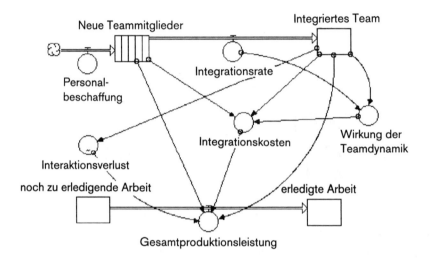

»Ja, so in der Art. Es gibt definitiv eine Art Geliereffekt. Als nächstes müssen wir die Integrationskosten neu definieren.«

»Natürlich.«

Mr. Tompkins ließ sich Zeit, den Bildschirminhalt zu studieren. »Wissen Sie, ich glaube, das ist wirklich mein Modell. Es spiegelt das, was bei meiner Einschätzung der Teamproduktivität in mir vorgeht, ziemlich gut wider. Natürlich kann das alles ganz falsch sein. Vielleicht funktionieren Teams ganz anders ...«

»Klar. Aber jetzt haben Sie wenigstens eine Möglichkeit, es auszuprobieren. Mit Hilfe der Simulation sehen Sie, was Ihre kombinierten Instinkte vermuten. Dann lassen Sie das echte Projekt eine Weile lang laufen, sammeln genauere Informationen und perfektionieren das Modell.«

»Ich verstehe.«

»Schritt für Schritt integrieren Sie die Informationen, die das Modell präzisieren, bis ...«

»Der auf dem Bildschirm abgebildete Instinkt besser ist als der Instinkt im Bauch.«

»So ist es.«

Im Taxi zum Flughafen fragte Mr. Tompkins: »Wie heißt das Modellierungs- und Simulationspaket, das Sie verwenden? Ich bestelle es, sowie ich wieder im Büro bin.«

»Das, das ich verwende, heißt *ithink*«, informierte ihn Dr. Jamid[*], »aber Sie müssen es nicht kaufen, Webster. Ich habe es Ihnen bereits besorgt.« Er griff in seine Aktenmappe und zog ein Softwarepaket heraus, das noch in Plastikfolie eingeschweißt war.

»Abdul. Das wäre doch nicht nötig gewesen. Ich hätte ...«

Dr. Jamid brachte ihn mit einer Handbewegung zum Schweigen. »Bitte, Webster. Ich wollte damit das, worüber wir gesprochen haben, abrunden und komplettieren, so daß Sie sofort durchstarten können. Außerdem kostet das Ganze nicht besonders viel. Sie haben mir heute Mittag in Rom ein so vorzügliches Essen spendiert. Dafür revanchiere ich mich mit diesem Softwareprodukt. Ich habe es bei einem kalifornischen Versand bestellt und versichere Ihnen, es hat mich weniger gekostet als Ihnen unser Mittagessen.« Er reichte ihm die Schachtel. Dann griff er noch einmal in seine Aktenmappe und zog eine Diskette heraus. »Und hier sind die Modelle, die wir gestern und heute zusammen entwickelt haben. Sie sind der Ausgangspunkt ...«

Mr. Tompkins beendete den Satz für ihn: » ... der Ausgangspunkt für eine Modellierung, die nicht enden wird, bis wir alle unsere Instinkte eingefangen haben. Das verspreche ich Ihnen, Abdul. Das verspreche ich Ihnen.«

Aus Mr. Tompkins' Tagebuch:

Modellierung und Simulation des Entwicklungsprozesses:

☐ Modellieren Sie Ihre Instinkte über die Arbeitsprozesse.

---

[*] *ithink* ist ein eingetragenes Warenzeichen von High Performance Systems, Inc., in Hanover, N.H.

- Entwickeln Sie die Modelle gemeinsam mit Kollegen, um Ihre Vermutungen über den Ablauf von Arbeitsprozessen auszutauschen und aufeinander abzustimmen.
- Nutzen Sie die Modelle als Basis für Simulationen zur Abschätzung von Ergebnissen.
- Nutzen Sie die tatsächlichen Ergebnisse zur Verfeinerung der Modelle.

11
Der sinistre Minister Belok

Es war ein klarer morovischer Frühlingsmorgen. Mr. Tompkins war schon vor sieben unterwegs und nutzte den Weg zur Arbeit für seinen üblichen Gesundheitsspaziergang. An einem so schönen Morgen wie diesem ließ er sich gerne Zeit für den Weg und sog die Frische des neuen Tages in sich ein. Das Residence-Hotel in Varsjop lag von seinem Büro am Aidrivoli-Campus etwa eine Meile entfernt. Sein Weg führte einen atemberaubend schönen Pfad entlang, der auf beiden Seiten von Weinbergen umgeben lag und dem Lauf eines kleinen Baches folgte. Woran lag es, fragte er sich (wie fast jeden Tag), daß die Industrieländer trotz ihrer materiellen Überlegenheit nicht imstande waren, für angenehme Gehwege von A nach B zu sorgen? Ganz egal, wo A und B in Morovien lagen, dazwischen gab es immer einen schönen Spazierweg.

Weil er früh dran war, nahm er nicht die Abzweigung zum Campus, sondern ging noch ein gutes Stück am Bach entlang. Eine halbe Meile weiter lag ein kleiner Teich, an dessen Ufer eine hölzerne Bank stand. Dort pflegte er an schönen Morgen wie diesem gerne zu sitzen und nachzudenken. Die letzten dreißig Meter vor dem Teich bewegte er sich behutsam; an dieser Stelle hatte er schon öfter Hirsche oder eine Hasenmutter mit ihren Jungen beobachtet, und er wollte sie nicht stören.

Er ließ sich auf der Bank nieder und sog, erfüllt von einem Gefühl des Wohlbehagens, die Luft in tiefen Zügen ein. Er lebte nun seit etwas mehr als drei Monaten in Morovien und konnte sich nicht daran erinnern, daß es je eine glücklichere Zeit in seinem Leben gegeben hätte. Etwas Besseres, als von seiner alten Firma gefeuert zu werden, hätte ihm nicht passieren können. Nein, das stimmte nicht ganz. Tausende von Leuten wurden entlassen, ohne so weich zu landen wie er. Nicht die Kündigung war sein Glück gewesen, sondern seine Entführung durch Lahksa Hoolihan.

Spritzgeräusche am Rand des Teiches rissen ihn aus seinen Gedanken. Ein rascher Flügelschlag folgte, und einen Moment später drangen muntere Vogelrufe von den Wipfeln eines Baumes direkt am Teichufer zu ihm herab. Vorsichtig suchte er in seiner Aktentasche nach seinem Vogelbestimmungsbuch und dem

Fernglas, das er für genau diesen Zweck bei sich trug. Er richtete das Fernglas auf einen kräftigen kleinen Vogel mit einem grün gefiederten, auffällig großen Kopf. Die Abbildung des Vogels in seinem Buch war schnell gefunden. Er schlug die Notizseiten am Buchende auf und schrieb: »4. April. Gestreifter Eisvogel.« Dann legte er Buch, Stift und Fernglas griffbereit neben sich auf die Bank.

Daß er sich gerade jetzt so zufrieden fühlte, hieß nicht, daß es keine Probleme gab. Natürlich gab es Probleme. Man leitete keine Gruppe talentierter Entwickler, ohne ab und an auf Probleme zu stoßen. Morovien unterschied sich in dieser Hinsicht keineswegs von den Orten, an denen er früher gearbeitet hatte. Leute, die gut sind, wissen das normalerweise und sorgen dafür, daß man weiß, daß sie es wissen. Manchmal gingen sie ihm ziemlich auf die Nerven, und es mangelte ihm gewiß nicht an Entwickler-Primadonnen. Aber er hatte seit langem gelernt, auch die Launenhaftesten unter ihnen zu schätzen, oder zumindest zu *versuchen*, sie zu schätzen.

Und natürlich gab es Terminprobleme. Wenn er das Datum seines Vertragsendes als Fertigstellungstermin ansah (ein Jahr ab nächstem November), würden die meisten der von ihm geleiteten Projekte Mühe haben, diesen Termin zu halten. Er war zwar optimistisch, ein paar der kleineren Projekte bis dahin abschließen zu können; bei einem Projekt wie PShop dagegen konnte man sich schon glücklich schätzen, wenn es innerhalb eines weiteren Jahres fertig wurde. Zumindest bei diesem Projekt sah er sich also vor die Aufgabe gestellt, eine Möglichkeit zu finden, ein ganzes Jahr einzusparen.

Aber davon wollte er sich den schönen Morgen nicht verderben lassen. Er wußte, er würde sich im Lauf des Tages mit Ex-General Markov und Belinda Binda wegen dieses Problems zu einem Brainstorming zusammensetzen. Deshalb konnte er sich jetzt in aller Ruhe über die Dinge freuen, die gut liefen: über die vielen intelligenten Mitarbeiter, die glücklich waren, gute Arbeit zu leisten; die ausgezeichneten Manager auf den beiden Ebenen unter ihm; das wirklich erstklassige Umfeld; und vor allem über zwei der besten Kollegen, mit denen er je zusammenarbeiten durfte. Mit Belinda und Gabriel, das wußte er, hatte er das ultimative Management-Dream-Team um sich herum versammelt. Auf ihre pfiffigen Ratschläge und ihren zuverlässigen Durchblick konnte er sich voll und ganz verlassen.

Im nachhinein betrachtet hatte er zum ersten Mal in seinem Berufsleben freie Hand, seine bestmögliche Leistung zu erbringen, ohne daß es irgendeinen Idioten über ihm in der Befehlskette gab, der alles kaputtmachte, weil er realistische

Zeitpläne beschnitt oder seine besten Entscheidungen verwarf. EFN schien ein ganz vernünftiger Bursche zu sein, nachdem Tompkins Standpunkt bezogen und unmißverständlich auf seine Autorität gepocht hatte. Seit ihrem ersten Treffen in Korsach war Moroviens Tyrann Wachs in seinen Händen gewesen. Er schien sich wohl dabei zu fühlen, Tompkins seine Geschäfte so führen zu lassen, wie sie geführt werden sollten. Was konnte er sich mehr wünschen als einen wohlwollenden Manager über sich, kompetente Mitarbeiter unter sich und herausfordernde Aufgaben vor sich?

Mr. Tompkins packte seine Sachen zusammen und machte, daß er ins Büro kam. Etwas Beschwingtes lag in seinem Gang. Als er am Campus eintraf, war er mehr als nur zufrieden: Er fühlte sich geradezu euphorisch.

Waldo paßte ihn an der Tür zu seinem Büro ab und zog ihn zur Seite. Er flüsterte: »Chef, da gibt es etwas, was Sie wissen sollten.«

»Was denn?«

»EFN ist für eine Weile in die Staaten zurückgekehrt, um sich um seine anderen Interessen zu kümmern. Anscheinend wird er längere Zeit abwesend sein.«

»Und ...?«

»Und für die Zeit seiner Abwesenheit hat er einem gewissen Mr. Belok das Kommando übertragen.«

»O nein.«

»O doch.« Waldo zeigte auf die Bürotür. »Mr. Belok wartet in Ihrem Büro auf Sie.«

Tompkins nickte und trat durch die Tür. In seinem Büro, hinter seinem eigenen Schreibtisch, saß ein kleiner, sehr blasiert wirkender Mann. Ihre Augen begegneten sich kurz. Dann schaute Tompkins hinauf auf die Wand hinter seinem Schreibtisch auf Waldos Countdown-Anzeige der verbleibenden Tage bis D-Day. Sie stand gestern nachmittag auf 607 und hätte heute morgen demnach 606 Tage anzeigen müssen. Aber dem war nicht so. Statt dessen zeigte sie an:

Noch **420** Tage bis D-Day!

»O Shit!« sagte Mr. Tompkins.

Auf der Visitenkarte, die der kleine Mann ihm reichte, stand: »Allair Belok, Minister für innere Angelegenheiten und Stellvertretender Tyrann.«

»Ich denke, damit ist alles klar«, sagte der Mann.

»Damit ist überhaupt nichts klar. Ich berichte direkt an EFN.«

»Nicht ganz so direkt, wie sich herausstellt«, sagte Minister Belok mit selbstzufriedener Miene. Er fuhr sich mit der Hand durch sein fettiges Haar und wischte sie dann geistesabwesend an seinem Jacket ab. »Nicht so direkt, wie Sie vielleicht gedacht haben.«

»Ich warte darauf, daß EFN mir das selbst sagt.«

Der kleine Mann inspizierte eingehend seine Fingernägel. Als er unter einem der Nägel etwas Schwarzes entdeckte, führte er den Finger graziös zum Mund, um den Nagel mit Hilfe eines seiner unteren Schneidezähne zu reinigen. Danach inspizierte er den Nagel erneut. Ohne Augenkontakt sagte er: »Oh, darauf würde ich an Ihrer Stelle nicht warten. EFN hat nicht vor, in absehbarer Zukunft zurückzukommen.«

»Wo ist er denn?«

»Fort. Mr. Tompkins – Webster ...« In einer Geste des Appells an die Vernunft breitete Belok die Arme aus und kehrte seine Handflächen nach oben. »Ich sehe keinen Grund, warum wir nicht miteinander auskommen sollten. Im Gegenteil: Ich denke, wir werden uns blendend verstehen. Sie werden feststellen, daß ich ein sehr vernünftiger Mann bin.« Er lächelte tückisch.

»Sicher.«

»Äußerst vernünftig, wirklich. Und ich arbeite schon ziemlich lange mit Ihm zusammen.«

»Ich bin beeindruckt.«

»Und ich bin da, und Er ist fort. Verstehen Sie, worauf ich hinaus will?«

Mr. Tompkins schüttelte den Kopf. »Ich bin nicht sicher, daß ich verstehen möchte, worauf Sie hinaus wollen. Aber reden Sie ruhig weiter. Ich höre.«

»Ich höre«, wiederholte der Minister unleidlich. Er blickte gen Himmel. Tompkins stellte seine Langmut auf eine harte Probe. Dann sah er Tompkins höhnisch lächelnd an: »Ich bin – einfach gesagt – der *einzige* unersetzliche Mensch in diesem morovischen Abenteuer. In der Vergangenheit war ich für die finanziellen Angelegenheiten, *alle* finanziellen Angelegenheiten der verschiedenen Unternehmungen von EFN zuständig. Der liebe Junge ist – wie soll ich es sagen? – ein wenig unbedarft, was das Finanzielle anbetrifft.«

»Er ist Milliardär«, sagte Tompkins trocken.

»Das ist genau der springende Punkt. Er ist finanziell unbedarft und wurde dennoch einer der reichsten Männer der Welt. Was meinen Sie: Wie konnte das geschehen?«

»Ihr Verdienst, zweifellos.«

Belok lächelte wieder. »Meine Bescheidenheit verbietet es mir, den Ruhm *allein* für mich in Anspruch zu nehmen. Ich meine, für die technische Seite hat Er ja durchaus ein Händchen. Es genügt jedoch, wenn ich sage, daß Er ohne meinen bescheidenen Beitrag heute wahrscheinlich eine Garagenfirma leiten würde.«

»Ich verstehe.«

»Er hat seine Talente, und ich habe meine. So einfach ist das.«

»Ah ja.«

»Zu den Dingen, die ihm nicht besonders liegen, gehört es, denen, die unter ihm arbeiten, ein Gefühl – wie soll ich sagen? – der Dringlichkeit zu vermitteln.«

»Sie dagegen haben ein bescheidenes Talent dafür, Druck an der richtigen Stelle auszuüben. Verstehe ich das richtig?«

»Ganz richtig. Dafür habe ich eine natürliche Begabung. Ich hoffe, das klingt nicht allzu unbescheiden.«

»Du liebe Güte, nein. Nur realistisch, nehme ich an.«

»Sehen Sie? Wir verstehen uns. Sogar noch besser, als ich dachte.«

»Das möchte ich bezweifeln. Aber fahren Sie fort.«

»Nun, wie ich schon sagte, mein besonderes Interesse gilt der finanziellen Seite. Sehen wir einmal ab von Ihrem Honorar, den Gehältern Ihrer reichlich überbezahlten Mitarbeiter, den unsäglichen Kosten für Ihre ganzen Computer, Netze, Hubs, Satellitenschüsseln und Hochgeschwindigkeitsmodems und all den anderen unverantwortlichen Ausgaben...«

»Davon sehen wir einmal ab. Gut. Das ist wirklich sehr klug von Ihnen.«

Ein gepreßtes kleines Lächeln. »Schön. Sie sehen, wie vernünftig ich bin. Wir sehen von alledem ab. Nicht absehen können wir allerdings von den Kosten Ihrer großzügigen Terminplanung.«

»Aha.«

»Allzu großzügige Termine kosten Geld. Das dürfte Ihnen nicht neu sein. Für die sechs Produkte, mit deren Produktion Sie beauftragt sind, wurde jeweils ein bestimmter Ertragsfluß projiziert. Das Produkt PShop, um nur ein Beispiel zu nennen, wird eines Tages etwas in der Größenordnung von ...« er warf einen Blick auf das Notebook, das offen auf dem Schreibtisch vor ihm stand, ».... ungefähr achtunddreißig Millionen Dollar im Jahr abwerfen. U.S.-Dollar natürlich.«

Mr. Tompkins war klar, wohin das führen würde. Er starrte den Mann mißmutig an.

»Das Ersatzprodukt für Quicken wird etwa dreiundzwanzig Millionen Dollar bringen; Paint-It elf Millionen et cetera, et cetera, et cetera. Insgesamt sollten die sechs Produkte ungefähr einhundertvierundsechzig Millionen Dollar im Jahr abwerfen. Abzüglich Material, Vertrieb und Marketing läge der Nettoertrag bei etwas über neunzig Millionen Dollar. Sie verstehen, worauf ich hinaus will?«

»Natürlich.« Er kannte diese Art der Argumentation nur allzu gut.

»Neunzig Millionen im Jahr ergibt ...« er tippte ein paar Zahlen in seinen Taschenrechner ein, »$246.575,34 am Tag. In runden Zahlen ausgedrückt ist das ein *Gewinn* von einer Viertel Million Dollar am Tag.« Er ließ das letzte Wort im Raum hängen. Wieder das schleimige Lächeln.

»Gähn.«

Das Lächeln verschwand aus seinem Gesicht. »Jeder Tag, den Sie *vertändeln*, Tompkins, kostet *mir* eine Viertel Million Dollar. Habe ich mich klar genug ausgedrückt?«

»Aber ja doch. Sie könnten es nicht klarer ausdrücken. Ich wußte, worauf Sie hinaus wollen, noch bevor Sie angefangen haben.«

»Phantastisch. Wir fangen an, uns zu verstehen. Also, ich habe beschlossen, diesen Projekten ein wenig nachzuhelfen, um Ihnen und Ihren Mitarbeitern Feuer unterm Hintern zu machen. Ich habe mich deshalb entschieden, eine kleine Terminveränderung vorzunehmen ...«

»Es gibt keinen Termin.«

»Ja, ich weiß. EFN selbst hat mich darüber informiert. Sagte, Sie wären in dieser Sache ziemlich entschieden aufgetreten. Kein Termin. Tatsache ist aber, daß Sie sich selbst den November nächsten Jahres als Termin gesetzt haben. Sie haben das nicht an die große Glocke gehängt und niemandem erlaubt, Ihnen einen Stichtag vorzugeben, aber insgeheim streben Sie dieses Datum als Termin an. Ich weiß das wegen Ihrer entzückenden kleinen Terminanzeige an der Wand.«

In diesem Punkt mußte Tompkins ihm recht geben. »Wir haben die detaillierten Terminpläne noch nicht ganz abgeschlossen, aber es stimmt: Ich hatte gehofft, die meisten Produkte bis Ende übernächsten November unter Dach und Fach zu bekommen.«

»Sehen Sie. Also gab es im Grunde schon immer einen Termin. Und jetzt gibt es einen neuen: den ersten Juni nächsten Jahres.«

Tompkins sah rot. »Das ist absurd!« entfuhr es ihm.

»Nicht absurd. Ehrgeizig vielleicht. Vielleicht sogar aggressiv. Aber nicht absurd.«

»Es ist völlig absurd. Wir haben die Größenordnung der Projekte präzise bestimmt. Aus der Vergangenheit verfügen wir über sehr vernünftige Produktivitätsmaße. Und selbst wenn wir von einer erheblichen Produktivitätsverbesserung gegenüber der Vergangenheit ausgehen, können wir nur hoffen, wenigstens die kleinsten Projekte bis übernächsten November abzuschließen. Für ein Projekt wir PShop werden wir sehr viel länger brauchen. Juni steht ganz einfach außer Frage.«

Wieder die Geste scheinbarer Vernunft. »Aber keineswegs. Keineswegs. Ich bin sicher, Sie schaffen das. Zumal ich Ihrem Erfolg mit einem wichtigen Hinweis auf die Sprünge helfen werde.«

»Ich wage kaum zu fragen, was das sein könnte.«

Belok stand auf und ging hinüber zu dem Organisationsdiagramm an der Weißtafel. Er zog einen Kreis um die drei PShop-Projekte. »Was für ein amüsantes kleines Experiment haben wir denn da? Drei Projekte, die darum wetteifern, das gleiche Produkt zu produzieren. Und hier ...«, er zog einen Kreis um die drei Quirk-Projekte, »drei Projekte, um ein Produkt zu produzieren. Und hier ...« Er arbeitete sich die Tafel hinunter und kreiste die konkurrierenden Projekte ein. »Das ist also das, was Sie das Projekt-Managementlabor nennen. Bezaubernd. Wirklich bezaubernd ... ABER NICHT, WENN ES MIR EINE VIERTEL MILLION DOLLAR AM TAG KOSTET!!!«

Belok ging zurück zum Schreibtisch und nahm wieder Platz. Er rang sichtlich um Fassung. »Entschuldigen Sie. Kann es sein, daß ich meine Stimme erhoben habe? Ganz ruhig, Allair, ganz ruhig. Ja, so ist es besser. Ich bin wieder ganz ruhig. Sehen Sie, es ist einfach so, daß einen der Gedanke an entgangene Gewinne schrecklich aufwühlen kann, vor allem wenn man darauf so sensibel reagiert wie ich.«

Mr. Tompkins stöhnte innerlich.

»Gut, das hätten wir also geklärt. Ich denke, wir sind uns einig, nicht wahr. Sie ziehen die drei Quirk-Teams zu einem Quirk-Superteam zusammen. Mit den zusätzlichen Leuten können Sie das Projekt natürlich früher zum Abschluß bringen. Und bitte beachten Sie: Ich biete Ihnen an, das Team zu verdreifachen, und verlange dafür lediglich, daß Sie das Projekt gerade mal sechs Monate früher abschließen; in Kalendertagen ist das eine Kürzung von nicht einmal fünfundzwanzig Prozent der ursprünglich veranschlagten Zeit. Also ich finde das vernünftig: Wir verdreifachen das Team, um die Entwicklungszeit um sechs Monate zu verkürzen. Das meine ich, wenn ich mich als vernünftigen Menschen bezeichne. Verdreifachen Sie die Größe des QuickerStill-Teams, verdreifachen Sie das Paint-It-Team, verdreifachen Sie das PShop-Team ...« An der Tafel verschmolz er alle Teams zu Superteams.

Mr. Tompkins atmete tief durch. Wahrscheinlich hatte es wenig Sinn, aber er mußte es zumindest versuchen. »Minister Belok ...«

»Allair, bitte, nennen Sie mich einfach Allair.«

»Äh, ja.« Er schluckte seinen Stolz hinunter. »Allair. Sehen Sie, wir, meine Assistenten und ich, haben uns in den letzten Wochen intensiv mit diesen Fragen befaßt. Wir wußten, daß wir zum Beispiel mit dem PShop-Projekt vor einer schwierigen Aufgabe stehen. Deshalb haben wir nach Möglichkeiten gesucht, die Lieferzeit zu verkürzen. Wie es der Zufall wollte, sind wir gerade auf eine neue Technik gestoßen, mit der wir die Wirkung verschiedener Management-Entscheidungen simulieren und sehen können, welche Resultate sie bringen. Unter anderem zeigt uns die Simulation, daß Projekte durch mehr Personal nicht unbedingt Zeit sparen. Das Problem ist, daß es einen Absorptionseffekt gibt, wonach die Geschwindigkeit, mit der ein Team wachsen kann, begrenzt ist. Wenn Sie versuchen, ein Team schneller aufzubauen, so schadet das mehr, als es nützt. Darüber hinaus gibt es einen Interaktionsverlust, der dazu führt, daß die *n*-te Person im Team weniger bringt als die vor ihr eingestellten Personen.«

Mr. Tompkins zog eine Hängeregistratur auf und beförderte einige der Simulationen zutage, die sie mit Dr. Jamids Modell in den vergangenen Tagen durchgespielt hatten. »Okay, ich hoffe, ich finde den richtigen Ausdruck ... ja, hier. Sehen Sie sich das an.« Er breitete die Ergebnisse eines Simulationslaufs auf dem Schreibtisch vor Belok aus. »Sehen Sie sich das an. Wir projektieren momentan für das PShop-A-Projekt mit zwölf Mitarbeitern 524 Arbeitstage. Würden wir jetzt die Zahl der Mitarbeiter auf vierundzwanzig Leute hochtreiben, so würden sie – das zeigt die Simulation zweifelsfrei – *länger* brauchen, um die gleiche Arbeit zu erledigen. Statt 524 Arbeitstage würden sie fast sechshundert benötigen!«

Belok unterdrückte ein Gähnen. »Richtig. Na wenn schon.«

»Na wenn schon!? Statt früher fertig zu werden, werden wir später fertig.«

»Tompkins. Das interessiert mich alles nicht. Ziehen Sie die Teams zusammen und geben Sie den neuen Termin bekannt. Tun Sie, was ich Ihnen sage.

Stellen Sie sicher, daß jeder weiß, daß jeder Tag nach dem ersten Juni uns eine Viertel Million Dollar an entgangenen Gewinnen kostet.«

»Aber das nützt doch nichts. Das schadet nur. Wenn Sie die Teams aufblähen, werden Sie noch mehr Geld einbüßen. Sie bewirken damit nur, daß wir später fertig werden als geplant. Wir könnten Ihnen das Produkt in 524 Arbeitstagen liefern. Mit Ihrer Entscheidung aber brauchen wir sechshundert.«

»Der Termin ist der erste Juni. Das ist mein letztes Wort. Ich will nichts davon hören, daß Sie später liefern als zu diesem Stichtag.«

»Obwohl das dazu führen wird, daß wir noch später fertig werden als nach dem ursprünglichen Plan?«

Belok lächelte humorlos. »Tompkins, lassen Sie es mich noch klarer sagen. Ich will, daß der Termin geändert wird, ich will, daß Druck gemacht wird, und ich will, daß die Teams zusammengezogen werden. Wenn das die Fertigstellung noch mehr verzögert, ist mir das auch egal.«

»Und was ist mit all den Viertel Millionen Dollar, die Ihnen auf diese Weise entgehen?«

Ein Schulterzucken. »Dann verlieren wir eben etwas Geld. Wenn Ihr Team PShop endlich liefert, meinetwegen in sechshundert Tagen, wie Sie sagen, werden wir Geld wie Heu verdienen. Und wenn die Zeit kommt, diese Leistung zu würdigen, wird EFN der Tatsache ins Auge sehen, daß sich das Projekt ohne meine Intervention, die Zahl der Mitarbeiter des PShop-Teams zu verdreifachen, wahrscheinlich an die achtzehnhundert Tage hingezogen hätte.«

Eine lange Stille folgte, in der Mr. Tompkins das verdaute. Schließlich sagte er: »Sie haben sich sehr klar ausgedrückt. Erlauben Sie mir, mich ebenfalls klar auszudrücken. Sie können mich mal.«

Belok gluckste. »Ein Mann mit Prinzipien. Das gefällt mir. Unser Mr. Tompkins ist bereit, seinen Job aufs Spiel zu setzen.«

»Allerdings. Jederzeit, wenn es nötig ist. Wenn man nicht bereit ist, einen Job aufs Spiel zu setzen, lohnt es sich nicht, den Job zu machen.«

Der Minister legte seinen Stift auf die Schreibtischunterlage und ließ ihn gelangweilt kreiseln. Selbstgefällig fragte er: »Er ist bereit, seinen Job aufs Spiel zu setzen ... aber ist er auch bereit, sein *Leben* aufs Spiel zu setzen?«

Tompkins starrte ihn perplex an. »Was zum Teufel soll das heißen?«

»Ein kleiner Spaß.«

»Sie wollen sagen ...?«

»Nur ein harmloser Scherz.«

»Ich finde das nicht besonders komisch. Wenn Sie an so etwas denken, sollten Sie wissen, daß ich über Mittel und Wege verfüge ...«

»Ah, die reizende Miss Hoolihan. Stimmt, sie wäre eine ernstzunehmende Verbündete, wenn es hart auf hart käme. Das wäre sie. Leider begleitet sie unseren Edlen Führer auf seiner Rundreise durch die Staaten. Das war meine brillante Idee. Ich erwarte nicht, sie in den nächsten Monaten hier zu sehen ...«

Das Management-Dream-Team Tompkins, Binda und Markov saß um den Couchtisch in Mr. Tompkins' Büro. Das Licht des Nachmittags verblaßte, aber niemand machte Anstalten, die Lampen einzuschalten. Lange Zeit hatten sie so gesessen.

Ex-General Markov brach das Schweigen. »Dieser Belok ist ein gefährlicher Mensch. Das steht außer Frage. Und da wir hier in Morovien sind, gibt es wahrscheinlich viele Leute, die die Schmutzarbeit für ihn erledigen. Wir blicken in diesem Punkt auf eine lange Tradition zurück. Ich hatte gehofft, all das würde ein Ende finden.« Er hatte das an diesem Nachmittag schon mehrmals gesagt.

»Was mir am meisten zu schaffen macht«, sagte Mr. Tompkins, »ist meine Naivität zu glauben, ich hätte endlich einen Job ohne Politik gefunden. Ich nehme an, so etwas wie einen Job ohne Politik gibt es nicht.«

»So etwas wie einen Job ohne Politik gibt es nicht«, stimmte der Ex-General zu. »Politik ist der Fluch im Leben eines Managers.«

Belinda protestierte. »Mann, Gabriel, das ist nicht Politik, das grenzt an Kriminalität.«

»Aber dabei ist immer auch Politik im Spiel«, sagte der Ex-General. »Bei jedem Job ist Politik im Spiel. Und sie ist oft nur eine andere Form von Kriminalität.«

»Das sehe ich völlig anders«, sagte Belinda. »Politik ist eine edle Wissenschaft. Sie ist eine der wissenschaftlichen Disziplinen des Artistoteles, der fünf Zweige der Philosophie. Da gab es die Metaphysik, die Logik, die Ethik, die Ästhetik und die Politik. Die edle Wissenschaft der Politik ist das, was wir drei in den letzten drei Monaten praktiziert haben. Wir haben ein Gemeinwesen aufgebaut, in dem ein ethisches und harmonisches Zusammenwirken zur Verwirklichung eines gemeinsamen Ziels möglich ist. Das ist Politik. Wir sollten nicht den Fehler machen, Belok und alles, wofür er steht, mit einem guten aristotelischen Begriff zu adeln.«

»Aber Sie wissen, was er meint, Belinda«, vermittelte Mr. Tompkins. »Er meint Politik im niederträchtigen Sinn, in dem Sinn, in dem wir das Wort oft verwenden, wenn wir eine, wie soll ich sagen, pathologische Politik meinen.«

Belinda nickte. »Das ist mir schon klar, Webster. Aber lassen Sie uns das Wort in seiner eigentlichen Bedeutung verwenden. Wir drei versuchen, Politik im aristotelischen Sinne zu betreiben. Belok versucht sich einfach als Schmierenkomödiant.«

Ex-General Markov nickte. »Trotzdem kann ein Schmierenkomödiant eine Menge Schaden anrichten.«

»Was machen wir also?« fragte Mr. Tompkins.

Beide schauten Belinda in Erwartung einer Antwort an, einer Antwort, die ihre Zeit brauchte. »Man erreicht nichts, wenn man sich vor einen Zug stellt, um ihn aufzuhalten«, sagte sie sanft.

»Nein«, stimmte Mr. Tompkins zu.

»Nein«, stimmte der Ex-General zu.

Nach einer langen Stille räusperte sich der Ex-General. »Warum sind wir hier?« fragte er.

»Hmm?«

»Was versuchen wir zu erreichen? Vergessen wir mal kurz den Schmierenkomödianten. Was ist unser eigentliches Ziel?«

»Also, zum einen, gute Arbeit zu leisten«, sagte Mr. T. »Wir sind hier, um unseren Job gut zu machen, und andere Menschen in die Lage zu versetzen, ihren Job gut zu machen.«

»Das ist das eine«, stimmte Belinda zu, »aber wir sind auch hier, um etwas zu lernen. Das Tolle an der Sache, zumindest bis heute vormittag, war doch das Experiment mit dem Projektmanagement-Labor. Wir sind wild entschlossen, ein paar wirklich grundlegende Dinge über die Dynamik von Projekten und den Einfluß von Management-Entscheidungen auf ein Projekt zu lernen. Deswegen bin ich vor allem hier, und ich denke, das gleiche gilt für Sie, Webster.«

»Richtig. Alles, was wir diese und letzte Woche simuliert haben, waren Wirkungen, die durch unsere Experimente bestätigt worden wären. Ohne Beloks Einmischung hätten wir etwas ganz Außergewöhnliches erreichen können: ein fein abgestimmtes Modell der Projektdynamik, das uns und dem Rest der Welt fortan als Richtschnur hätte dienen können.«

Der Ex-General lehnte sich vor, um sie beide an sich zu ziehen. Er legte eine seiner großen Hände auf Websters Schulter, die andere auf Belindas. »Und davon lassen wir uns auch nicht abbringen. Deswegen sind wir hier. Um gute Arbeit zu leisten und zu lernen. Daran halten wir fest.«

»Aber wie machen wir das, ohne Webster in Gefahr zu bringen?« wandte Belinda ein.

»Wir bringen Webster nicht in Gefahr, weil Webster genau das tun wird, was ihm aufgetragen wurde.«

»Sie meinen, ich soll tatsächlich die achtzehn Teams zu sechs hoffnungslos übersetzten Superteams zusammenziehen?«

»Ja, weil Sie es müssen. Und Sie geben den ersten Juni als Termin bekannt. Und Sie kündigen an, daß eine Verzögerung eine Million Dollar pro Sekunde kostet. Sie tun, was er verlangt. Ihre Devise lautet: Augen zu und durch.«

»Aber Gabriel, wie können wir dann noch gute Arbeit leisten?«

»Und was um Himmels willen sollen wir aus sechs überbesetzten Projekten lernen, die unter einem unsinnigen Druck stehen?« fügte Belinda hinzu.

»Wir haben die Sache fälschlicherweise als Dichotomie gesehen«, erklärte ihnen der Ex-General. »Wir haben den ganzen Tag gedacht, daß wir entweder die Projekte nach unserem ursprünglichen Plan durchführen und unser Projektmanagement-Labor retten, oder daß wir dem Schmierenkomödianten nachgeben. Das war ein Denkfehler. Das Ganze muß keine ODER-Situation sein. Es könnte auch eine UND-Situation sein.«

»Das müssen Sie uns erklären.«

»Ja, bitte.«

»Wir ziehen die Projekte zusammen. Wir ziehen drei QuickerStill-Teams zu einem zusammen. Auf diese Weise bekommen wir ein überbesetztes Team und zwei freie Manager ...« Er machte eine lange Pause.

»Ah«, sagte Webster. »Ich sehe, was Sie meinen. Wir haben einen Pool verfügbarer Mitarbeiter, aus dem wir schöpfen können. Das heißt, wir bauen unter den beiden frei gewordenen Managern einfach zwei neue Teams auf. Das Gleiche tun wir für alle anderen Produkte. Und am Schluß haben wir wieder drei Teams für jedes Projekt.«

»Exakt.«

»Nur, daß die neuen Teams ein paar Monate im Rückstand sind ... aber was sind schon ein paar Monate?« Belindas Miene hellte sich auf. »Wir haben eine Menge gelernt, wir haben unsere Simulationen als Anhaltspunkt, und wir können die ersten Projektergebnisse, die die alten B- und C-Teams geliefert haben, den neuen Teams, die sie ersetzen, zur Verfügung stellen. Ich denke, das könnte klappen, Gabriel. Was meinen Sie, Webster?«

Mr. Tompkins dachte einen Moment nach. »Natürlich ließe sich das machen. Trotzdem müssen wir ein bißchen vorsichtig sein. Wir müssen die neuen B- und C-Teams geheimhalten; sonst könnte Belok sich davon bedroht fühlen.«

Der Ex-General lächelte. »Freunde, überlaßt das mir. Ich bin ein Meister der Tarnung. Im alten Morovien war das eine wichtige Fähigkeit.«

»Und im neuen auch«, ergänzte Webster. »Wie wir mittlerweile alle wissen.«

»Wir verlegen also alle B- und C-Team-Manager in Gabriels Gebäude, besetzen ihre Projekte neu und halten sie unter Verschluß.«

»Richtig. Ich sehe nur noch ein Problem.«

»Und das wäre, Webster?«

»Eines der B- oder C-Teams wird wahrscheinlich lange vor dem entsprechenden A-Team fertig sein. Wir wissen das aus den Simulationen. Wenn das passiert, wird Beloks Einmischung entlarvt; unsere schlankeren Teams werden seine aufgeblähten, unter Druck stehenden Teams alt aussehen lassen. Er wird das nicht kampflos hinnehmen.«

»Dann sagen wir es ihm eben nicht«, schlug Belinda vor. »Wir stellen das Produkt vor und teilen der Welt mit, Minister Beloks neu geformtes Superteam hätte die Arbeit so schnell erledigt. Ohne seine Intervention hätte es dreimal so lang gedauert.«

»Aber das ist schrecklich«, protestierte Mr. Tompkins. »Die falschen Leute werden die ganze Ehre einheimsen.«

»Aber wir und alle unsere Leute werden die Wahrheit kennen. Also, was soll's ... Hauptsache, Belok kennt sie nicht.«

»Sie hat recht, Webster«, beruhigte ihn Ex-General Markov. »Denken Sie daran, warum wir hier sind: um gute Arbeit zu leisten und zu lernen. Daß wir dabei dem Schmierenkomödianten keinen Strich durch die Rechnung machen, tut nicht viel zur Sache. Eines Tages wird er bekommen, was er verdient.«

»Hmm.« Mr. Tompkins begann, sich besser zu fühlen. Er war sich nicht sicher, daß die Sache funktionieren würde, aber wenigstens würden sie sich nicht kampflos geschlagen geben. »Natürlich haben Sie recht. So machen wir es«, sagte er schließlich. »Und auf diese Weise ist das Projektmanagement-Labor gerettet, zumindest für den Augenblick. Ich habe das Gefühl, wir werden etwas lernen, womit wir eigentlich nicht gerechnet haben: Wir werden eine sehr klare Vorstellung davon bekommen, wie, in welchem Ausmaß und in welcher Weise

Überbesetzung Projekten schaden kann. Okay, Leute, schalten wir das Licht ein. An die Arbeit.«

Viele Stunden später taumelte Mr. Tompkins mit letzter Kraft zurück ins Residence und hinauf in seine Suite. Er zog seinen Pyjama an. Es war nach 2 Uhr nachts und am liebsten wäre er gleich ins Bett gegangen. Statt dessen setzte er sich an den kleinen Schreibtisch neben dem Bett und griff nach seinem Füllfederhalter.

Aus Mr. Tompkins' Tagebuch:

> Pathologische Politik:
>
> ☐ Man muß bereit sein, seinen Job jeden Tag aufs Spiel zu setzen ...
> ☐ ... aber das garantiert nicht, daß einem pathologische Politik nichts anhaben kann.
> ☐ Pathologische Politik gedeiht überall, auch in der gesündesten Organisation.
> ☐ Die herausragendste Eigenschaft pathologischer Politik ist, daß das Streben einzelner nach Macht und Einfluß die natürlichen Ziele einer Organisation überlagert.
> ☐ Das kann selbst dann passieren, wenn das pathologische Ziel dem Ziel der Organisation diametral entgegengesetzt ist.
> ☐ Eine der schlimmsten Nebenwirkungen pathologischer Politik: Sie hat es besonders auf schlank besetzte Projekte abgesehen.

Er las durch, was er geschrieben hatte. Der letzte Eintrag war der deprimierendste von allen. Je mehr sie mit Jamids Simulationen arbeiteten, desto klarer erkannten sie, daß sehr kleine Teams erhebliche Produktionsvorteile boten. Manchmal konnte ein kleines Team in kurzer Zeit Wunder bewirken, während größere Teams in der gleichen Zeit kaum in die Gänge kamen. Aber kleine Teams können in einem politischen Klima nicht gedeihen. Jeder scheut das Wagnis, ein Projekt mit nur vier oder fünf Leuten an Bord zu schaukeln. Wer es versucht und daran scheitert, kann sicher sein, daß über kurz oder lang irgend jemand den Vorwurf erheben wird, ein oder zwei Dutzend mehr Mitarbeiter hätten genügt und die Sache wäre ein Erfolg geworden. In einer solchen Umgebung bleibt

Managern nichts anderes übrig, als die einzige sichere Alternative zu wählen und ihre Projekte überzubesetzen, obwohl sie im Grunde ihres Herzens wissen, daß das genau das Falsche ist.

12
Der Zahlenmann

Seit Mr. Beloks Bombe detoniert war, hatten sie einen Großteil ihrer Tage damit verbracht, neue Teams zu interviewen. Diese Arbeit war etwas schneller als erwartet vorangeschritten, weil sie auf die Hilfe der sechs Produktmanager und der zwölf arbeitslos gewordenen B- und C-Team-Manager zählen konnten. Sie teilten sich in Dreiergruppen auf und durchkämmten das Personal von Ex-General Markov auf der Suche nach den besten Leuten. Leider hatten sie die talentiertesten Leute bereits bei ihren früheren Interviews im Januar und Februar herausgepickt. Schließlich war es damals ihr Ziel gewesen, die Crème de la crème abzuschöpfen, und das war ihnen zweifellos gelungen. Jetzt waren alle diese guten Entwickler in die sechs A-Teams eingebunden.

PRODUKT	A-TEAM	
	Manager	Mitarbeiter
NOTATE	Karoti	35
PMILL	Gradish	33
PAINT-IT	Alweez	48
PSHOP	Orik	60
QUIRK	Borscht	42
QUICKERSTILL	Grosz	26

Alle A-Teams waren, das war die einhellige Meinung, mit mehr Mitarbeitern ausgestattet, als ihnen gut tun konnte. Sie waren zum Scheitern verurteilt. Das hieß jedoch nicht, daß Mr. T. sie ignorieren konnte. Nach wie vor hatte er ihre Manager zu managen. Das allein kostete ihn einen Großteil seiner Zeit. Dem offiziellen Organisationsdiagramm zufolge war er direkt über den sechs A-Team-Managern angesiedelt. Im Grunde war das eine Tarnkonstruktion, die ihnen Minister Belok vom Hals halten sollte. Die wahre Organisation ähnelte der

Organisation vor dem Erdbeben. Sie umfaßte sechs Produktmanager plus Ex-General Markov, die direkt an Tompkins berichteten.

Jeder der sechs Produktmanager leitete wie bisher drei Projektteams: die umgeformten A-Teams und die neu gebildeten B- und C-Teams. Nachdem sie die Personalauswahl abgeschlossen hatten, verfügten sie über achtzehn völlig unabhängige Projekte:

Produkt	Produktmanager	A-TEAM		B-TEAM		C-TEAM	
		Mgr	MA	Mgr	MA	Mgr	MA
NOTATE	Churchi	Karoti	35	Kungfu	10	Taichi	4
PMILL	Alber	Gradish	33	Letuz	8	Onyon	4
PAINT-IT	Pogo	Alweez	48	Somtyms	11	Nefer	5
PSHOP	Porkipyn	Orik	60	Isbek	16	Alterbek	7
QUIRK	Hepsiba	Borscht	42	Apfels	12	Kabach	5
QUICKER-STILL	Walkeli	Grosz	26	Kartak	3	Makmora	6

Tompkins und die A-Teams waren, für jedermann unübersehbar, in dem renommierten Aidrivoli-1-Gebäude untergebracht. Die sechs Produktmanager und die B- und C-Teams waren den Blicken entzogen, in Räumen, die der Ex-General in Aidrivoli-7 für sie gefunden hatte.

Drei Wochen nach Lahksas plötzlichem Verschwinden fand Mr. Tompkins in seiner Morgenpost eine locker-flockige Postkarte von ihr. Sie zeigte Studenten, die auf einem Platz, der wie Harvard Square aussah, einer Gruppe von Straßenmusikanten zuhörten. Auf die Rückseite hatte sie in ihrer schönen Schrift geschrieben:

> Mein lieber Webster,
>
> ich bin hier in Massachusetts auf eine zauberhafte kleine Firma gestoßen. Sie messen Sachen, alle möglichen Sachen, aber vor allem Software. Sie haben eine Möglichkeit gefunden, die Größe eines Softwareprodukts von außen zu bestimmen. Das Ergebnis wird in Einheiten ausgedrückt, die sie »Funktionspunkte« nennen. Natürlich habe ich dabei gleich an Sie gedacht. Deshalb habe

ich mit ihrem Berater, einem Mr. T. Johns Caporous, vereinbart, daß er Ihnen einen Besuch abstattet.

Liebe Grüße,

Lahksa

Ein paar Tage später erhielt Mr. Tompkins ein Fax von einem Unternehmen in Cambridge, in dem er gebeten wurde, T. Johns Caporous am nächsten Morgen am Varsjoper Flughafen abzuholen. Die erste Person, die das Flugzeug nach der Landung verließ, war ein freundlich wirkender Mann mit funkelnden Augen, dessen innere Uhr mindestens doppelt so schnell zu gehen schien wie die anderer Menschen. Er sprach auch etwa doppelt so schnell wie alle Menschen, die Mr. Tompkins kannte.

Seine Worte schossen aus seinem Mund wie Kugeln aus einem Maschinengewehr. »Wieviele Programmierer gibt es Ihrer Meinung nach in Morovien?« fragte er Mr. Tompkins, sobald sie im Auto saßen.

»Nun, das kann ich nicht genau sagen, aber ...«

»Zweitausendachthunderteinundsechzig, am ersten dieses Jahres. Und wieviele Computer?«

»Äh ...«

»Etwas mehr als dreitausend Workstations, sechsunddreißig Prozent davon Macs, fünfundfünfzig Prozent Windows-Systeme, acht Prozent Unix-Kisten und der Rest alles mögliche. Zwölf Internet-Server. Einhundertsechzig Organizer, dazu ein paar altmodische Mainframes, die hauptsächlich militärisch genutzt werden.«

»Oh.«

Er lächelte Tompkins entwaffnend an. »Ich bin noch nie in Morovien gewesen. Es ist schön hier, nicht wahr?«

»Das ist es, ja.«

»Durchschnittliche Tagestemperatur 78 Grad Fahrenheit; das sind, warten Sie mal, 25,6 Grad Celsius; durchschnittliche jährliche Regenfälle 169,6 Zentimeter im Jahr ... sagen Sie, ich wette, Sie machen hier einen ziemlich guten Wein.«

»Einen ganz ausgezeichneten sogar.«

»Auf jeden Fall viel: fast achtundfünfzig Millionen Liter im Jahr. Das ist so viel Wein, wie die Neuengland-Staaten plus New York und, sagen wir mal, Pennsylvania zusammen importieren. Nicht, daß in den nordöstlichen Bundes-

staaten so viel Wein getrunken wird ... nur ungefähr 4,2 Liter pro Person im Jahr. Und die werden natürlich nicht alle importiert. Nur achtunddreißig Prozent.«
Mr. Tompkins nickte benommen.

Viereinhalb Stunden später hatte T. Johns Caporous sein Gastspiel beendet und wurde von Waldo zum Flughafen gebracht. Er war aus Ankara gekommen, in Morovien zwischengelandet und mußte noch am Abend in Helsinki sein. Am nächsten Tag ging es weiter nach Dublin und von dort aus nach Südamerika, wo er eine fünftägige Vortragsreise antreten sollte.

Mr. Tompkins Büro sah aus, als hätte ein Tornado darin gewütet. Handbücher und Berichte lagen auf jeder Ablagefläche. Papierblöcke waren mit Berechnungen übersät, und die Weißtafel war vollgeschrieben. Mr. Tompkins versuchte, Ausdrucke auf scheinbar kilometerlangem Endlospapier zusammenzuraffen und die Arbeitsergebnisse eines furiosen Vormittags mit Anmerkungen zu versehen. In einer Ecke hing Ex-General Markov erschöpft in einem Klappstuhl. Er war völlig erschlagen.

Auch Tompkins befand sich in einer Art Schockzustand. Seit Jahren hatte er keinen so konzentrierten Vormittag mehr verbracht. Und er wollte diese Erfahrung auch so schnell nicht wiederholen, zumindest nicht ohne sich erst einmal ausgiebig davon erholt zu haben. Aber so hektisch die Zusammenkunft mit Caporous auch gewesen sein mochte, zumindest hatte sie ein sehr interessantes Ergebnis gebracht: eine kompakte Zahlentabelle in T. Johns Caporous' sorgfältiger Handschrift. Die Matrix paßte auf eine einzige Flip-Chart-Seite, die jetzt an der Staffelei neben dem Schreibtisch hing. Sie zeigte die Größen der sechs Softwareprodukte:

PRODUKT	GRÖSSE
NOTATE	3.000 Funktionspunkte
PMILL	2.200 Funktionspunkte
PAINT-IT	3.800 Funktionspunkte
PSHOP	6.500 Funktionspunkte
QUIRK	3.200 Funktionspunkte
QUICKERSTILL	1.500 Funktionspunkte

12 Der Zahlenmann

»Hallo, ihr beiden.« Belinda Binda kam herein. Sie hatte die Besprechung am Morgen versäumt. »Hey, ihr sehr aus, als hättet ihr einen tollen Tag gehabt. Was ist den hier passiert?«

»Ein gewisser T. Johns Caporous«, informierte sie Mr. Tompkins.

»Ooooh. Ich habe von ihm gehört. Er soll ein unaufhaltsamer Wirbelwind sein.«

Mr. Tompkins und der Ex-General nickten zustimmend.

Belinda drehte sich um und starrte auf das Flip-Chart. »Was ist ein Funktionspunkt? Wartet, sagt nichts. Ich glaube, ich brauche das gar nicht zu wissen.« Einen Augenblick später wandte sie sich ihnen wieder zu. Ihre Augen glänzten. »Mann, das ist phantastisch. Gabriel, Webster, ist euch klar, was wir hier haben?«

Der Ex-General schüttelte den Kopf. »Sieht aus, als wäre es nützlich. Ich vermute, daß sich etwas damit anfangen läßt. Aber was genau ...«

Belinda tanzte vor Begeisterung. »Das ist fantastisch, einfach fantastisch! Stellt euch vor, wie das zu unseren Simulationsmodellen paßt. Wir haben Flußmodelle erstellt«, sie ging zu der Wand mit den Simulationsmodellen hinüber, »und Reservoirs gezeichnet, die sich in Ventil-gesteuerte Rohrleitungen entleeren. Aber was genau ist das, was da fließt? Was eigentlich nimmt seinen Weg durch unsere Modelle? Was ist in den Reservoirs?«

»Ich weiß nicht«, sagte Tompkins. »Das, was getan ist?«

»Oder das, was wohlgetan ist«, schlug der General vor. »Irgendeine abstrakte Quantifizierung von Arbeit.«

»Quatschköpfe. Funktionspunkte natürlich, die durch die Modelle fließen. Schaut doch mal!« Sie blätterte das Flip-Chart um, bis sie ein freies Blatt fand, und nahm einen Stift in die Hand. »Ihr müßt euch das so vorstellen.« Mit raschen Strichen zeichnete sie eine Skizze.

»Wir können uns jedes Projekt auf die genau gleiche Weise vorstellen. Auf der obersten Ebene ausgedrückt ist das Projekt nichts als ein Ventil.« Sie klopfte mit ihrem Stift auf das Ventil in der Mitte des Diagramms. »Auf der linken Seite haben wir das Reservoir des zu entwickelnden Produkts. Auf der rechten Seite befindet sich das Reservoir der bereits entstandenen Produktkomponenten. Am Anfang ist die rechte Seite völlig leer, weil wir noch nichts getan haben. Die linke Seite ist mit Funktionspunkten gefüllt. Wie vielen? Nun, ...« Sie blätterte zurück zu Caporous' Daten. »Da haben wir es ja: bei Notate sind es zum Beispiel dreitausend Funktionspunkte.« Sie schrieb die Zahl neben das linke Reservoir.

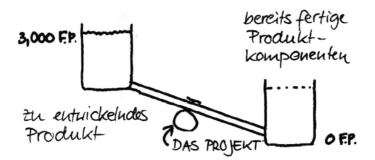

»Der Witz unseres Modells liegt darin, auf der nächsten Verfeinerungsebene das Ventil, das ich als *Das Projekt* bezeichnet habe, in seine Bestandteile zu zerlegen. Bei seiner Modellierung berücksichtigen wir die Teams und ihre Aufteilungen, die Wirkungen von Druck, Terminstreß und personeller Ausstattung, Verzögerungen auf dem kritischen Pfad und was sonst noch so dazugehört. Alle diese Einflüsse simulieren wir mit Hilfe von Leitungen und Ventilen und Reservoirs, die auf niedrigeren Ebenen angesiedelt sind. Sobald wir mit der Umsetzung des Projekts begonnen haben, leert sich das linke Reservoir durch das komplexe Ventil bzw. Netzwerk von Ventilen, das *Das Projekt* repräsentiert, in das rechte Reservoir. Wenn alle Funktionspunkte dort angelangt sind, ist das Projekt abgeschlossen.«

Für den Rest des Nachmittags verschanzten sie sich in Mr. T.'s Büro, um die Algorithmen zur Größenberechnung zu rekonstruieren, die Caporous ihnen gezeigt hatte. Außerdem versuchten sie, aus dem Berg von Informationen schlau zu werden, mit denen er sie im Lauf des Vormittags bombardiert hatte. T. Johns Caporous hatte die Gewohnheit, während seiner Berechnungen wie ein Maschinengewehr Fakten abzufeuern wie »Die durchschnittliche amerikanische Software kostete 1994 $1.050 je Funktionspunkt« oder »Softwarewartung erfordert im Durchschnitt einen Wartungsspezialisten je fünfhundert Funktionspunkte« oder »In ungetestetem Code steckt ein Fehlerpotential von 5,6 je Funktionspunkt«. Mr. Tompkins hatte verzweifelt versucht, mit seinem Tempo Schritt zu halten und Informationssplitter um Informationssplitter auf Karteikarten geschrieben, fast, aber nicht ganz so schnell, wie Caporous sie ausspuckte. Jetzt durchkämmten sie die Karten auf der Suche nach aufschlußreichen Einsichten.

»Was wir nicht kennen«, sagte der Ex-General etwas mutlos, »ist die Produktivität unserer Organisation. Sehen Sie sich nur die Schwankungsbreiten in den

Zahlen an, die Caporous uns gegeben hat: zwischen zwei Funktionspunkten pro Monat bis hinauf zu neunzig scheint alles möglich zu sein. Aber wo stehen wir?«

»Ich habe keine Ahnung«, sagte Tompkins.

»Es dürfte doch nicht so schwer sein, das herauszufinden«, sagte Belinda Binda.

»Klar, das ist nur eine Frage der Zeit«, stimmte Mr. T. zu. »Wenn unser erstes Projekt abgeschlossen ist, haben wir den ersten Anhaltspunkt. Und dann immer mehr. Ich denke, in ein paar Jahren werden wir Gabriels Frage beantworten können. Wir werden die mittlere Produktivitätsrate des Unternehmens kennen und die Streuung um den Mittelwert herum. Wir werden die Daten nach Projektgröße, personeller Ausstattung und was uns sonst noch alles einfällt, sortieren können. Wenn wir doch die Daten jetzt schon hätten ...« Bei dem Gedanken an diese meßtechnische Idealvorstellung schwieg er ergriffen.

»Reißt euch zusammen, Leute. Wir brauchen keine zwei Jahre zu warten.« Belinda sah sie an, als wären sie Schuljungen. »Wir können die Daten nächste Woche beisammen haben.«

»Da bin ich aber gespannt, wie Sie das bewerkstelligen wollen!« spottete Tompkins.

»Ja, Belinda, bitte setzen Sie uns ins Bild.«

»Na ja, hier wurden auch früher schon Projekte abgewickelt, Unmengen von Projekten.«

Ex-General Markov schüttelte den Kopf. »Aber wir haben die Daten nicht, Belinda. Keine Daten. Fast keine.«

»Ich bin sicher, es gibt Gehaltsdaten.«

»Die gibt es natürlich. Wir mußten die Leute bezahlen, und dabei entstehen Daten.«

»Also wissen wir, wieviele Arbeitsmonate bezahlt wurden. Und wir wissen, an welchen Projekten die Leute arbeiteten. Und wenn wir sie nicht zuordnen können, können wir die Mitarbeiter fragen.«

In diesem Punkt mußte Gabriel ihr recht geben. »Ich nehme an, wir könnten herausfinden, wieviele Mitarbeitermonate für jedes Projekt aufgewendet wurden. Wir würden nicht wissen, welche Art von Arbeit sie gemacht haben, aber ich nehme an, wir könnten die aufgelaufenen Kosten rekonstruieren, die Mitarbeitermonate für jedes Projekt.«

»Das reicht uns schon. Wir brauchen nur den Gesamtaufwand zu kennen. Und dann korrelieren wir ihn mit der Größe der Produkte, die aus diesen Projekten hervorgingen – ausgedrückt in Funktionspunkten.«

Mr. Tompkins stand noch immer auf der Leitung. »Wo zum Teufel sollen wir die denn herbekommen?«

Belinda sah ihn vielsagend an. Sie schwieg einen Augenblick, um ihn die Antwort selbst herausfinden zu lassen. Er war von den Anstrengungen dieses intensiven Tages so erschöpft, daß er sich kaum noch auf den Beinen halten konnte. Gerade als ihm bewußt wurde, wie kaputt er war, öffnete Waldo, der ultimative Assistent, die Tür und rollte einen Tablettisch mit morovischem Kaffee herein. »Ah, Kaffee«, sagte Tompkins dankbar für die Unterbrechung. Endlich eine Pause.

»Wir berechnen die erbrachten Funktionspunkte für alle diese alten Projekte aus den Produkten, die sie entwickelt haben. Wir wenden die Caporous-Formeln auf die Produkte an.« Belinda goß sich eine Tasse Kaffee ein. »Das bedeutet zwar eine Menge Arbeit, aber das schaffen wir.«

»Woher sollen wir nur die Zeit für all das nehmen?« stöhnte Mr. Tompkins. »Wir stecken bereits bis über beide Ohren in Arbeit.«

Belinda grinste. »Hey, wir sind hier die Industriekapitäne. Niemand zwingt uns, die Arbeit selbst zu machen. Wir bilden ein Meßteam, bringen den Leuten bei, wie man Funktionspunkte berechnet und wie man an die Gehaltsdaten kommt, und schicken sie los.«

Er war immer noch nicht überzeugt. »Wo sollen wir bloß jemanden finden, der diese Aufgabe übernimmt? Wir brauchen einen Spezialisten für die Wiederherstellung von Daten ...«

»Einen Archäologen«, korrigierte ihn Belinda. »Diese Arbeit ist reine Archäologie. Es genügt, in den Knochen toter Projekte zu wühlen, um die Vergangenheit wieder auferstehen zu lassen.«

»Archäologie, meinetwegen. Wo sollen wir denn einen Software-Archäologen hernehmen? Der Typ muß die Daten nicht nur auswerten können, sondern auch über Verbindungen überall in der Organisation verfügen und wissen, bei wem er die notwendigen Informationen bekommt. Wo finden wir denn so jemanden?«

Der Ex-General lächelte. »Warum in die Ferne schweifen, wenn das Gute liegt so nah«, zitierte er.

»Was soll das heißen, Gabriel?«

12 Der Zahlenmann

»Das heißt, Sie haben die Lösung vor Augen, Webster.«

Was er vor Augen hatte, war sein Schreibtisch, auf dem ein wildes Durcheinander aus Karteikarten und Tabellen lag. Waldo war dabei, sie zu ordentlichen Stapeln aufzuschichten. »Was? Was habe ich vor Augen?«

»Waldo.«

Waldo sah hoch. »Ich? Was ist mit mir?«

»Er ist perfekt«, sagte der Ex-General. »Sie sind der perfekte Mann dafür, Waldo. Wie würde Ihnen ein neuer Job gefallen?«

»Welcher Job?«

»Manager der Software-Metrik-Gruppe.«

»Ich, Manager?«

»Also, ich weiß nicht ...«, begann Mr. Tompkins. Bei dem Gedanken, Waldo zu verlieren, ergriff ihn die Panik. »Bei all seinen Qualitäten ...«

Belinda durchquerte mit raschen Schritten den Raum. »Natürlich«, sagte sie, ergriff Waldos Hand und schüttelte sie. »Natürlich können Sie das. Herzlichen Glückwunsch, Waldo. Simsalabim, und Sie sind Manager. Das ist alles, was es dazu braucht. Einer von uns schwingt seinen Zauberstab und ... voilà.«

»Aber ...«

»Sehen Sie nicht, wie perfekt er für den Job geschaffen ist, Webster? Er arbeitet seit Ewigkeiten für die Organisation. Er kennt absolut jeden. Ich bezweifle, daß es in den sieben Gebäuden einen Menschen gibt, der nicht irgendwann mit Waldo zu tun hatte. Und sich positiv daran erinnert. Waldo knüpft nicht nur Verbindungen, er knüpft Freundschaften. Das sehen Sie doch auch so, nicht wahr? Er ist perfekt für den Job.«

Mr. Tompkins sah es in der Tat so. Er lächelte ein resigniertes Lächeln. »Natürlich. Es tut mir nur leid, ihn zu verlieren, das ist alles.«

»Wir verlieren ihn nicht, wir geben ihm nur einen Job, bei dem er alle seine Talente einsetzen kann. Das ist unsere Aufgabe als Manager. Mitarbeiter dort einzusetzen, wo sie ihre Fähigkeiten und Talente am wirkungsvollsten einbringen können. Das ist es, was Management wirklich bedeutet.«

»Äh, meinen Sie mich?« wollte Waldo wissen.

»Ich habe einen guten Statistiker, der ihn unterstützen kann«, sagte Ex-General Markov, »jemand, der Statistiken mischt, wie Julia Child Rezeptzutaten. Dazu geben wir ihm einen Systemanalytiker. Damit sollte das Team über alle notwendigen Fähigkeiten verfügen.«

»Äh, was geht hier eigentlich vor?«

Tompkins sagte es ihm. »Ich glaube, Sie wurden gerade befördert, Waldo. Herzlichen Glückwunsch, Sie sind ab sofort Manager für Software-Metrik.«

Belinda blieb weitere zwei Stunden und half Mr. T., Waldo mit seinen neuen Aufgaben vertraut zu machen. Als sie fertig waren, beherrschte Waldo nicht nur die Regeln der Funktionspunkt-Berechnung, sondern verfügte auch über einen Schlachtplan zur Durchführung der Software-Archäologie-Studie. Er versicherte ihnen selbstbewußt, die Daten aus dem ersten untersuchten Altprojekt spätestens in einer Woche zu liefern.

Belinda und Webster aßen in der Stadt zu Abend, und danach begleitete er sie zurück in den kleinen Park am Hafen, wo sie schlief. Befriedigt beobachtete er, daß Belinda sich von ihrem Burnout zu erholen schien. Allerdings hielt sie nach wie vor an ein paar exzentrischen Gewohnheiten fest: Noch immer weigerte sie sich, in geschlossenen Räumen zu schlafen oder Schuhe zu tragen. In einer Nacht wie dieser war die Attraktion, im Freien zu schlafen, natürlich gut zu verstehen. Der Park war still und leise, die Sterne hell und klar – zumal es kaum künstliches Licht gab.

»Was für einen Unterschied ein Tag machen kann«, sagte er zu ihr. »Es war ein glücklicher Umstand für uns, daß T. Johns Caporous uns einen Besuch abstattete. Ich kann mich nicht erinnern, wann wir je so gut vorangekommen sind. Heute ist mir vieles klarer geworden.«

»Das stimmt. Er hat unseren eigenen Überlegungen auf die Sprünge geholfen. Aber ich hätte mich den ganzen Nachmittag lang ohrfeigen können.«

»Warum das denn?«

»Wozu haben wir auf ihn gewartet, Webster? Wir sollten uns schämen, diese Arbeit nicht schon vor Monaten erledigt zu haben.«

»Na ja, wir brauchten sein Konzept der Funktionspunkte. Das war eine völlig neue Erkenntnis für uns.«

»Ohne die Bedeutung seines Konzepts anzuzweifeln, meine ich: Wir wären auch ohne seine Hilfe zurechtgekommen, wenn wir uns nur aufgerafft hätten, die Sache in Angriff zu nehmen.«

»Ich vermag nicht zu sehen, wie.«

»Denken Sie doch mal nach. Selbst ohne das Konzept einer objektiven Formel zur Größenberechnung hätten wir zumindest ein paar intelligente Schätzungen durchführen können. Wir hätten uns zum Beispiel ein Schema zur relativen Größenermittlung ausdenken können.«

»Wie zum Beispiel?«

»Also, wir hätten die Größe der verschiedenen Produkte zueinander in Beziehung setzen können. Wenn wir hypothetisch angenommen hätten, QuickerStill zum Beispiel sei einhundert Dings groß, hätten wir denn nicht herausbringen können, wie groß Quirk in Dings ist? Hätten wir nicht herausfinden können, wieviele QuickerStills in einem Quirk stecken? Klar, das wären Grobschätzungen gewesen, aber wenn wir die Köpfe zusammengesteckt hätten, wäre meiner Meinung nach ein ziemlich realistisches Bild entstanden.«

»Wenn QuickerStill einhundert Dings groß ist, wäre Quirk vielleicht zweihundertfünfzig Dings groß.«

»Mehr oder weniger. Und PShop fünf- oder sechshundert.«

»Aber das sind nur aus der Luft gegriffene Zahlen, Zahlen aus dem hohlen Bauch, sozusagen.«

»Ja, aber wenn wir sie erst mal aus der Luft gegriffen und aufgeschrieben hätten, hätten sie nur besser werden können. Wir wären gezwungen gewesen, unser Konzept von einem Dings zu verfeinern und unsere eigene Funktionsmetrik zu erfinden.«

»Ich glaube kaum, daß es uns gelungen wäre, ganz allein ein grundlegendes Konzept wie Funktionspunkte zu erfinden. Caporous und seine Leute haben jahrelang daran gearbeitet.«

»Ja, aber er versuchte, ein viel schwierigeres Problem zu lösen, als wir je hätten lösen müssen. Er versuchte, ein Größenmaß zu finden, das für jedes Softwareprodukt überall auf der Welt geeignet ist. Im Gegensatz zu uns mußte er sich mit Hunderten von Variablen auseinandersetzen, die bezogen auf die Weltbevölkerung variieren. Unser Problem war sehr viel enger gefaßt. Alles, was wir brauchten, war eine nützliche Größenmetrik, nur für Aidrivoli.«

»Ich weiß nicht, wie wir das hätten anstellen sollen«, sagte Tompkins.

»Funktionspunkte sind ein synthetisches Maß, wie die Steuerklassen des Finanzamts. Sie können es nicht direkt messen; sie müssen andere Dinge messen und in eine Formel einbringen, um das synthetische Maß abzuleiten. Die anderen Dinge sind, bezogen auf Funktionspunkte, die abzählbaren Eigenschaften von Software. Von außen gesehen zum Beispiel Ein- und Ausgabeströme, Datenbanktabellen, Datenelemente. Das sind die primitiven Maße, von denen jedes synthetische Maß abhängt.«

»Ja ...« Er begriff nicht, wo diese Argumentation hinführen sollte.

»Wir hätten nur zu spekulieren brauchen, daß sich aus diesen primitiven Maßen ein synthetisches Maß ermitteln lassen würde. Dann hätten wir eine Software-Archäologie-Studie durchführen und zusammen mit den Aufwandsdaten auch die primitiven Maße für ein Dutzend früherer Projekte sammeln können ...«

»Ach so.« Endlich fiel auch bei ihm der Groschen. »Dann führen wir einfach eine multiple Regression durch, bei der wir Kombinationen von Primitiven mit den Aufwandszahlen in Übereinstimmung bringen.«

»So ist es. Ein paar Kombinationen würden sich als die besten herausstellen – die nämlich, die im elegantesten Verhältnis zum Aufwand stehen. Damit hätten wir unsere Einheit: das Dings oder die Morovische Normeinheit oder den Aidrivoli oder wie immer sie sie nennen wollen.«

»Ich verstehe. Sie haben recht, darauf hätten wir auch von alleine kommen können.«

»Und wenn dann Caporous eingeflogen wäre, hätten wir schon alle primitiven Daten auf dem Tisch gehabt und mit unserer eigenen lokalen synthetischen Meßgröße gearbeitet. Zweifellos hätte Caporous uns eine bessere Möglichkeit gezeigt, eine synthetische Meßgröße zu finden. Vielleicht hätten wir unser System von Dings auf Funktionspunkte umgestellt, um den entstehenden Standard zu nutzen und weil er wahrscheinlich die bessere Metrik darstellt. Aber die Verbesserungen wären in diesem Fall nur marginal gewesen. Wir hätten den Vorteil gehabt, seit Monaten mit ziemlich vernünftigen Maßen zu arbeiten.«

»Sie haben recht. Das hätten wir tun sollen. Jetzt, nachdem ein T. Johns Caporous es uns vorgeführt hat, liegt es auf der Hand. Aber vorher hat uns der Blick dafür gefehlt.«

»Wir sollten uns schämen.«

»Nein. Wir sollten uns bei ihm bedanken. Den Leuten, die Dinge aufzeigen, die im Prinzip auf der Hand liegen, aber von niemandem beachtet werden, gebührt unser aufrichtiger Dank. Sie sehen die einfachen, grundlegenden Wahrheiten, die allen anderen entgehen, und helfen uns, sie ebenfalls wahrzunehmen.«

Eine langes wohltuendes Schweigen: Sie saßen still nebeneinander und nahmen das Schauspiel des nächtlichen Himmels in sich auf.

»Sie können dort drüben Sternschnuppen sehen«, sagte Belinda nach einer Weile und wies hinaus auf das Ionische Meer. »Richten Sie Ihre Augen auf das grüne Navigationslicht und dann ungefähr zwanzig Grad nach oben.«

12 Der Zahlenmann

Sie drehte seinen Oberkörper in Richtung Meer. Webster ortete, wie sie es ihm gesagt hatte, das grüne Navigationslicht. Er atmete langsam aus und entspannte seine Schultern. Die Nacht um ihn herum war ganz still, das einzige Geräusch waren Belindas leise Bewegungen hinter seinem Rücken. Plötzlich zog ein langer, langsamer Lichtbogen über den Himmel. »Ah!«

»Haben Sie eine gesehen?«

»Ja.«

»Sie sind jede Nacht zu sehen. Manchmal zähle ich ein Dutzend oder so, bevor ich einschlafe.« Sie legte eine Matte neben ihn und setzte sich darauf. Sie hatte sich ein Flannelnachthemd angezogen. Er hatte nie darüber nachgedacht, was Belinda nachts tragen mochte, aber er hätte nicht erwartet, daß es ein Flannelnachthemd sein würde.

Sie legte sich zurück, streckte sich auf der Matte aus, zog eine leichte Decke über sich, verschränkte die Hände im Nacken und blickte unverwandt hinauf in den Nachthimmel. Lange Zeit verging und keiner von beiden verspürte das Bedürfnis, etwas zu sagen. Schließlich fing Belinda an: »Worum geht es uns eigentlich, Webster? Was machen wir hier? Da liege ich hier, mit meinen über vierzig Jahren, und weiß noch immer nicht, was ich mit mir anfangen soll. Was müssen wir tun, damit das Leben Sinn macht? Reicht es, daß wir einem kleinen Land in der dritten Welt helfen, aus sich herauszugehen und eine international konkurrenzfähige Software-Industrie aufzubauen. Das ist eine amüsante Aufgabe, ich weiß, aber ist sie amüsant genug? Ist sie wichtig genug?«

»Ich glaube schon. Aber ich verstehe, was Sie meinen. Ich frage mich manchmal das gleiche.«

»Wir helfen sympathischen jungen Leuten, eine sinnvolle Karriere aufzubauen und in Würde zu leben ...«

»Und wir richten keinen Schaden an, wir verschmutzen die Umwelt nicht noch mehr und bauen keine Waffen.«

»Stimmt. Und trotzdem frage ich mich: Ist es das, wofür ich auf der Welt bin?«

»Ich weiß nicht. Vielleicht werden wir es nie wissen. Worauf es ankommt, meine ich.«

»Manchmal denke ich, es kommt darauf an, etwas so Spektakuläres zu tun, daß es die Welt in Staunen versetzt. Und ein anderes Mal denke ich dann, daß ich der Welt einfach nur helfen will. Und wieder ein anderes Mal möchte ich mich von hinten anschleichen und die Welt nach Strich und Faden veralbern.«

»Erstaunen, helfen oder veralbern. Das ist die Frage.«

»Oder welche Kombination aus allen dreien – das ist die Frage. Vielleicht müssen alle Menschen ihre ganz eigene perfekte Mischung finden. Glauben Sie, daß das alles ist, was hinter unseren beruflichen Entscheidungen steckt, Webster? Unseren eigenen besonderen Punkt im Koordinatensystem Erstaunen-Helfen-Veralbern zu finden?«

»Die Vorstellung gefällt mir: Jeder von uns als Punkt in einem dreidimensionalen Koordinatensystem, definiert durch seine persönliche Wertschätzung der Dimensionen E, H und V.«

»Wieviele Teile Michelangelo, wieviele Teile Mutter Teresa und wie viele Teile ...?«

»Milton Berle.«

»Milton Berle.«

Er wandte sich wieder seiner Beobachtung des Himmels zu und schaute zu dem grünen Navigationslicht hinüber, in der Hoffnung, noch mehr Sternschnuppen zu sehen. Tatsächlich genügte es, die Augen unverwandt auf diesen Punkt zu richten, um sie aufleuchten zu sehen. Als die Spuren von drei Sternschnuppen an ihm vorbeigezogen waren, war Belindas Atem tief und gleichmäßig geworden. Er schlich sich auf Zehenspitzen davon, um sie nicht zu stören, und ging durch die traumschöne Sommernacht langsam zurück ins Residence.

Aus Mr. Tompkins Tagebuch:

Metriken:

- Die Größe jedes einzelnen Produkts muß gemessen werden.
- Es ist nicht notwendig, sich den Kopf über Meßeinheiten zu zerbrechen – solange Sie keine objektiven Maße haben, wählen Sie subjektive Meßeinheiten.
- Bilden Sie synthetische Maße aus allen verfügbaren Primitiven (abzählbaren Software-Eigenschaften).
- Sammeln Sie archäologische Daten, um Produktivitätstrends aus mittlerweile abgeschlossenen Projekten abzuleiten.
- Experimentieren Sie solange mit der Formulierung der synthetischen Metrik, bis ihre Werte optimal mit dem Entwicklungsaufwand für die untersuchten Projekte in Ihrer archäologischen Datenbank korrelieren.

- Legen Sie eine Trendlinie durch Ihre Datenbank, die den erwarteten Entwicklungsaufwand als Funktion von Werten der synthetischen Metrik zeigt.

- Berechnen Sie nun zur Aufwandsabschätzung jedes neuen Projekts den Wert der synthetischen Metrik und lesen Sie mit seiner Hilfe den erwarteten Entwicklungsaufwand von der Trendlinie ab.

- Nehmen Sie die Schwankungsbreite um den Produktivitätstrend herum als Hinweis darauf, mit welchen Toleranzen Sie bei Ihren Hochrechnungen rechnen müssen.

13
QuickerStill

EFN hatte von Anfang an beschlossen, der Quicken-Nachbau solle QuickerStill heißen. Der Name schlug bei den Teams ein. Um ihn zu rechtfertigen, arbeiteten sie fieberhaft an dem Produkt. Mr. T. ließ es geschehen. Ihm gefiel der Name. Ihm gefiel die Vorstellung, die Projekte könnten »noch schneller« fertig werden, als er gehofft hatte, vielleicht sogar noch schneller, als es der blödsinnige Termin vorsah, den Minister Belok vorgegeben hatte. Webster saß in seinem Büro und sah über seine Schulter hinweg auf die Countdown-Anzeige, auf der jetzt stand:

Noch **345** Tage bis D-Day!

Etwas weniger als ein Jahr noch bis zum 1. Juni nächsten Jahres. Als Termin für alle sechs Produkte war Beloks Termin völlig grotesk. Sie kannten mittlerweile die durchschnittliche Produktivitätsrate, die in Aidrivoli in den vergangenen fünf Jahren erzielt worden war: Etwas weniger als fünf Funktionspunkte pro Mitarbeitermonat. Und das bei Produkten für den internen Gebrauch, die nicht den harten Anforderungen des Marktes für Softwarepakete zu entsprechen brauchten. Bei der Entwicklung der sechs Produkte, das wußte Mr. T., konnten sie von Glück reden, wenn sie mehr als drei Funktionspunkte pro Mitarbeitermonat schafften. Das bedeutete, ein Produkt wie PShop würde mindestens drei Jahre in Anspruch nehmen, ehe es wirklich versandfertig war. Drei Jahre ab ihrem Anfangsdatum im Winter aber hieße über sechshundert Tage ab heute gerechnet. Keines der PShop-Teams hatte auch nur die geringste Chance, Beloks Termin wenigstens annähernd einzuhalten.

Während Tompkins wußte, daß nicht einmal ein Wunder die termingerechte Fertigstellung der größeren Projekte – PShop, Paint-It und Quirk – bewirken konnte, hegte er immer noch eine gewisse Hoffnung, eines der QuickerStill-Projekte könnte es bis dahin schaffen. Das war sein ganz persönliches Ziel. Wenn ihnen das gelänge, würde er sein morovisches Abenteuer als Erfolg werten.

Einen glücklichen Augenblick lang gab er sich diesem Gedanken hin. Vielleicht würde er trotz Belok einen gewissen Erfolg erringen. Was für eine Großtat! Je mehr er darüber nachdachte, desto besser fühlte er sich. Jetzt, wo sie der schrecklichen Realität von Minister Beloks Terminvorgaben von Angesicht zu Angesicht gegenüberstanden, war wenigstens der größte Schrecken vorüber. Schlimmer konnte es wohl kaum mehr kommen.

Mrs. Beerzig, die großmütterliche Assistentin, die Waldos Aufgabe übernommen hatte, betrat aufgelöst sein Büro. »Chef. Hier ist etwas, worum Sie sich kümmern sollten. Draußen steht eine Delegation des Morovischen Software Engineering Institute. Sie sind angeblich hier, um eine QS-Überprüfung der Projektgruppen durchzuführen.«

»Wir handeln im Auftrag von Minister Belok«, informierte der Manager der QS-Gruppe Tompkins. »Er kennt in dieser Sache kein Pardon: Alle Ihre Projekte sind dazu verdonnert, eine Prozeßverbesserung nachzuweisen. Sie sind derzeit in CMM-Stufe 2 eingestuft. Minister Belok will, daß sie vor Jahresende Stufe 3 erreichen. Das ist ein Befehl.« Der Mann schüttelte nervös den Kopf. »Ich weiß nicht, ob das geht, aber er sagt, es muß gehen.«

»Ob es geht oder nicht, ist meine geringste Sorge«, ließ Tompkins ihn wissen. »Ich denke vielmehr daran, wieviel Zeit es mich kosten wird, meine Leute durch ein Prozeßverbesserungsprogramm zu schleusen. Wir haben Termine einzuhalten, wie Sie wissen.«

Der Manager der QS-Gruppe antwortete zuversichtlich: »Also, darüber würde ich mir keine allzu großen Sorgen machen. Prozeßverbesserungen führen zu Produktivitätssteigerungen. Wir wissen das von den Amerikanern. Wenn Sie Ihre Prozeßqualität auch nur um eine CMM-Stufe anheben, sollte Ihre Produktivität um vierundzwanzig Prozent steigen.«

»Das möchte ich bezweifeln. Aber selbst wenn es stimmt, so garantiert das nicht, daß die vierundzwanzig Prozent Produktivitätszuwachs vor meinem Termin zur Verfügung stehen.« Er dachte an Hector Rizzoli und seine These, kurzfristige Produktivitätszuwächse seien eine Schimäre. »Wir wissen, daß Prozeßverbesserungsprogramme Zeit brauchen, viel Zeit. Kurzfristig gesehen sinkt daher die Leistungsfähigkeit.«

Der Mann zuckte die Schultern. »Aber langfristig ...«

»Ja, ich weiß. Irgendwann, vielleicht ein Jahr nach Programmende, beginnen sich vielleicht ein paar der Dinge auszuzahlen, die Sie meinen Leuten beigebracht haben. Wie lange dauert das Programm?«

»Etwa zehn Monate. In dieser Zeit müßten Sie uns Ihre Leute einen Tag oder vielleicht auch nur einen halben Tag pro Woche überlassen.«

Tompkins stöhnte. Auch ohne das Simulationsprogramm laufen zu lassen, wußte er, wie sich das auf seinen Terminplan auswirken würde. »Wie lautet Ihr Auftrag? Verprozeßbessern Sie nur diese sechs Projekte oder die ganze Organisation?«

»Die ganze Organisation. Minister Belok wünscht es so.«

»Ich verstehe.«

»Tut mir leid, Mr. Tompkins. Ich sehe, daß ich Ihnen keine guten Nachrichten bringe. Aber versuchen Sie, die Sache langfristig zu sehen. Ich bin sicher, daß ...«

Tompkins schüttelte müde den Kopf.

»Na ja, vielleicht baut Sie dann die folgende Nachricht wieder auf, Mr. Tompkins: Wir sind nämlich in Wahrheit noch gar nicht so weit, mit dem Prozeßverbesserungsprogramm beginnen zu können. Wir werden ungefähr sechs Wochen brauchen, bevor wir richtig loslegen können.«

»Und was sollen dann diese vielen Leute hier?«

»Das ist nur die QS-Gruppe. Sie stellt lediglich fest, ob Ihre Organisation nicht wieder von der CMM-Stufe 2 heruntergerutscht ist. Deshalb müssen wir uns umsehen und sicherstellen, daß die Mitarbeiter die Prozeßschritte auch wirklich nutzen, die ihnen im letzten Jahr bescheinigt wurden.«

»Ich verstehe.«

»So viele wir auch sind: Wir werden fast den ganzen Tag nur für Aidrivoli-1 brauchen. Den Rest der Woche und nächste Woche überprüfen wir dann die Leute in den anderen Gebäuden.«

Am Ende des Tages waren der Manager der QS-Gruppe und ein paar seiner Gehilfen in Mr. Tompkins' Büro versammelt. Sie hatten einen ziemlich benommen wirkenden Bigsby Grosz bei sich, den Manager des A-Teams von Quicker-Still. Ex-General Markov wohnte der Besprechung bei.

Der Manager der QS-Gruppe lieferte seinen Bericht ab: »Also, Mr. Tompkins, im großen und ganzen sind wir recht zufrieden. In einem Fall sind uns allerdings ziemlich erschütternde Abweichungen vom Prozeß aufgefallen, nämlich bei Mr. Grosz und seiner Gruppe.«

»Ich bin sicher, er hatte einen guten Grund ...«, begann Mr. Tompkins.

»Nun, wissen Sie, es gibt immer gute Gründe, vom Standardverfahren abzuweichen. Als das MSEI Ihre Gruppe letztes Jahr in CMM-Stufe 2 einstufte, bestätigte es damit, daß der Prozeß, die Menge der Schritte, die die Mitarbeiter bei jedem Projekt einhalten, *wiederholbar* geworden ist. Darum geht es bei Stufe 2. Sie heißt *Wiederholbarer Prozeß*, und das bedeutet: Egal ob Ihr Ansatz gut oder schlecht, ideal oder unvollkommen ist, zumindest führen Sie ihn immer auf die genau gleiche Weise durch. Die meisten Ihrer Leute in Aidrivoli-1 haben das auch getan. Wir haben uns sechs Projekte angesehen, die sich alle in der Anforderungsanalyse befanden, und fünf davon befaßten sich damit, die Anforderungen zu erfassen und zu dokumentieren und verwendeten dafür die gleichen Standardprozeduren, die sie auch bei früheren Projekten immer verwendet hatten. Alle Projekte gingen so vor, mit Ausnahme von QuickerStill. Ihr Mr. Grosz hier scheint auf die Wiederholbarkeit des Prozesses völlig zu verzichten. Seine Gruppe ging von der Anforderungsanalyse gleich zum Entwurf über, ohne die Anforderungsspezifikation abzuschließen!« Er trug das vor, als handle es sich um ein Verbrechen wider die Natur.

»Ich bin sicher, er hatte seine Gründe dafür«, wiederholte Mr. Tompkins.

»Allerdings«, sagte Grosz. »Ich hatte sehr gute Grunde dafür. Sehen Sie, dieses Projekt ist ganz anders als die, die wir früher gemacht haben. Bei diesem Projekt geht es darum, einen Nachbau eines bekannten, gut dokumentierten, kommerziellen Produkts – Quicken – zu entwickeln. Wir besitzen die gesamte Dokumentation zu diesem Produkt. Es bestand nicht die geringste Notwendigkeit, eine Anforderungsspezifikation zu erstellen ...«

»Keine Notwendigkeit, eine Anforderungsspezifikation zu erstellen!« erregte sich der Manager der QS-Gruppe. »Ich habe noch nie in meinem Leben ein Projekt gesehen, bei dem keine Notwendigkeit bestanden hätte, eine Anforderungsspezifikation zu erstellen. Nie. Für jedes Projekt muß eine solide gründliche Anforderungsspezifikation erstellt werden. Jedes MSEI-zertifizierte Projekt der CMM-Stufe 2 muß das Anforderungsdokument mit den Methoden und Notationen erstellen, deren Verwendung ihm bescheinigt wurde. Das und nichts anderes ist ein Wiederholbarer Prozeß.«

»Aber dieses Projekt ist anders«, flehte Grosz.

»Jedes Projekt ist anders«, gab der QS-Manager zurück. »Kein Projekt ist wie das andere. Aber wir verwenden trotzdem den immer gleichen Prozeß.«

Tompkins wagte einen Einwand. »Aber angenommen, ein gegebenes Projekt weist eine Besonderheit auf, die es nicht ratsam erscheinen läßt, den zertifizierten Prozeß einzuhalten?«

»Dann halten wir ihn trotzdem ein«, sagte der MSEI-Mann. »Er muß eingehalten werden. Wenn wir den Mitarbeitern erlauben, aufgrund der außergewöhnlichen Natur eines Projekts Ausnahmen zu machen, erreichen wir nie eine gewisse Konsistenz.«

»Das heißt also, sie müssen für jedes Projekt den genau gleichen Weg einschlagen?«

»Den genau gleichen Weg«, bestätigte er. »Und wenn sie das nicht tun, sind sie es nicht wert, in Stufe 2 eingestuft zu werden. Diese Meinung vertrete nicht nur ich. Diese Meinung vertritt das MSEI.«

»Nicht wert, in Stufe 2 eingestuft zu werden«, überlegte Mr. Tompkins. »Na ja, vielleicht könnte das die Antwort sein. Vielleicht könnten Sie das Quicker-Still-Projekt einfach zurückstufen?«

»Ich glaube kaum, daß das die richtige Antwort wäre, Mr. Tompkins. Das MSEI hat nicht vor, Rückschritte auch noch zu unterstützen. Ich meine, wenn wir damit erst einmal anfangen ...«

»Na ja, wir könnten es sehr diskret abwickeln, ganz unter uns.«

»Ich glaube nicht«, sagte der Mann entschieden. »Und ich glaube nicht, daß Minister Belok begeistert davon wäre. Er will, daß die ganze Gruppe bis zum Jahresende Stufe 3 entspricht, und hier ist eines seiner wichtigsten Projekte dabei, sich in die entgegengesetzte Richtung zu entwickeln und auf Stufe 1 zurückzufallen. Nein, Sir, ich werde veranlassen, daß noch heute eine schriftliche Ermahnung an Mr. Grosz und das QuickerStill-Projekt ergeht. Wir werden sie davon in Kenntnis setzen, daß sie sieben Tage haben, die Sache in Ordnung zu bringen und Anforderungsdokumente in der standardisierten Form zu erstellen ...«

»Also Anforderungen von einer Form in die andere zu übertragen«, sagte Grosz bitter.

»... in die standardisierte Form, wie ich schon sagte, entsprechend dem Standard von CMM-Stufe 2. Sollten sie in diesen sieben Tagen keine Besserung zeigen, werden sie offiziell und öffentlich zurückgestuft. Habe ich mich klar ausgedrückt?« In seiner Stimme lag ein drohender Unterton.

»Völlig«, sagte Mr. Tompkins. »Völlig klar. Natürlich ist dieses Projekt nur ein kleiner Teil meiner Organisation. Wenn ich Sie richtig verstanden habe, werden Sie morgen mit der QS-Überprüfung der anderen Gebäude beginnen.«

»Ja, wenn es so läuft wie heute, nehmen wir uns pro Tag etwa ein Gebäude vor.«

»Gut, würden Sie mir dann den Gefallen tun, morgen mit Aidrivoli-2 zu beginnen? Und danach mit Aidrivoli-3 fortzufahren und so weiter. Am besten wäre es, wenn Sie sich die Gebäude in numerischer Reihenfolge vornehmen würden, und Aidrivoli-7 am letzten Tag prüfen würden.« Damit hätte er zumindest ein paar Tage gewonnen, um sich über seine nächsten Schritte klar zu werden. »Würden Sie sie in dieser Reihenfolge für mich überprüfen?«

»Ja, natürlich, Mr. T. Wir sind hier, um Sie zu unterstützen. Fangen wir also morgen mit Aidrivoli-2 an. Ich nehme an, daß Sie in Aidrivoli-2 ein paar ziemlich wichtige Dinge am Laufen haben, die wir uns als nächstes ansehen sollen.«

»Äh, ja, genau so ist es. Und auch in Aidrivoli-3 und -4. Lauter sehr wichtige Projekte. Wir sind ausnehmend interessiert an Ihren Überprüfungen von Aidrivoli-2, -3 und -4 und in geringerem Maße Aidrivoli-5 und -6. Es wäre mir deshalb lieb, wenn Sie sich die Gebäude in dieser Reihenfolge vornehmen würden.«

»Aber gewiß, Mr. T. Das MSEI wird Sie nicht im Stich lassen.«

»Dessen bin ich mir sicher.«

Gabriel blieb, als die anderen den Raum verließen. »Sieht aus, als lägen wir noch weiter zurück, als wir gedacht hatten«, sagte er.

»Mit Sicherheit um die Zeit, die wir für die Prozeßverbesserung aufwenden müssen.«

»Nein, noch weiter.«

»Wie das?«

»Nun, es ist doch die natürlichste Managemententscheidung der Welt, bei Nachbauprojekten, für die die ausgezeichnete Anwenderdokumentation des Original-Herstellers vorliegt, auf die Anforderungsspezifikation zu verzichten. Aber Grosz war der einzige, der diese Chance erkannte und beim Schopf packte. Alle anderen machten sich gottergeben an die Arbeit, Anforderungsdokumente zu schreiben, ganz so, wie sie es bei früheren Projekten immer gemacht hatten – ohne zu erkennen, daß dieses Projekt anders ist und ein anderes Vorgehen erfordert.«

Mr. Tompkins stand auf. »Ich sehe, was Sie meinen. Ich glaube, wir müssen einen Spaziergang hinüber zu Aidrivoli-7 machen und unsererseits eine kleine Überprüfung vornehmen. Ich will wissen, ob die B- und C-Teams es gewagt haben, sinnvolle Abkürzungen zu wählen oder nicht.«

»Die Benutzerdokumentation *ist* die Anforderungsspezifikation«, versicherte ihnen Molly Makmora. »Natürlich haben wir sie nicht in die Standardform übertragen. Das wäre vergeudete Zeit gewesen.«

»Völlig vergeudete Zeit«, stimmte Elem Kartak zu. Alle anderen Manager der B- und C-Teams nickten zustimmend.

Avril Alterbek, die Managerin des PShop-C-Teams, meldete sich zu Wort. »Die Photoshop-Handbücher von Adobe sind genauso gründlich und verständlich wie die beste Anforderungsspezifikation, die ich je gesehen habe. Ich habe noch nie ein Anwenderhandbuch danach beurteilt, ob es einen Wert als Spezifikation hat, aber bei diesem Projekt war ich gezwungen, es zu tun. Dabei habe ich festgestellt, daß ein Anwenderhandbuch auch ein wunderbares Spezifikationsdokument ist. Ich frage mich, warum wir das Schreiben der Anwenderdokumentation oder zumindest wesentliche Teile davon nicht von Haus aus an den Projektbeginn verlagern und sie doppelt nutzen: als Anwenderhandbuch und als Funktionsspezifikation. Ich weiß, daß die meisten anderen Team-Manager genauso denken, weil wir uns ausgiebig über dieses Thema unterhalten haben.« Sie sah sich im Kreis ihrer Kollegen um, und alle gaben Zeichen der Zustimmung.

»Aber die Tatsache, daß die Handbücher eine gute Funktionsbeschreibung abgeben«, fuhr sie fort, »heißt nicht, daß *keine* Anforderungsarbeit zu leisten wäre. Wir mußten uns ja auch um die nicht-funktionalen Anforderungen Gedanken machen: Dinge wie Antwortzeiten, Dateigrößen, Zahlenbereiche, Genauigkeit von Variablen, Dateinamen ...«

»Deshalb schrieb jeder von uns eine Zusammenstellung der nicht-funktionalen Spezifikationen«, fiel Kartak ein. »Zusammen mit den Handbüchern bilden sie ein vollständiges Anforderungsdokument. Es ist zwar von der Form her unorthodox, aber inhaltlich ganz ausgezeichnet: Es enthält alle Anforderungen, sowohl die funktionalen als auch die nicht-funktionalen, und es ist verständlich, präzise und voller Beispiele. Ich denke, unsere Projekte verfügen damit über Anforderungsspezifikationen, wie sie besser nicht sein können.«

Mr. Tompkins war sichtlich erleichtert. Der völlig unstandardisierte Anforderungsprozeß, auf den sie sich offensichtlich alle geeinigt hatten, bedeutete eine enorme und überaus vernünftige Abkürzung. Als Ergebnis dieses verkürzten Verfahrens hatten alle B- und C-Teams die Anforderungsanalyse bereits hinter sich gelassen und konnten sich jetzt voll und ganz auf den Entwurfsprozeß konzentrieren. Natürlich bedeutete das verkürzte Verfahren auch, daß jeder einzelne Projektmitarbeiter zurückgestuft werden würde, sobald sich die QS-Gruppe zu Aidrivoli-7 vorgearbeitet hatte. Aber das war sein Problem, nicht das der Projektmanager.

Vielleicht war das der Moment, ihnen ein wohlverdientes Lob auszusprechen, dachte Tompkins. »Ich bin begeistert, daß Sie es gewagt haben, bei diesem Projekt unorthodox zu verfahren. Wo intelligente Abkürzungen möglich sind, müssen wir die Chance nutzen. Und das haben Sie getan. Das zeigt, daß Sie selbständig denken, und das ist es, was ich von Ihnen erwarte. Ich frage mich allerdings: Warum haben alle meine A-Team-Manager nicht auch die Abkürzung gewählt?«

Eine Pause trat ein, während sie über seine Frage nachdachten. »Ich glaube, ich weiß warum«, sagte Avril.

»Ja, bitte?«

»Nun ja, versetzen Sie sich in die Lage meines Kollegen Tomas Orik, der das PShop-A-Team leitet. In seinem Team sind sechzig Leute. Und es heißt, der Minister für Innere Angelegenheiten habe ein Auge auf dem Projekt, weil es unter dem stärksten Druck steht, rechtzeitig zu liefern.«

»Und somit ...?«

»Und somit ist Tomas gezwungen, seine Leute zu beschäftigen. Man erwartet von ihm, daß er die Peitsche schwingt und sogar Überstunden anordnet. Andernfalls könnte jemand auf den Gedanken kommen, er sei der Größe der Aufgabe nicht gewachsen. Aber wie soll er sie alle beschäftigen?«

Mr. Tompkins konnte sich Avrils Logik nicht entziehen. Er würde mit Tomas sprechen müssen, aber er hatte das Gefühl, daß sie das Problem richtig erkannt hatte. Anforderungen von einer Form in eine andere zu übertragen, mochte keine besonders nützliche Arbeit sein. Aber es war viel Arbeit, genug, um alle Mitarbeiter der aufgeblähten Teams zu beschäftigen und, was noch wichtiger war, beschäftigt aussehen zu lassen. Es war tatsächlich möglich, daß sie bewußt ineffizient arbeiteten, nur um genug Arbeit für alle zu haben.

Es war noch früh, aber nach diesem Tag war ihm die Lust vergangen, noch einmal in sein Büro zurückzugehen. Sein Nach-Hause-Weg führte ihn durch die immergrünen Gärten vor dem MSEI-Gebäude, doch selbst ihr Anblick vermochte ihn heute nicht aufzuheitern. Der einzige Lichtblick dieses Tages war, daß er die QS-Überprüfung der Mitarbeiter in Aidrivoli-7 um eine Woche hinausgezögert hatte. Dadurch hatte er Zeit gewonnen, etwas zu tun. Aber was?

13 QuickerStill

Aus Mr. Tompkins' Tagebuch:

Prozeß und Prozeßverbesserung:

- Ein guter Prozeß und kontinuierliche Prozeßverbesserungen sind ein anerkennenswertes Ziel.
- Sie sind gleichzeitig ein sehr natürliches Ziel: Gute technische Mitarbeiter bemühen sich darum, ganz gleich, ob man sie dazu anhält oder nicht.
- Formale Prozeßverbesserungsprogramme kosten Zeit und Geld; ein angeordnetes Programm zur Prozeßverbesserung kann sogar zu Rückschlägen in der Projektarbeit führen. Selbst wenn langfristig Produktivitätsgewinne erzielt werden, kosten QS-Programme den Projekten, in die sie eingebettet waren, meistens mehr als sie nützen.
- Ein Projekt kann allenfalls hoffen, von einer gutgewählten Methodenverbesserung so viel zu profitieren, daß sich der in die Veränderung gesteckte Zeit- und Geldaufwand auszahlt.
- Die Hoffnung, ein Projekt könnte in seiner Laufzeit mehr als eine Methodenverbesserung verkraften, ist unrealistisch. Bei Programmen, die auf die Verbesserung mehrerer Fähigkeiten abzielen (zum Beispiel Anhebung um eine ganze CMM-Stufe), ist die Wahrscheinlichkeit besonders groß, daß Projekte später abgeschlossen werden, als das ohne das Verbesserungsprogramm der Fall gewesen wäre.
- Die Gefahr standardisierter Prozesse liegt darin, daß die Mitarbeiter wichtige Abkürzungsmöglichkeiten ungenutzt lassen.
- Bei überbesetzten Projekten ist die Gefahr besonders groß, daß der Standardprozeß stur eingehalten wird, wenn er nur genügend Arbeit (sinnvolle oder sinnlose) generiert, um alle Mitarbeiter zu beschäftigen.

14
Moroviens erster Programmierer

»Ich werde ihm sagen, daß er sich aus meinen Projekten heraushalten soll.« Mr. Tompkins saß in Gabriel Markovs Büro. Er schlug mit der Hand auf den Tisch, in der Hoffnung, entschlossener zu wirken, als er in Wahrheit war.

Der Ex-General zog die Augenbrauen hoch. »Das wollen Sie dem Leiter des morovischen SEI sagen?«

»Und ob. Ich gehe heute nachmittag in die Höhle des Löwen hinüber. Oder der Löwin.«

»Des Löwen.«

»Des Löwen. Danke. Ich werde ihm sagen, was Sache ist.«

Er stand auf und ging, während er sprach, ruhelos auf und ab. »Ich bin ja bereit, in Schulungen und Prozeßverbesserungen zu investieren, aber nicht bei Projekten, die unter Termindruck stehen. Auf keinen Fall. Das ist mein letztes Wort.«

»Und Sie meinen, das wird ihn überzeugen?«

»Ich werde ihm keine andere Wahl lassen.«

»Er wird vermutlich Minister Belok darüber Bericht erstatten. Das muß er tun: Schließlich hat Belok ihm befohlen, das Prozeßverbesserungsprogramm zu starten. Sind Sie bereit, es mit Belok aufzunehmen?«

Mr. Tompkins schüttelte nachdrücklich den Kopf. »Ich werde dem SEI-Leiter sagen, sich aus meinen Projekten herauszuhalten und die Sache nicht bei Belok zu erwähnen. Ich werde ihm das mit so viel Inbrunst und Überredungskraft vortragen, daß er einfach einverstanden sein muß. Ich glaube, so müßte es gehen.«

»Das glaube ich nicht.«

»Ich auch nicht ... Aber ich muß es versuchen.«

»Webster, mein lieber Freund, es wird extrem schwer sein, ihm das zu verkaufen. Die Motive des SEI-Leiters sind Ihren Beweggründen fast diametral entgegengesetzt. Er interessiert sich nicht besonders für die Projekte – er wird Ihnen sagen, daß Ihre Konzentration allein auf die Projekte zu kurzfristig ist. Wofür er sich interessiert, sind langfristige Entwicklungen und die Fähigkeiten und Eignungen unserer Mitarbeiter. Und er ist ehrlich davon überzeugt, daß seine Prozeßverbesserungsprogramme eine Hilfe sind. Ich selber habe da so meine Zweifel, aber er glaubt an das, was er tut. Er ist ein sehr aufrichtiger Mensch.«

»Dann helfen Sie mir doch. Wie sage ich ihm, was ich ihm sagen muß?«

»Ich kann Ihnen helfen, ein bißchen zu üben. Probieren Sie es an mir aus. Ich bin der SEI-Leiter. Tun Sie so, als sei ich der SEI-Leiter. Kriegen Sie mich rum.«

»Nun, sehen Sie ... um, wie heißt er eigentlich?«

»Menotti. Prospero Menotti.«

»Nun, sehen Sie, Mr. Menotti ...«

»Dr. Menotti. Jeder ist hier ein Doktor. Sogar ich, ich bin Dr. Ex-General Markov.«

»Okay. Doktor. Wie wäre es damit: Sie denken vielleicht, Dr. Menotti – und ich zweifle nicht daran, daß Sie das, was ich gleich in der Luft zerreißen werde, weil es der größte Blödsinn ist, den ein denkender Mensch sich je ausgedacht hat, ehrlich und aufrichtig denken – daß Prozeßverbesserung – ich meine, was bilden Sie sich eigentlich ein, wer Sie sind, Sie tauchen da einfach auf und stellen meine Projekte auf den Kopf und wahrscheinlich schlägt uns das Wochen oder Monate in unserem Zeitplan zurück, Wochen oder Monate, die wir uns nicht leisten können, und ich weiß das, weil wir diese Simulationen haben, die eindeutig beweisen, daß die naive Blauäugigkeit ...«

Der gute Dr. Ex-General schüttelte den Kopf. »Sie sind zu wütend, Webster. Jetzt tun Sie mir mal kurz einen Gefallen. Sagen Sie mir, welche Gefühle Dr. Menotti in Ihnen hervorruft – welche Gefühle, nicht welche Gedanken.«

»Ich fühle, daß er ein naiver, blauäugiger Denker ist, der sich naive, blauäugige Gedanken ausdenkt, die er anderen aufzwingt, indem er seine blödsinnigen Ideen mir nichts, dir nichts unschuldigen Leuten aufs Auge drückt, nur um ein fehlgeleitetes, völlig bürokratisches Konzept zur ... Warum schauen Sie mich so an?«

»Webster, Sie kennen den armen Mann doch überhaupt nicht. Vor einer Minute kannten Sie noch nicht einmal seinen Namen, und trotzdem hassen Sie ihn.«

»Weil er ein aufgeblasener, intriganter ...«

»Wie wollen Sie jemanden überzeugen, wenn Sie ihn nicht leiden können?«

Mr. Tompkins hielt einen Moment inne, um über diesen Einwand nachzudenken. Gabriel hatte natürlich recht. »Oh. Ich nehme an, Sie wollen sagen: Wenn ich ihn meine Abneigung spüren lasse, wird er wahrscheinlich nicht das tun, was er meiner Meinung nach tun sollte.«

»Das ist sicher richtig.«

»Und ich habe meine Abneigung spüren lassen.«

»Allerdings.«

»Okay, das ist ein guter Hinweis. Ich muß darauf achten, meine Gefühle für den Mann für mich zu behalten. Das kann ich bestimmt. Das werde ich tun. Danke für Ihren Rat, Gabriel.«

»Das war nicht mein Rat. Und Sie werden es wahrscheinlich sowieso nicht schaffen, Ihre Gefühle für sich zu behalten. Sie sind hier der Boss und Sie sind ein verdammt guter Boss. Wir alle reißen uns ein Bein aus, um zu tun, was Sie wollen. Glauben Sie, das liegt daran, weil Sie Autorität über uns haben?«

»Nicht?«

»Nein. Wachen Sie auf, Sie Schlafmütze. Ihre Stärke beruht auf etwas ganz anderem.«

»Sie wollen sagen, die Leute tun, was ich will, weil sie mich mögen? Vielleicht stimmt das, aber wie kann ich Dr. Menotti dazu bringen ...«

»Nicht, weil die Leute Sie mögen. Sondern weil Sie die Leute mögen.«

»Wie?«

»Sie mögen und respektieren die Menschen, die für Sie arbeiten. Sie nehmen Anteil an ihnen. Ihre Probleme sind Ihre Probleme; ihre Sorgen sind Ihre Sorgen. Sie schenken einem Mitarbeiter Vertrauen, noch bevor er sich als vertrauenswürdig erweisen konnte. Sie vermitteln uns allen das Gefühl, Sie hätten uns adoptiert. Deshalb leisten wir Ihnen Gefolgschaft.«

»Hmm«, Mr. Tompkins wußte nicht recht, was er dazu sagen sollte.

»Darin liegt Ihre Stärke, Webster. Wenn Sie diese Stärke bei Dr. Menotti nutzen, haben Sie vielleicht eine Chance, das zu bekommen, was Sie brauchen. Ich kann es Ihnen nicht garantieren: Schließlich wird es eine bittere Pille für ihn, das zu schlucken. Aber zumindest haben Sie eine Chance.«

»Ich muß ihn mögen?«

»So ist es. Sie können niemanden überzeugen, den Sie nicht mögen. Manche Leute sind dazu in der Lage, aber nicht Sie. Kämpfen Sie nicht dagegen an.«

»Wie soll ich ihn mögen? Ich kann mich doch nicht dazu zwingen, jemanden zu mögen, nur weil er mir helfen könnte.«

»Ich weiß es nicht, Webster. Aber ich denke, das ist Ihre einzige Hoffnung.«

Das altehrwürdige, vierstöckige Gebäude, in dem das Institut untergebracht war, lag genau in der Mitte des Aidrivoli-Komplexes. Auf dem Türschild stand »Morovisches Software Engineering Institute«, aber die in Stein gemeißelten Buchstaben über dem Haupteingang des Gebäudes ergaben einen anderen Namen. Dort nämlich stand zu lesen: »Aristoteles-Institut«. Mr. Tompkins' Augen wanderten zwischen den beiden Namen hin und her, und er wunderte sich über den Widerspruch.

Gleich in der Eingangshalle stieß er auf ein großes Porträt, das seine Frage zumindest teilweise beantwortete. Das Porträt stellte einen hochgewachsenen Mann mit einem freundlichen kantigen Gesicht und dichtem weißem Haar dar. Er sah irgendwie pfiffig aus; in seinen Augen und dem einen Mundwinkel schien der Schalk zu sitzen. Man hatte den Eindruck, als dächte er an etwas sehr Komisches und sei kurz davor, in ein breites Grinsen auszubrechen. Auf einer Gedenktafel unter dem Porträt stand: »Aristoteles Kenoros – Moroviens erster Programmierer«.

Das Büro von Dr. Menotti lag im dritten Stock. Mr. Tompkins wurde hineingeführt und stellte zu seiner Überraschung fest, daß er die Hand eines sympathischen jungen Mannes mittlerer Größe schüttelte.

»Mr. Tompkins. Endlich lernen wir uns kennen. Ich freue mich. Ich habe so viel Gutes über Sie ...«

»Dr. Menotti.« Tompkins entzog ihm seine Hand und stand stocksteif. Er hatte ein flaues Gefühl im Magen.

»So viel Gutes. Dieses dynamische Modell, das Sie verwenden – man redet auf dem ganzen Campus davon. Ich hoffe sehr, daß Sie es mir eines Tages zeigen werden. Für mich ist das ein völlig neuer Ansatz, von dem ich noch nie vorher gehört habe. Ich bin begeistert von dieser Innovation. Und wir haben alle von Ihrem großen Coup gehört, Belinda Binda für die Arbeit hier zu gewinnen. Die Zeit, in der sie ausfiel, war so eine Verschwendung, eine menschliche Tragödie und ein großer Verlust für unsere Branche. Aber jetzt hat sie sich dank Ihrer Bemühungen ja wieder völlig gefangen. Und alle Projekte sind besetzt und am Laufen ... Sie haben in den paar Monaten wirklich Erstaunliches geleistet.«

»Auch ich habe freundliche Worte über Sie gehört, Dr. Menotti. Ex-General Markov hat mir erzählt ...«

»Ist der Mann nicht ein Schatz? Seine Leute lieben ihn, müssen Sie wissen. Wirklich. Er kommt unheimlich gut bei den Mitarbeitern an. Aber bitte, setzen

Sie sich doch. Ich habe einen meiner Mitarbeiter gebeten, für Kuchen und eine Kanne Tee zu sorgen.«

»Ich fürchte, ich bin in einer ziemlich unangenehmen Mission gekommen.«

»Oh, ich weiß. Ich weiß. Ich habe alles über die QS-Überprüfung gehört.«

»Ehrlich gesagt geht es nicht nur darum.«

Der MSEI-Leiter schüttelte mitfühlend den Kopf. »Ich kann es mir vorstellen. Wissen Sie, Sie sind nicht der erste, der Zweifel an unserer Arbeit hegt.«

»Nein, aber in diesem Fall ...«

»Lassen Sie uns die Sache doch eine Weile zurückstellen, bis wir unseren Tee getrunken haben. Oh, da ist er ja schon.« Ein älterer Mann in einem blauen Kittel rollte einen Teewagen herein. »Ja, stellen Sie ihn dort an den Ecktisch, Mario. Sehr schön. Mr. Tompkins, nehmen Sie doch in dem bequemen Sessel dort drüben Platz, und erzählen Sie mir etwas über sich. Wie haben Sie sich eingelebt? Und wie gefällt Ihnen unser kleines Land?«

Fast eine Stunde verging, bevor Mr. Tompkins den Stier bei den Hörnern packte. Mittlerweile war er soweit, den MSEI-Leiter nicht nur zu schätzen, sondern auch zu mögen. Deshalb hielt er seine Zeit für gekommen.

»Prospero, ich bin sicher, Sie wissen das bereits: Ein Prozeßverbesserungsprogramm kann langfristig eine positive Wirkung haben, aber kurzfristig verursacht es Kosten.«

»Wie wahr«, stimmte der MSEI-Leiter liebenswürdig zu.

»Auf die Lebenszeit eines Projektes umgerechnet kann das leicht ein Schuß nach hinten sein, weil man in die Verbesserung Zeit und Mühe steckt ...«

»Sagen wir lieber investiert.«

»Die Zeit, die man in Prozeßverbesserungen steckt, ist eine Zeit, die nicht für die Projektarbeit zur Verfügung steht. Das heißt, man hat den Preis bezahlt, ohne gleichzeitig vom Ertrag zu profitieren. Sieht man nur dieses eine Projekt, rechnet sich die Sache nicht.«

Der MSEI-Leiter nickte. »Das kann zweifellos passieren.«

»Und wir haben, wie Sie wissen, sechs Projekte, die unter einem enormen Druck stehen. Deshalb überlege ich ...«

»Ja, natürlich. Ich *wußte*, was Sie überlegen, als mir Ihr Besuch gemeldet wurde.«

»Heißt das, Sie tun es, Sie nehmen die Projekte aus dem Verbesserungsprogramm heraus?«

Dr. Menotti lächelte mitfühlend. »Webster, der Termin, dem diese Projekte hinterherjagen, ist sowieso unmöglich einzuhalten. Jeder in Aidrivoli weiß das – jeder Manager, jeder Programmierer, jede Sekretärin. Die Projekte werden viel zu spät abgeschlossen werden, weil der Terminplan völlig daneben liegt. Welchen Unterschied machen da ein paar zusätzliche Monate aus? Vielleicht bewirkt die kurze Zeit, die wir Ihre Leute in Anspruch nehmen, um sie in bessere Methoden einzuführen, daß die Projekte um zwanzig statt um achtzehn Monate zu spät abgeschlossen werden. Kommt es darauf wirklich an? Die Fähigkeiten, an deren Verbesserung wir arbeiten, wirken sich auf die Prognosequalität aus. Damit tragen wir dazu bei, daß künftige Projekte wahrscheinlich von vornherein nicht unter so sinnlosen Terminvorgaben zu leiden haben. Sehen Sie, aus meiner Perspektive ...«

»Ich verstehe Ihren Standpunkt, Prospero. Er ist gut. Aber sehen Sie, Sie haben eine Sache gesagt, die so nicht ganz stimmt. Sie sagten, *jeder* wisse, die Projekte würden nicht termingerecht abgeschlossen. Die Wahrheit ist: Jeder weiß das außer mir.«

»Ah.«

»Ich weiß, daß die meisten Projekte an Minister Beloks absurdem Termin scheitern müssen. Aber ich hege die leise Hoffnung, daß ein Projekt, ein einziges, es trotz aller Widrigkeiten vielleicht doch schaffen kann.«

»Und davon hängt eine Menge für Sie ab. Ihre Selbstachtung.«

»Genau. Ich weiß nicht, wie das geschehen konnte, aber so ist es nun mal.«

»Ich verstehe.« Für einen kurzen Moment sah der MSEI-Direktor aus dem Fenster hinaus. Seine Augen schweiften in die Ferne. Dann sagte er mit abgewandtem Blick: »Vielleicht könnten wir uns darauf einigen, daß wir dieses eine Projekt übersehen. Schließlich kann es vorkommen, daß bei einem so großen Verbesserungsprogramm ein kleines Projekt unserer Aufmerksamkeit entschlüpft und erst später in Angriff genommen wird.« Er schaute seinen Besucher fragend an. Wieder überzog ein mitfühlendes Lächeln sein Gesicht.

Mr. Tompkins lehnte sich in seinen Sessel zurück. Man hatte ihm einen fairen und vernünftigen Kompromiß angeboten. Es war dem MSEI-Leiter nicht leicht gefallen, sich dieses Zugeständnis abzuringen – das sah man ihm an. Die Fairness erforderte es, daß er das Angebot des SEI-Leiters annahm. Aber das konnte er nicht. Er mußte auch alle anderen Projekte unter Schutz stellen, vor allem die geheimgehaltenen in Aidrivoli-7. Er wußte, daß die meisten von ihnen Beloks Termin nicht würden erfüllen können, aber er setzte seinen ganzen Stolz

14 Moroviens erster Programmierer

daran, den ursprünglichen November-Termin einzuhalten. Er mußte mehr fordern.

»Ich danke Ihnen für Ihr Angebot, Prospero. Ich sehe, daß es Ihnen nicht leichtfällt, und ich weiß es wirklich zu schätzen. Aber ich brauche mehr. Ich muß Sie bitten, alle sechs Projekte und die ganze Abteilung auszunehmen, die jetzt in Aidrivoli-7 untergebracht ist. Ich bitte Sie, das Prozeßverbesserungsprogramm auf die anderen fünf Gebäude zu beschränken, wo wir selbstverständlich aufs äußerste kooperieren werden.«

»Mein Freund, ich sehe wirklich keine Möglichkeit, wie ...«

»Außerdem muß ich Sie darum bitten, diese Ausnahmen zu machen, ohne daß Sie sich verpflichtet fühlen, sie Minister Belok gegenüber zu erwähnen. Das ist es, was ich brauche.«

»Sie wollen, daß ich ein Drittel der Mitarbeiter sich selbst überlasse und es nicht einmal erwähne?«

»Ja.«

»Das kann ich nicht tun, Webster. Das kann ich einfach nicht.« Ein bedauerndes Kopfschütteln. »Sie wissen, das MSEI gibt diese Programme nicht vor. Wir sind nur ein Dienstleistungsbereich. Wir handeln lediglich im Auftrag höherer Stellen. Ich fürchte, Sie müssen das direkt mit Minister Belok ausmachen.«

Eine lange Stille folgte. Tompkins' Vorstoß war, wie Gabriel gesagt hatte, einen Versuch wert gewesen. Aber die Sache mit Minister Belok zu besprechen, wäre nicht einmal ein Versuch, sondern vergebliche Liebesmüh. Nun gut, er hatte nur noch eine Karte auszuspielen. Er legte sie auf den Tisch: »Ich weiß, das klingt schrecklich, aber gibt es eine Möglichkeit, Sie zu umgehen? Ich meine, gibt es jemanden, der über Ihnen angesiedelt ist?«

Dr. Menotti wirkte etwas erstaunt. »Wie kommen Sie darauf?«

Mr. Tompkins zeigte an die Decke. »Es gibt einen vierten Stock. Normalerweise liegt das Büro der Unternehmensleitung im obersten Stockwerk.«

Eine langes, nachdenkliches Schweigen folgte. Schließlich sagte der MSEI-Leiter: »Mr. Tompkins. Nehmen wir an, ich lasse Sie zu meinem Vorgesetzten vor. Und nehmen wir weiter an, dieser Vorgesetzte gewährt Ihnen Ihre Bitte. Wären Sie dann bereit, mir Ihrerseits einen Gefallen zu tun? Ich meine damit etwas, was nichts mit unserem Gespräch zu tun hat.«

»Nennen Sie mir Ihre Bedingungen.«

»Montifiore. Wir sind fasziniert von Ihren archäologischen Daten-Ausgrabungen und der inspirierten Wahl, die Sie mit Waldo Montifiore als Leiter des

Experiments getroffen haben. Wir haben hier im Institut nichts Vergleichbares. Ihn wollen wir. Wenn ich Ihnen Ihre Bitte gewähre, überlassen Sie mir dann Waldo und seine Gruppe?«

Tompkins lachte erleichtert. »Aber gerne. Es wäre mir ein Vergnügen.«

Der MSEI-Leiter sah ihn seltsam an. »Es wäre Ihnen ein Vergnügen, einen so guten Mitarbeiter zu verlieren?«

»Nein, ihn zu verlieren, ist mir kein Vergnügen. Sein Verlust käme uns wirklich ungelegen, aber ich sehe die Sache aus Waldos Sicht. Für ihn ist es ein Triumph – der Anfang einer glänzenden Karriere.«

Dr. Menotti nickte anerkennend. »Ja. Ich glaube, Sie haben recht. Ich freue mich, daß Sie die Versetzung so betrachten – erfreut und auch geschmeichelt. Natürlich werden wir sicherstellen, daß Waldo die Arbeit fortsetzt, mit der Sie ihn beauftragt haben.«

Eine bedeutungsvolle Pause. »Es gibt also jemanden über Ihnen, Prospero? Jemanden, der eine Treppe höher sitzt?«

»O ja. Den Präsidenten des Institutes. Er hält sich sehr im Hintergrund. Er zeigt sich so gut wie nie. Seine Position ist vor allem ein Ehrenamt. Wenn er herkommt, tut er das oft nur, um seinen Mittagsschlaf zu halten. Aber momentan ist er oben.«

»Ich werde ihn aufwecken. Sein Name ist ...?«

»Aristoteles Kenoros.«

Dr. Menotti instruierte ihn, allein und ohne Voranmeldung in den obersten Stock hinaufzugehen. Es bestand keine Notwendigkeit dafür, ihn telefonisch anzukündigen, sagte er. Kenoros hatte sowieso kein Telefon. Mr. Tompkins eilte die Treppen hinauf.

Im vierten Stock fand er einen einzigen, riesigen dunklen Raum, ein Büro ohne Licht. Schwere Vorhänge verdunkelten die Fensterwand zu seiner Rechten. Ein leises Summen erfüllte den Raum, das Geräusch eines Luftbefeuchters, dachte er, aber davon abgesehen, war es völlig still. Die Luft war frisch und kühl und roch ein bißchen nach dem Duft feuchter Erde. Nachdem sich seine Augen an die Dunkelheit angepaßt hatten, konnte er sehen, daß der Raum voller Pflanzen war: fast jede Oberfläche war von Topfpflanzen, Tabletten mit Stecklingen und Sämlingen und verglasten Pflanzbeeten bedeckt. In der äußersten Ecke des Raumes konnte er eine schmale Bettcouch ausmachen. Bäuchlings auf dem Bett lag zugedeckt und fast reglos eine menschliche Gestalt, von der lediglich ein weißer Haarschopf erkennbar war.

»Mr. Kenoros?« fragte Tompkins zögernd. »Mr. Kenoros, ich bin Webster Tompkins.«

»Endlich. Ich dachte schon, Sie würden nie mehr den Weg hierher finden.«

»Ich ...«

Die Gestalt setzte sich auf und streckte sich. Sie war in der Dunkelheit nur schemenhaft zu erkennen. »Hey, warum sind denn alle Vorhänge zugezogen? Wir haben zu arbeiten.« Er sprang auf und fegte die Übergardinen beiseite. »Mr. Tompkins also, der Manager von dem ganzen Laden hier. Und er braucht jemanden, der ihm hilft. Und da kommt er zu Kenoros. Natürlich. An wen soll er sich auch sonst wenden, wenn wir mal ehrlich sind? Aber wo war er letzte Woche und letzten Monat? Hätte er da nicht auch ein bißchen Hilfe brauchen können? Die ganze Zeit sitze ich hier oben und sterbe vor Langeweile und wünschte, er wollte etwas von mir. Aber jetzt ist er ja endlich da. Sagen Sie mir, Mr. Tompkins, was kann ich für Sie tun?«

»Äh, also ... lassen Sie mich die Hintergründe kurz erklären.«

»Keine Hintergründe. Sagen Sie mir, was ich für Sie tun soll.«

Mr. Tompkins atmete tief durch. »Schreiben Sie einen Brief an Minister Belok und teilen Sie ihm mit, daß Sie die Prozeßverbesserung für die Mitarbeiter in Aidrivoli-1 und -7 persönlich übernehmen. Sagen Sie ihm, daß sie Stufe 3 schon erreicht haben und kurz davor stehen, Stufe 4 zu erfüllen. Man müßte Sie lediglich in Ruhe lassen, damit Sie die Sache auf Ihre Weise vorantreiben können.«

Kenoros dachte nach. »Das wird Sie teuer zu stehen kommen«, sagte er.

»Alles, was Sie wollen.«

»Einen Job.«

»Einen Job?«

»Einen Job. Ich kann programmieren, debuggen, entwerfen, überprüfen, analysieren, spezifizieren, planen, schätzen und dokumentieren. Ich mache das alles seit 1954. Und ich mache meine Aufgabe sehr, sehr gut. Ich bin so gut, daß man mich zum Präsidenten dieses Institutes ernannt hat. Aber ich langweile mich hier oben zu Tode. Also: Geben Sie mir Arbeit.«

»Geben Sie mir den Brief, und ich gebe Ihnen den Job.«

»Abgemacht.«

»Mr. Kenoros, ich glaube, das ist der Beginn einer wunderbaren Freundschaft.«

»Sie sehen also, wir haben achtzehn Projektteams, die an sechs verschiedenen Produkten arbeiten. Für jedes Produkt gibt es drei konkurrierende Teams, von denen jedes versucht, das Produkt besser und schneller zu bauen als die anderen. Was ich von Ihnen möchte, Aristoteles, ist folgendes: Sehen Sie sich die achtzehn Projekte an, sozusagen als meine technischen Augen und Ohren. Finden Sie heraus, was getan werden sollte, um jedem dieser Projekte die optimale Erfolgschance zu geben. Ich vermute, es gibt mindestens eine Hilfestellung, die ich für jedes Projekt leisten könnte. Wahrscheinlich für jedes Projekt eine andere. Deshalb bitte ich Sie: Setzen Sie sich mit jedem der Projektteams zusammen und geben Sie ihm die eine Hilfestellung, die es am dringendsten braucht.«

»Geschenkt.«

»Oh?«

»Kinderkram.«

»Also ich weiß nicht.«

»Ich werde mich mit achtzehn verschiedenen Projektteams zusammensetzen, aber ich werde trotzdem jedem Team das gleiche sagen.«

»Das wissen Sie jetzt schon?«

»Ja.«

»Wie können Sie das jetzt schon wissen?«

»Denken Sie doch mal nach, wogegen wir hier kämpfen, Webster. Sie haben selbst gesagt: Alle Projekte haben unmögliche oder nahezu unmögliche Fertigstellungstermine.«

»Wie wahr.«

»Das heißt, wir müssen Zeit sparen. Aber – und das ignorieren die meisten Leute – Sie können keine Zeit sparen, wenn Sie die Liste der Anforderungen verlängern.«

»Wie bitte?«

»Die sogenannte Prozeßverbesserung, mit der sich Prospero und alle seine netten Leute unter uns beschäftigen, hat weitgehend einen ergänzenden Charakter. Sie sehen einen Prozeß, der nicht ideal ist, und denken: Wenn wir den Prozeß um diese Fähigkeit oder jenes Verfahren ergänzen, verbessern wir das Ergebnis. Das ist Prozeßverbesserung, wie Sie im ersten, zweiten und dritten Stock praktiziert wird. Natürlich sind solche Ergänzungen nützlich; ich will das nicht leugnen. Aber hier im vierten Stock praktizieren wir eine andere Form von Prozeßverbesserung. Meine Theorie lautet: Man muß nicht darüber nachdenken, was man ergänzen, sondern worauf man verzichten kann.«

»Ich bin fasziniert.«

»Nehmen wir eines Ihrer Projekte, Webster. Fangen wir mit dem Quirk-B-Team an. Unsere Hypothese lautet: Es gibt eine Sache, die verbessert werden muß. Okay? Im Moment tun sie diese eine Sache nicht. Sie tun sie *nicht*. Ganz und gar nicht.« Er machte eine Pause, um die Wirkung seiner Worte zu steigern. »Was also tun sie statt dessen?«

»Ich weiß nicht. Etwas anderes.«

»Sie liegen nicht auf der faulen Haut.«

»Keineswegs!«

»Eben. Deshalb müssen wir uns ansehen, was sie tun, und eine Möglichkeit finden, auf einen Teil davon zu verzichten. Also mal ehrlich: Was tun sie den ganzen Tag?«

»Ich weiß nicht.«

»Stellen Sie sich vor, Sie würden jeden Tag um, sagen wir drei Uhr nachmittags, festhalten, was alle Mitarbeiter eines Projekts in diesem Augenblick tun. Dann ordnen Sie die Einzeldaten, die Sie für alle Ihre Mitarbeiter über die gesamte Laufzeit des Projekts gesammelt haben, in Kategorien. Was tun die meisten Leute die meiste Zeit?«

»Debuggen, vermute ich. Ein Großteil der Arbeit scheint in diese Kategorie zu fallen.«

»Dann liegt hier unsere Chance. Wir müssen zusehen, daß wir auf einen Teil der Debugging-Zeit verzichten können.«

»Wir müssen lernen, effizienter zu debuggen?«

»Nein«, korrigierte Kenoros ihn. »Wir müssen lernen, effizienter zu entwerfen.«

Kenoros' Vorschlag war es, die achtzehn Teams in einer Technik zu unterweisen, die er Last-Minute-Implementierung nannte, und die Tompkins den kalten Schweiß auf die Stirn trieb. Der Plan lief darauf hinaus, so lange wie möglich mit dem Codieren zu warten und die mittleren vierzig oder mehr Prozent des Projekts in einen sorgfältig ausgearbeiteten, überaus detaillierten Feinentwurf zu stecken, der dem späteren Code eins zu eins entsprechen sollte. Angeblich reduzierte die Zeit, die in den Entwurf gesteckt wurde, den Debugging-Aufwand enorm.

In einem auf ein Jahr angelegten Projekt zum Beispiel sollten sämtliche Codierungsaufgaben erst in den beiden letzten Monaten durchgeführt werden. Und bis zum Beginn der Testphase würde nochmals einige Zeit verstreichen. Das hieße, daß praktisch jeder Test auf Anhieb klappen mußte. Für die Fehlersuche war so gut wie keine Zeit vorgesehen.

»Wie können wir ein Projekt durchziehen, ohne Zeit für die Fehlersuche zu haben«, fragte Tompkins ungläubig.

»Die Menge der Zeit, die mit Fehlersuche verbracht wird, ist eine Funktion der Zahl der Fehler«, erklärte ihm Kenoros, als redete er mit einem Idioten.

»Ja, aber keine Zeit für die Fehlersuche vorzusehen, impliziert, daß wir ...«

»... keine Fehler machen dürfen. Das ist es. Machen Sie sich keine Sorgen, Sie sind wirklich schnell von Begriff.«

»Keine Fehler machen dürfen!«

»Das haben Sie gerade gesagt.«

»Wie soll das gehen, keine Fehler zu machen?«

»Schauen Sie, stellen Sie sich vor, Sie haben gerade einen Fehler im Zusammenhang mit einem Modul gefunden. Wo steckt der Fehler?«

»Im Modul.«

»Nein. Er steckt am Rand des Moduls. Ganz außen. Klar, es gibt ein paar problemlose lokale Fehler in der Mitte, die nur dieses eine Modul betreffen, aber sie werden bei der Abnahme des Moduls leicht gefunden. Die echten Fehler, die wirklich Zeit kosten, sind die, die etwas mit der Schnittstelle zwischen dem Modul und dem Rest der Welt zu tun haben.«

»Richtig. Das weiß jeder. Na und?«

»Wenn Sie solche Fehler beim Debuggen finden, schauen Sie die falsche Sache an.«

»Was schaue ich an?« fragte Tompkins leicht entnervt.

»Sie schauen das Modul an, sein Innenleben. Sie schauen den Code an.«

»Ja was denn sonst?«

»Den Entwurf. Dort haben Sie alle Schnittstelleninformationen schwarz auf weiß festgelegt.«

»Aber wir versuchen, die Fehler bei der Überprüfung der Entwürfe auszumerzen. Das machen wir doch sowieso. Aber danach kostet es Unmengen von Zeit, die Fehler zu debuggen, die sich trotzdem eingeschlichen haben.«

»Falsch.«

»Falsch? Falsch, daß uns bei der Entwurfsüberprüfung Fehler entgehen?«

»Nein, falsch, daß Sie versuchen, Sie beim Entwurf loszuwerden.«
»Wie können Sie so etwas sagen?«
»Ich weiß das, weil ich in all den Jahren, die ich mich in diesem Metier herumgetrieben habe, eines gelernt habe: Praktisch niemand erstellt einen Entwurf, der dem eigentlichen Code so nahe kommt, daß eine vernünftige Überprüfung möglich ist.«
»Aber natürlich erstellen wir einen Entwurf. Jeder tut das.«
»Natürlich. Aber nicht in der Entwurfsphase. In der Entwurfsphase stellt das Team ein Dokument zusammen. Es besteht aus ein paar Platitüden über die Programmphilosophie, ein oder zwei Datendefinitionen und einer Pro-forma-Überprüfung. Sie tun alles, was notwendig ist, um das Management loszuwerden und endlich mit dem Codieren beginnen zu können. Irgendwann sagt der Manager: »Okay, ihr könnt mit dem nächsten Teil anfangen«. Das Team triumphiert, und der sogenannte Entwurf verschwindet im Regal und wird nie mehr wieder konsultiert werden. Der Entwurf ist reine Regal-Ware.«
»Beim Codieren erstellen sie dann den eigentlichen Entwurf. Beim Codieren! Dann entscheiden sie, wie die Module und die Schnittstellen wirklich aussehen sollen. Dann fallen die Entscheidungen, die sich der Überprüfung entziehen.«
Mr. Tompkins atmete langsam aus. Die Richtung, die das Gespräch nahm, war ihm unangenehm. »Natürlich stimmt es, daß ein Großteil des Detailentwurfs ungefähr so zustandekommt, wie Sie es beschreiben.«
»Natürlich.«
»Aber das ist der Detailentwurf.«
»Was Sie als Globalentwurf bezeichnen ist nichts als Simsalabim.«
»Ich weiß nicht. Mein Gefühl im Bauch sagt mir, daß Sie im Prinzip recht haben, aber ...«
»Natürlich habe ich recht. Der wirkliche Arbeit beginnt erst mit dem Detailentwurf. Der andere, der sogenannte konzeptuelle Entwurf, ist nichts als Show.«
»Ich denke, daß Sie recht haben, aber was, wenn nicht? Das kann ich doch nicht einfach ignorieren, oder? Angenommen, ich folge Ihrem Vorschlag, und Sie haben unrecht?«
Aristoteles Kenoros sah ihn vergnügt an. »Dann sehen Sie alt aus.«
»Eben. Und darüber mache ich mir Sorgen.« Er würde sich in die Hosen machen vor Angst, wenn er das wirklich täte. Er würde das Codieren hinausschieben und immer weiter hinausschieben und nochmals hinausschieben und

die ganze Integration erst auf den letzten Drücker erledigen. Wenn der Plan dann nicht aufging und trotzdem Unmengen von Fehlern aufträten ...

»Sagen Sie, Aristoteles. Wer zum Teufel hat diesen verrückten Plan eigentlich ausgeheckt?«

»Irgend so ein Typ.«

»Sie?«

»Nein, nicht ich. Jemand anderer. Ich weiß nicht, wie er heißt. Ich arbeite schon seit Jahren so, aber den Plan hat ein anderer Typ ausgeheckt.«

»Wir wissen nicht einmal, wie er heißt?!?«

»Nein. Er ist im Internet. Wir stehen in ständiger Verbindung. Er ist eine Art Orakel, aber er gibt seinen Namen nicht preis. Ich kann Ihnen aber seine ID geben. Fragen Sie ihn selbst.« Er kritzelte etwas auf einen Notizzettel und reichte ihn Tompkins hinüber.

Tompkins schob den Zettel in seine Jackentasche und machte, daß er nach Hause kam.

Aus Mr. Tompkins' Tagebuch:

Die Herangehensweise verändern:

- ☐ Die einzige Möglichkeit, die Leistung innerhalb eines Projekts substantiell zu verbessern, besteht darin, die Zeit für die Fehlersuche stark zu reduzieren.
- ☐ Hochproduktive Projekte wenden anteilsmäßig sehr viel weniger Zeit für das Debuggen auf.
- ☐ Hochproduktive Projekte wenden anteilsmäßig sehr viel mehr Zeit für den Entwurf auf.

Mr. Tompkins legte seinen Stift aus der Hand. Das alles stimmte natürlich. Das Debuggen konnte bis zu fünfzig Prozent der gesamten Projektressourcen aufzehren. Deshalb konnten Projekte, die Wunder vollbrachten, das nur schaffen, weil sie die Notwendigkeit für das Debuggen reduzierten. Auf diese Weise stand ihnen anteilsmäßig mehr Zeit für den Entwurf zur Verfügung. Diese Argumentation war nicht zu widerlegen.

Sie bewies aber nicht wirklich, daß auch das Gegenteil zutraf und eine Erhöhung der Entwurfszeit notwendigerweise die Zahl der Fehler reduzierte.

Die Erkenntnis, die er als nächstes in sein Tagebuch schreiben wollte, lautete: »Die zusätzliche Zeit, die in den Entwurf gesteckt wird, wird bei der Fehlersuche mehr als eingespart.« Aber er wußte nicht, ob das wirklich stimmte. Er mußte sich auf einen Sprung ins Ungewisse einlassen. Er mußte Aristoteles Kenoros in diesem Punkt vertrauen oder seinen Weg alleine fortsetzen. Noch wußte er nicht, wie er sich entscheiden würde.

Wenn er sich dafür entschied, Aristoteles' Rat zu akzeptieren, mußte er mit Meuterei in der Belegschaft rechnen. Programmierer sind süchtig nach Fehlersuche. Sie würden diesen radikalen neuen Plan nicht eben begeistert aufnehmen. Er würde ab jetzt einen Großteil seiner Zeit damit zubringen müssen, sich ihre Zweifel anzuhören, sie zu beruhigen und an ihre Nachsicht und ihr Vertrauen zu appellieren. Zumindest war das etwas, worauf er sich verstand. Er hatte Grund zu glauben, daß er sogar ein gewisses Talent in dieser Hinsicht besaß.

Er dachte an das überraschende Kompliment zurück, das Gabriel ihm an diesem langen Tag gemacht hatte. Die Herzlichkeit des Ex-Generals erwärmte sein Herz. Er konnte seine Worte noch immer hören: »Deshalb leisten wir Ihnen Gefolgschaft, Webster. Darin liegt Ihre Stärke.« Mr. Tompkins griff nach seinem Füllfederhalter, um sein Tagebuch um einen letzten Eintrag zu ergänzen:

- ☐ Man kann Menschen ohne Fürsorge und Zuneigung nicht dazu bringen, anders als bisher zu handeln. Um sie zu einer Verhaltensänderung zu bewegen, muß man verstehen, woher sie kommen und warum sie sind, wie sie sind.

Er klappte sein Tagebuch zu und nahm Kenoros' Brief zur Hand. Es stand genau das darin, worum er gebeten hatte. Wenigsten würde er eine Weile lang Ruhe vor Minister Belok haben. Er würde den Brief gleich morgen früh per Kurier nach Korsach schicken.

15
Schnelldenker

Belok war niemand, der sich ein für allemal abschütteln und vergessen ließ. Kenoros' Brief hatte ein paar Wochen Aufschub gebracht, aber Ende August zitierte der Minister Mr. Tompkins erneut zu sich. Um 13 Uhr hatte er einen Termin in Korsach.

Auf dem Weg hinauf zu Beloks Büro kam Mr. T. an den Büroräumen von EFN vorbei und wünschte sich nichts sehnlicher, als daß Er in der Stadt zurück sein möge. Er bildete sich ein, er hätte bei EFN noch einiges gut, genug vielleicht, um zu erreichen, daß Belok seine Aufmerksamkeit einer anderen armen Seele zuwenden mußte. Aber die Büroflucht war verschlossen. Auf einer handgeschriebenen Notiz an der Tür stand zu lesen: »EFN in den Staaten, um Fertigstellung des neuen Hauses zu überwachen. Zurück am 1. Juni.« Seit dem 1. Juni waren mittlerweile fast drei Monate vergangen. Na ja, jedenfalls war es beruhigend zu sehen, daß nicht nur Softwareleute Fertigstellungstermine platzen ließen. Er sah auf die Uhr und eilte weiter.

Beloks Empfangsdame führte Mr. T. durch mehrere aufwendig ausgestattete Räume in das Sekretariat des Ministers. Die Sekretärin führte ihn durch weitere aufwendig ausgestattete Räume in das Büro des Assistenten des Ministers. Der Assistent führte ihn in das Büro des Ministers. Als Tompkins eintrat, schaute Belok kurz hoch, um sich dann ohne ein Wort wieder den Akten auf seinem Tisch zuzuwenden. Er laß sie gründlich, stirnrunzelnd. Schließlich hob er den Blick.

»Tompkins, Sie und Ihre gottverdammten Leute kosten mir $31,5 Millionen im Jahr. Und was zum Teufel bekomme ich dafür?«

»Fortschritte.«

»Fortschritte, aha. Pfffff. Was zum Teufel soll ich mit Fortschritten? Kann ich sie verkaufen?«

»Eines Tages. Wenn die Produkte fertig sind, können Sie, wie Sie selbst sagten, ein Heidengeld damit verdienen. Ein paar Jahre lang 31,5 Millionen Dollar zu investieren, scheint mir nicht unvernünftig zu sein, angesichts ...«

Belok brachte ihn mit einer Handbewegung zum Schweigen. »Ich rate Ihnen gut, den Termin für diese Produkte einzuhalten. Überspannen Sie den Bogen nicht. Es wäre ein verdammt trauriger Tag für Sie, wenn Sie hier stehen und mir sagen müßten, daß Sie den Liefertermin am 1. Juni nicht für alle sechs Produkte einhalten können. Ein sehr, sehr trauriger Tag. Ich scherze nicht. Also: Sind Sie im Plan?«

»Klar«, sagte er mit tonloser Stimme.

»Ich glaube Ihnen keine Sekunde. Wenn ich das täte, würde ich den Termin vorverlegen. Nein, Sie sind ganz zweifellos hinten dran. Aber Sie werden die Zeit hereinholen, Mr. Tompkins, das versichere ich Ihnen. Sie werden endlich die Daumenschrauben anziehen.«

»Nun, die Leute arbeiten bereits jetzt ziemlich hart.«

Minister Beloks Miene wechselte von unfreundlich zu bösartig. »Das nennen Sie hart arbeiten? Sehen Sie sich das an.« Er schob Mr. Tompkins ein Blatt Papier unter die Nase.

»Was ist das denn? Überstunden? Sie führen Buch darüber, wieviele unbezahlte Überstunden meine Leute machen?«

»Aber gewiß doch. Das sind die Zahlen vom Juli. Schauen Sie sich an, welch jämmerliches Bild diese Projekte abgeben: Sie vertun ihre Zeit. Notate: 144 Überstunden; Quirk: 192; PShop: 601 ... Jämmerlich. Sechshundert popelige Überstunden bei unserem Projekt mit dem aggressivsten Zeitplan. Das heißt, jeder Mitarbeiter in diesem Projekt hat in einem ganzen Monat gerade mal zehn Überstunden gemacht! Und wissen Sie eigentlich, Tompkins, wieviele Überstunden pro Mitarbeiter in Ihrer ganzen Organisation im Juli angefallen sind? Wissen Sie das?«

»Ich habe keine Ahnung.«

»Weniger als ZWEI GOTTVERDAMMTE STUNDEN.«

»Ich wundere mich, daß es so viele sind. Die meisten Leute in Markovs Abteilung zum Beispiel haben ohnehin kaum etwas zu tun.«

»Dann geben Sie ihnen Arbeit, Tompkins. Wachen Sie endlich auf. Setzen Sie sie an das PShop-Projekt.«

»Alle eintausenddreihundertundfünfzig?«

»Es interessiert mich nicht, wieviele es sind. Bringen Sie sie zum Arbeiten. Und damit wir uns recht verstehen: Ich meine keine normalen Vierundvierzig-Stunden-Wochen. Ich will sehen, daß die Leute sechzig, siebzig, achtzig Stunden in der Woche arbeiten. Das ist es, was ich will, und für gewöhnlich bekomme ich, was ich will. Habe ich mich klar ausgedrückt?«

»O ja. Ich hatte noch nie ein Problem damit, Sie zu verstehen.«

15 Schnelldenker

»Gott sei Dank. Wenigstens etwas. Nun zu etwas anderem: Ich sehe, daß Sie mit dem Prozeßverbesserungsprogramm zufriedenstellend vorankommen. Ich will, daß Sie damit weitermachen. Ich werde das Ziel bis zum Jahresende auf Stufe 4 erhöhen, und nächstes Jahr werde ich dann ...«

»Entschuldigen Sie, Allair, wissen Sie, was Stufe 4 beinhaltet? Ich meine, ist Ihnen klar, welche Fähigkeiten sich die Mitarbeiter dafür aneignen müssen?«

»Details. Ersparen Sie mir die Details. Ihre Organisation wird bis zum Jahr 2000 jährlich um ein oder zwei Stufen angehoben, oder ich heiße nicht Belok. Nochmal: Habe ich mich klar ausgedrückt?«

»Völlig klar.«

»In meinen Operationen ist kein Platz für Selbstzufriedenheit, Tompkins. Ich will, daß jeder Mann, der für mich arbeitet, ...«

»Entschuldigen Sie: jeder Mann und jede Frau.«

»Was?!?«

»Wir haben auch Frauen. Sowohl Männer als auch Frauen arbeiten hier. Sie wissen schon, Frauen ...«

»Natürlich haben wir auch Frauen! Wovon zum Teufel reden Sie? Was schwafeln Sie denn plötzlich von Frauen? Hier geht es darum, die Arbeit zu erledigen. Produkte auf den Markt zu werfen. Mitarbeiter auf Vordermann zu bringen. Wo war ich stehengeblieben?«

»Sie wollen, daß jeder Mann, der für Sie arbeitet, ...« half Mr. Tompkins ihm auf die Sprünge.

»O ja. Ich will, daß jeder Mann, der für mich arbeitet, *Tag für Tag* an seine Unzulänglichkeit erinnert wird. So bringt man die Leute zum Arbeiten. So bekommt man seinen Laden in den Griff. Man muß ihnen ihre Unvollkommenheit unablässig einbläuen. Ich will, daß Sie mir noch heute bis Büroschluß einen genau spezifizierten Plan liefern, wie Sie das bewerkstelligen werden.«

»Ich nehme an, das heißt bis Mitternacht?« fragte Tompkins mißmutig.

»Exakt.« Mit einer Handbewegung deutete Minister Belok an, daß er das Thema als erledigt betrachtete. »Kommen wir also zu Ihren Aufgaben bezüglich der Sommerspiele ...«

»Wie bitte?«

»Der Sommerspiele, der Olympischen Spiele im Jahr 2000. Sie werden hier in Korsach stattfinden.«

»Was? Was reden Sie da?«

»Die Olympischen Spiele. EFN hat zwischen seinen anderen Projekten kurz beim olympischen Komitee vorbeigeschaut und die Sache perfekt gemacht. Er kann ziemlich unwiderstehlich sein – bei all den Ressourcen, mit denen er winken kann. Wir werden die olympischen Spiele des Jahres 2000 ausrichten. Das wird Ihr ganz persönliches Jahr-2000-Problem sein.«

»Mein Problem?«

»Und ob das Ihr Problem ist. Ich werde Sie mit einer überaus verantwortungsvollen Aufgabe betrauen, die rechtzeitig für die Spiele abgeschlossen sein muß.« Er erhob sich und sammelte seine Papiere zusammen. Offensichtlich war die Besprechung beendet.

»Warten Sie einen Moment. Ich habe mich nur dazu verpflichtet, ...«

Belok bedachte ihn mit einem Blick kaum verhüllter Wut. »Sie brauchen mir nicht zu sagen, wozu Sie sich verpflichtet haben. Ich sage Ihnen, wozu Sie sich verpflichtet haben.«

»Er will, daß wir rechtzeitig für den Hochsommer 2000 ein brandneues Flugsicherungssystem bauen.«

Belinda verdrehte die Augen.

»Er sagt, über einen Zeitraum von sechs Wochen werden 2,4 Millionen Menschen den Flughafen Korsach passieren. Das ergibt ungefähr dreihundert Starts und dreihundert Landungen pro Tag.«

»Wow. Wie viele Starts und Landungen haben wir jetzt in Korsach.«

»Sechs in der Woche. Ich habe es nachgeprüft. Wir haben nicht einmal einen Tower. Sie winken die Flugzeuge mit Flaggen herein.«

»Das heißt also, wir müssen einen Tower konstruieren und bauen, Fluglotsen anheuern und einarbeiten, Unterstützungssysteme entwickeln und dann die ganze Chose integrieren. Ich weiß nicht, ob wir das alles schaffen können. Haben Sie ihm die Risiken vor Augen geführt?«

»Das bringt doch nichts. Mein Leben ist zu kurz, um wertvolle Minuten an eine so hoffnungslose Angelegenheit zu verschwenden. Wir reden von Minister Belok, Sie erinnern sich? Außerdem habe ich mir überlegt: Wo liegt *unser* Interesse bei alledem? Wir haben in Gabriels Laden massenhaft Leute sitzen – warum sollen sie nicht daran arbeiten? Es wird zwar Sie und mich und Gabriel einige Anstrengung kosten, das Projekt auf die Beine zu stellen. Aber selbst wenn wir nicht mehr zuwege bringen, als ein sinnvolles Flugsicherungsprojekt ins Leben zu rufen und unsere Leute ein paar Jahre daran arbeiten zu lassen, haben

15 Schnelldenker

wir etwas Vernünftiges geleistet. Denken Sie an die Leute, die an dem Projekt arbeiten. Denken Sie an die Erfahrungen, die sie sammeln.«

Sie tat die Sache mit einem Schulterzucken ab. »Ich bin dabei, wenn Sie es sind.«

»Ach übrigens, Minister Belok will auch, daß wir, wie er es nennt, endlich die Daumenschrauben anziehen. Er will, daß wir Überstunden anordnen.«

»Darüber wollte ich sowieso mit Ihnen sprechen. Ich habe mir die Zahlen für den August angesehen. Die Zahl der Überstunden ist steil gestiegen, zumindest bei den achtzehn Schlüsselprojekten.«

»Ganz gleich, wie hoch sie sind, ich zweifle, daß sie hoch genug sind, um Belok zufriedenzustellen.«

»Nein, wahrscheinlich nicht. Ehrlich gesagt, ich bin mit den Zahlen auch nicht allzu glücklich.«

»Sie meinen, unsere Leute sollten mehr Überstunden machen?«

»Weniger.«

»Belinda!«

»Ich weiß, ich weiß: Gute Projekte zeichnen sich immer durch ein gewisses Maß an Überstunden aus. Aber ich halte den Trend für ungesund, der sich hier abzeichnet. Die Überstunden steigen zu früh an; sie lassen sich auf Dauer nicht in diesem Umfang durchhalten. Ich mache mir Sorgen, daß wir die Spitze erreichen, noch ehe die Zeit für maximalen Einsatz gekommen ist, und dann nachlassen, wenn die Leute ausbrennen und nicht mehr können. Das ist mein Gefühl im Bauch.«

Mr. Tompkins reagierte, wie er auf diesen Satz immer reagierte. »Dann sollten wir versuchen, Ihr Gefühl im Bauch als Modell auszudrücken. Lassen Sie uns heute Nachmittag daran arbeiten. Wir modellieren so gut wir können die Effekte von Überstunden und Streß auf die Produktivität. Dann wissen wir, inwieweit die Produktivität der Leute eine Funktion des Drucks ist, der auf sie ausgeübt wird.«

»Einverstanden,« sagte Belinda. »Und wenn wir schon dabei sind: Waldo sollte sich auch mit dem Thema beschäftigen.«

»Waldo? Was hat er damit zu tun?«

»Er soll sich seine archäologischen Daten ansehen und Projekte herausfiltern, die unter besonders hohem bzw. besonders niedrigem Druck standen, und ihre Produktivität vergleichen. Wir können mit seinen Daten unser Modell verfeinern und justieren.«

Ein paar Stunden später hatte sich Belinda ein erstes Modell für die Auswirkungen von Druck ausgedacht. Es befand sich jedoch in einem so embryonalen Stadium, daß sie zögerte, es in den Simulator einzugeben. Statt dessen skizzierte sie es auf Websters Weißtafel. Neben das mentale Modell, das sie in Beloks Kopf vermutete, zeichnete sie ihr eigenes Modell:

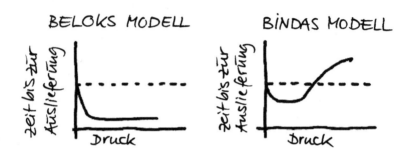

»Zunächst einmal müssen wir ein paar Maße für Druck entwickeln«, begann sie. »Wir könnten eine hypothetische Metrik zugrundelegen, die den tatsächlichen Liefertermin mit dem ursprünglich vorgegebenen Liefertermin vergleicht. Außerdem könnten wir eine Komponente für Überstunden einbauen. Das wäre ein synthetischer Indikator für Druck. Nennen wir ihn D.«

»Okay. Meinem Modell zufolge bewirkt ein zunehmendes D anfangs einen erheblichen Produktivitätsschub. Die Leute in unserer Branche sind süchtig nach Druck und sprechen darauf an, zumindest solange er nicht übermächtig wird. Sie hängen sich rein und knien sich in die Arbeit. Meinem Modell zufolge führt sanfter Druck zu einer Produktivitätsverbesserung von fünfundzwanzig Prozent, und die Entwicklungszeit wird um fünfundzwanzig Prozent verkürzt. Aber das setzt voraus, daß Sie wirklich nur sanften Druck ausüben. Etwas mehr Druck, und die Kurve flacht ab – der zusätzliche Druck bewirkt das Gegenteil von dem, was er soll. Noch etwas mehr, und Sie verlieren an Boden. Die Mitarbeiter sind erschöpft, sie brennen aus, sie werden mutlos. Noch mehr, und Sie beginnen, sie zu verlieren; wenn Sie die Daumenschrauben richtig anziehen, suchen die Leute scharenweise das Weite, und das Projekt geht den Bach hinunter.«

Sie wandte ihre Aufmerksamkeit dem Modell zu, das sie für Belok konstruiert hatte. »Hier sehen wir eine alternative Sicht. Das ist die Sicht eines Faschisten, eines Triezen-und-Treten-Managers. Er glaubt, Druck führe zu einer *gewaltigen*

15 Schnelldenker

Produktivitätsverbesserung, zu einer Reduzierung der Entwicklungszeit um die Hälfte oder noch mehr. Aber zuviel Druck, das zeigt das Modell, nützt nichts – die Mitarbeiter können nicht noch schneller arbeiten –, aber er schadet auch nichts. Da man nicht wissen kann, an welcher Stelle die Kurve abknickt, macht man lieber zuviel Druck als zu wenig. Je mehr man die Daumenschrauben anzieht, desto sicherer weiß man, daß sie so hart arbeiten, wie sie nur können. Man macht Druck, indem man einen absurden Termin vorgibt, und obwohl sie den Termin um ein Jahr oder mehr versäumen, hat man zumindest sichergestellt, daß sie auf Hochtouren gearbeitet haben.«

»Sie und Minister Belok scheinen sich über die ersten zwei Prozent der Kurve einig zu sein.«

»Niemand kann hundertprozentig daneben liegen, nicht einmal Belok.«

Webster starrte unbehaglich auf Beloks Kurve. Kein Wunder, daß der Mann sich so benahm, wenn es wirklich das war, woran er glaubte. »Er scheint zu denken, daß Entwickler nur dann hart arbeiten, wenn sie unter bedrohlichem Druck stehen; je früher er das Produkt will, desto schlimmer sind die Strafen, mit denen er droht.

»Strafe ...« Belinda wich von der Tafel zurück. Sie setzte sich abrupt hin. Ihr Gesicht war blaß. Sie starrte den Graphen nachdenklich an. Schließlich sagte sie: »Mein Gott.«

»Was?«

»Strafe. Das ist der Graph eines Kindesmißhandlers, Webster. So denken Eltern, die ihre Kinder mißhandeln. Ersetzen wir Druck durch Strafe, D durch S ...« Sie ging zurück an die Tafel und beschriftete die Achsen neu. »Und an der Vertikalen ersetzen wir *Zeit bis zur Auslieferung* durch *Ungezogenheit*.

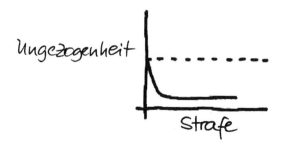

»Das ist die Weltsicht von Eltern, die nach dem Motto erziehen: Wer sein Kind liebt, der züchtigt es«, fuhr Belinda fort. »Sehen Sie es nicht? Je öfter und je härter sie das Kind schlagen, desto weniger ungezogen benimmt es sich. Bis zusätzliche Strafe irgendwann keine Wirkung mehr zeigt; das Kind kann nicht mehr. Aber die zusätzliche Strafe, ganz egal, wie hart sie ausfällt, richtet auch keinen sichtbaren Schaden an. Also sagen sich die Eltern: Lieber zu viel als zu wenig Härte. Mein Gott.«

Mr. T. ging zur Weißtafel hinüber und löschte das Kurvenende. Dann zeichnete er es neu, so daß es steil nach oben zeigte. Während er zeichnete, konnte er förmlich spüren, wie die Spannung von Belinda wich. »Mißhandelte Kinder benehmen sich nicht besser«, sagte er leise. »Sie benehmen sich schlechter, viel schlechter sogar.«

»Natürlich. Sie lernen nur, es besser zu verbergen.«

»So ist es.«

»Löschen Sie das verdammte Ding, Webster. Es ist zu deprimierend.«

Belinda sah noch immer angespannt aus. Er ging zu ihr hinüber und setzte sich auf den Stuhl neben sie. Es war an der Zeit, sie etwas aufzuheitern. »Übrigens, Seafood, mein alter Kater, ist genauso. Er weiß ganz genau, daß er seine Krallen nicht am Perserteppich schärfen darf. Aber er macht es trotzdem. Aber während er kratzt, legt er seine Ohren nach hinten: er weiß ganz genau, daß er etwas Verbotenes tut. Deshalb behält er mich im Auge, für den Fall, daß ich ihn anschreien oder die Zeitung nach ihm werfen sollte.«

Sie blieb ernst. »Genauso verhält sich ein mißhandeltes Kind. Es weiß, was schlecht ist, aber es hat kein schlechtes Gewissen, es trotzdem zu tun. Es kennt keine moralischen Skrupel. Es geht ihm nur darum, nicht erwischt zu werden.«

Seine Katzengeschichte hatte in eine andere Richtung geführt, als er beabsichtigt hatte. »Natürlich habe ich Seafood nie bestraft«, beeilte er sich zu erklären.

Belinda lächelte. »Nein. Wahrscheinlich nicht. Bei Kindern oder auch bei Hunden kann ein solches Verhalten darauf hindeuten, daß sie in der Vergangenheit mißhandelt wurden. Aber Katzen sind anders. Katzen sind von Natur aus zynisch.«

Nachdem Waldo seine archäologischen Daten über Projekte unter Druck durchforstet und seine Erkenntnisse auf Folien dargestellt hatte, stellte er einen Overhead-Projektor auf und wartete, bis Webster und Belinda es sich bequem gemacht hatten. Dann trug er seine Erkenntnisse vor.

15 Schnelldenker 167

»Wir haben vierzehn Projekte aus unserer Datenbank ausgewählt«, sagte er. »Lauter Projekte, wie Sie sich erinnern, die von unseren Mitarbeitern hier in Aidrivoli in den letzten drei oder vier Jahren abgeschlossen wurden. Wir hatten die Größe der entwickelten Produkte bereits berechnet und das Ergebnis in Funktionspunkten ausgedrückt. Dann haben wir das tatsächliche Lieferdatum für jedes Projekt geplottet und daraus eine Trendlinie abgeleitet, die die Zeit in Kalendermonaten zeigt, die es typischerweise dauert, Produkte einer gegebenen Größe fertigzustellen. Das Ergebnis sah so aus«, sagte Waldo.

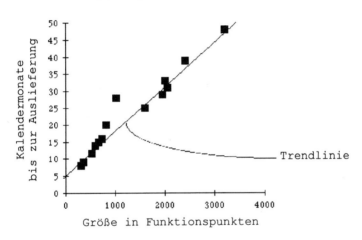

»Als nächstes«, fuhr Waldo fort, »haben wir die Trendlinie hergenommen, um die nominale erwartete Fertigstellungszeit für jedes der vierzehn Projekte zu errechnen. Wir haben mittlerweile mehr als dreißig Projekte erforscht. Deshalb fragen Sie sich vielleicht, warum wir ausgerechnet diese vierzehn für Sie ausgewählt haben. Der Grund dafür ist: Sie waren die Projekte, die die meisten Spuren hinterlassen haben. Wir konnten zum Beispiel für jedes von ihnen die gesamte Planungsgeschichte rekonstruieren, einschließlich des ursprünglichen offiziellen Liefertermins und jeder nachfolgenden Terminverschiebung. Auf dieser Basis haben wir die durchschnittlich erwartete Fertigstellungszeit während des Projektverlaufs berechnet. Das haben wir für alle vierzehn Projekte durchexerziert. Hier sehen Sie einen Teil der Ergebnisse.« Er zeigte ihnen die nächste Folie.

Projekt-nummer	Nominal benötigte Zeit bis zur Auslieferung (Berechnet)	Durchschnittlich erwartete Zeit bis zur Auslieferung (offiziell)	Verhältnis (Nominal/Erwartet)
9401	18 Monate	14 Monate	1,28
9404	10 Monate	9 Monate	1,11
9405	7 Monate	7 Monate	1,00
9408	34 Monate	22 Monate	1,54
9501	29 Monate	12 Monate	2,41

»Wahrscheinlich wissen Sie schon, worauf ich hinaus will. Wir kamen zu dem Schluß, daß Nominal/Erwartet ein gutes Maß für Druck sein müßte. Sie haben uns gebeten, die Wirkungen von Druck zu erforschen. Deshalb haben wir uns die tatsächliche Leistung der vierzehn Projekte als Funktion ihrer jeweiligen Nominal/Erwartet-Werte angesehen.« Er zeigte die nächste Folie. »Das haben wir herausgefunden.«

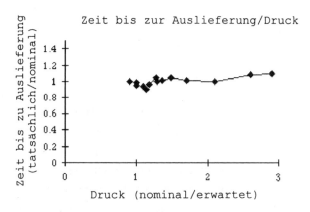

»Einen Moment mal, die Kurve ist praktisch flach«, wunderte sich Mr. Tompkins.

»Richtig. Im Grunde hat Druck überhaupt keine Auswirkung.«

»Das ist verrückt«, sagte Belinda. Sie ging zum Projektor hinüber und drehte ihn um neunzig Grad, so daß er sein Bild auf die Weißtafel statt auf die leere Wand warf. Dann richtete sie ihn so aus, daß Waldos Graph ihren eigenen praktisch überlagerte:

15 Schnelldenker

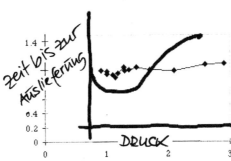

»Zwei Fragen habe ich dazu«, fuhr sie fort. »Warum bekommen wir im linken Teil des Graphen keinen größeren Produktivitätsschub, wenn wir den Druck angemessen erhöhen? Und warum steigen hier auf der rechten Seite die Leute nicht aus, wenn der Druck immer weiter erhöht wird?«

Es klopfte, und Mrs. Beerzig führte Gabriel Markov und Aristoteles Kenoros herein.

Belinda wandte sich direkt an Kenoros: »Was meinen Sie, Aristoteles? Warum steigen die Leute nicht aus, wenn der Druck wirklich bedrohlich und unrealistisch wird? Okay, einige wenige tun es, aber es sieht so aus, als würde der Kern bleiben, ganz egal, wie schlimm es wird. Warum?«

»Zynismus«, sagte er. »Programmierer sind von Natur aus zynisch.«

»Wie Katzen«, warf Mr. Tompkins ein.

»Genau, wie Katzen. Schauen Sie, Sie haben es doch selbst erlebt, Belinda. Jemand gibt Ihnen einen unrealistischen Termin vor. Wie reagieren Sie? Sie denken: Was soll's. So ist das Leben. Sie nehmen ihn nicht ernst: Aha. Sonst noch was? Habe ich recht?«

Sie zuckte mit den Schultern: »Vielleicht. Programmierer und Katzen«, sagte sie und deutete auf Waldos Graph. »Und wie interpretieren Sie den Bereich 1? Ich hätte gedacht, daß wir mit sanftem Druck zumindest eine gewisse Wirkung erzielen könnten. Vielleicht fünfundzwanzig, mindestens aber fünfzehn Prozent. Aber Waldos Daten zeigen, daß wir so gut wie nichts erreichen.«

»Bestenfalls sechs Prozent«, informierte sie Waldo. »Natürlich ist in den Daten ein gewisses Rauschen enthalten. Die Wahrheit liegt irgendwo zwischen sechs Prozent plus und vielleicht drei Prozent minus.«

»Fast nichts. Ich frage mich, warum.«
»Ich frage mich, warum«, echote Mr. T.
Ein langes Schweigen.
»Fragen wir also das Orakel«, sagte Kenoros.

Als er die Mail abgesandt hatte, schrieb Mr. T. einen Filterbefehl: An seiner Workstation sollte ein Piepston ertönen, sobald eine Antwort kam, in deren Absender das Wort »Orakel« enthalten war. Er sah auf die Uhr. »Ich glaube nicht, daß wir vor morgen eine Antwort haben. Zu dumm. Ich brenne darauf zu erfahren, wie er das Phänomen erklärt.« Er drückte die Return-Taste, um den Filter zu bestätigen. Ein Piepston ertönte.
»Was ist das denn? Hey, er hat schon geantwortet.«
»Es ist eben kein Feld-Wald-und-Wiesen-Orakel«, sagte Kenoros.
Sie drängten sich um den Bildschirm herum. Die Nachricht bestand hauptsächlich aus dem Header. Die eigentliche Antwort des Orakels war gerade mal eine Zeile lang:

Date: 1 September 07:55:42 -0400
From: Das Orakel <oracle@lister.com>
MIME-Version: 1.0
To: webster@morovien.com
Subject: Re: Druck und Produktivität

Am 1. September schrieben Sie:
>Warum erschöpft sich die Wirkung von Druck auf Programmierer
>bereits nach einem Produktivitätszuwachs von 6%?

Meine Antwort:

    LEUTE, DIE UNTER DRUCK STEHEN, DENKEN NICHT SCHNELLER.

Freundliche Grüße

    Das Orakel

Sie gingen zurück in die Sitzecke und ließen sich in die Polster fallen – Belinda, Webster, Aristoteles, Gabriel und Waldo. Lange sagte niemand etwas.

Schließlich wiederholte Aristoteles: »Es ist eben kein Feld-Wald-und-Wiesen-Orakel.« Niemand antwortete ihm.

Webster brach das Schweigen: »Wie nennt man einen Menschen, der einem etwas sagt, was man schon seit hundert Jahren hätte wissen sollen, aber trotzdem nicht gewußt hat?«

»Ein Genie«, bot Belinda an. Die anderen nickten.

»Unsere ganze Druck-Theorie ist Schrott«, sagte Gabriel. »Jedermanns Druck-Theorie...«

»Das heißt«, unterbrach Belinda, »die herrschende Standardtheorie zur Produktivitätsverbesserung. Wir reden alle schlau über die Dinge, die möglicherweise die Produktivität erhöhen. Aber wenn es wirklich ernst wird, was machen wir dann? Druck. Mehr scheint den meisten Managern nicht einzufallen.«

»Sie verhalten sich wie ein Pony, das nur einen einzigen Trick beherrscht.« Gabriel lächelte sein breites Goldzahn-Lächeln. »Kein Wunder, daß wir Manager so hoch bezahlt sind.«

Mr. T. hatte die Bedeutung der Botschaft des Orakels noch immer nicht verdaut. »Also, wenn die Leute unter Druck nicht schneller denken – und wer könnte das leugnen? – bleibt als einzige Wirkung, daß sie mehr Stunden am Tag arbeiten. Kein Wunder, daß wir keine größeren Produktivitätszuwächse sehen. Schon ein Zuwachs von fünfzehn Prozent würde bedeuten, daß das ganze Team kontinuierlich Überstunden von sechs oder sieben Stunden in der Woche schiebt, Woche für Woche. Das sind enorm viele Überstunden. Wahrscheinlich zu viele, um praktikabel zu sein. Und selbst das würde uns nicht groß voranbringen. Waldo, warum schütteln Sie den Kopf?«

»Weil wir uns die Wirkungen von Überstunden angesehen haben. Wir dachten, wir sollten Überstunden als Faktor in unsere Druck-Messungen aufnehmen, aber dann haben wir gesehen, daß Überstunden überhaupt keine Wirkung zeigen.«

»Was?«

»Wir haben eine ganz simple Analyse durchgeführt. Wir haben einfach alle Projekte in unserer Datenbank, bei denen bezahlte oder unbezahlte Überstunden angefallen sind, mit denen ohne Überstunden verglichen. Wir haben die Produktivität in Funktionspunkten per Mitarbeitermonat berechnet. Die Projekte ohne Überstunden hatten eine etwas höhere Produktivität. Nicht viel, nur ein paar Prozentpunkte.«

Gabriel unterbrach ihn. »Nicht so schnell, Waldo. Sie wollen sicher sagen: Die Produktivität pro *Stunde* war gleich, nicht die Produktivität pro Monat. Und da die Leute, die Mehrarbeit leisteten, mehr Stunden mit diesem Wert arbeiteten, war ihre Gesamtproduktivität bezogen auf den ganzen Monat um diese zusätzliche Stundenzahl höher. Nein?«

»Nein. Die Leute, die 190 Stunden im Monat arbeiteten, haben insgesamt etwas mehr geleistet als die, die 200 Stunden gearbeitet haben, und noch etwas mehr als die, die 210 oder 220 Stunden im Büro waren. Es tut mir leid, ich weiß, das sind nicht die Daten, die Sie erwartet haben. Aber sie sind hieb- und stichfest.«

»Leute«, beruhigte sie Aristoteles. »Das ist doch nichts Neues. Das haben wir doch insgeheim alle gewußt. Mehrarbeit über einen längeren Zeitraum hinweg ist eine Methode zur Produktivitätssenkung.«

Alle dachten nach. »Doch, ich kann das glauben«, sagte Belinda schließlich. »Wir alle wissen, daß Überstunden ihre Nachteile haben: Burnout, verschwendete Energie, eine erhöhte Fehlerquote ...«

»Zeitverschwendung während des normalen Arbeitstages«, fügte Aristoteles hinzu.

»Warum das denn?«

»Weil die Leute sich einreden, es sei in Ordnung, stundenlang in Besprechungen zu sitzen und Unterbrechungen hinzunehmen: Sie trösten sich damit, die Zeit am Abend hereinholen zu können.«

»Gut möglich. Wenn man ihnen sagen würde, daß Überstunden nicht erlaubt sind, müßten sie sich auf das Wesentliche konzentrieren.«

»Das stimmt.«

»Okay, fügen wir es der Negativliste hinzu. Aus Waldos Zahlen wissen wir, daß die Nachteile die zusätzliche Arbeit, die die Leute in Überstunden leisten, mehr als zunichte machen. Wie Aristoteles schon sagte, haben wir das im Grunde unseres Herzens doch alle gewußt.«

»Und was soll ein Manager dann tun?« fragte Mr. Tompkins mit belegter Stimme.

»Etwas anderes«, antwortete Belinda. »Etwas viel Schwierigeres: Personal beschaffen, die Mitarbeiter motivieren, für Teamdynamik sorgen, gute Leute bei der Stange halten, ineffiziente Methoden verbessern, weniger Besprechungen abhalten, die Zahl der Überstunden reduzieren, übertriebenes Dokumentieren verhindern.«

15 Schnelldenker

Mr. Tompkins war einigermaßen entsetzt. »Wollen Sie damit sagen, wir sollten, wenn Mehrarbeit wirklich kontraproduktiv ist, die Leute abends nach Hause schicken?«

»Das sollten wir. Und ich tue das auch, ehrlich gesagt.«

»Belinda? Sie? Sie werfen sie einfach hinaus?«

»Ja. Ich habe das früher nie gemacht, aber seit meinem eigenen Burnout bin ich bekehrt. Ich sehe, daß die Leute zu lange bleiben, und werfe sie hinaus. Ich sage ihnen, daß ich in zehn Minuten das Licht ausschalte. Und das mache ich dann auch. Im Ernst. Langsam denke ich nämlich, daß ich immer noch eine berufstätige Frau wäre, wenn jemand den Verstand besessen hätte, mich gelegentlich heimzuschicken, als ich zu viele Extrastunden gearbeitet habe.«

»Falls Sie es noch nicht bemerkt haben sollten, Belinda«, informierte Gabriel sie, »Sie sind wieder eine berufstätige Frau. Sie waren diese Woche jeden Tag um acht Uhr hier, und Sie sind den ganzen Tag geblieben.«

»Aha«, rief Mr. T. »Und jetzt ist es ... halb sechs! Sie machen Überstunden, meine Liebe. Fürsorgender Manager, der ich bin, gebe Ihnen hiermit den Befehl, nach Hause zu verschwinden. Ab mit Ihnen.« Er wies mit dem Finger zur Tür.

»Danke, Webster. Das ist lieb. Aber mir macht mein Job hier so viel Spaß, daß ich keine Lust habe zu gehen.«

»Raus«, sagte er streng. »Spaß ist keine Entschuldigung. Das behaupten sie alle, die Leute, die Sie abends rausschmeißen.«

Sie gab sich geschlagen. »Wo Sie recht haben, haben Sie recht«, sagte sie, stand auf und sammelte ihre Notizen ein. »Okay, Leute, bis morgen dann.«

»Heim zu Ihrem Einkaufswagen«, rief Webster ihr boshaft nach.

Sie streckte ihm die Zunge heraus. »Nein, mit dem Einkaufswagen ist jetzt Schluß. Ich gehe zurück ins Residence und gönne mir ein schönes, langes Bad.«

»Und das gleiche gilt für alle anderen: Raus«, sagte Mr. Tompkins. »Nach Hause. Jeder geht jetzt nach Hause. Ich auch. Ich glaube, ich hole mir meine Badehose und gehe hinunter zum Strand, schwimmen. Licht aus in zehn Minuten.«

Das würde er machen. Er würde in zehn Minuten gehen. Sobald die anderen fort waren, griff er zu Füllfederhalter und Tagebuch, um noch ein paar schnelle Eintragungen zu machen.

Aus Mr. Tompkins' Tagebuch:

Die Auswirkungen von Druck:

- ☐ Menschen unter Druck denken nicht schneller.
- ☐ Mehrarbeit über einen längeren Zeitraum hinweg ist eine Methode zur Produktivitätssenkung.
- ☐ Kurze Perioden der Anspannung und sogar der Mehrarbeit können eine sinnvolle Taktik sein, weil sie die Konzentration der Mitarbeiter bündeln und das Gefühl für die Wichtigkeit der Arbeit erhöhen. Mehrarbeit über einen längeren Zeitraum hinweg aber ist immer ein Fehler.
- ☐ Vielleicht setzen Manager Druck deshalb so oft ein, weil sie nicht wissen, was sie sonst tun sollen, oder die schwierigeren Alternativen scheuen.
- ☐ Ein schrecklicher Verdacht: Möglicherweise steckt hinter Druck und Mehrarbeit der Grund, daß im Falle eines Scheiterns niemandem ein Vorwurf gemacht werden kann.

16
Die Planung der Sommerspiele

Nach dem Frühstück lief Seafood gerne auf die Terasse hinaus, um von dort aus über einen schmalen Mauervorsprung entlang an das äußerste Ende des Gebäudes zu spazieren, wo Lahksa immer ihre Terassentür für ihn offen ließ, wenn sie im Land war. Zur Zeit war ihre Suite natürlich hermetisch verriegelt, wie schon seit Anfang April, als Belok auf der Bildfläche erschienen war. Es dauerte deshalb nicht lange, bis Seafood wieder auf der Matte stand. Er schaute Mr. Tompkins beleidigt an und miaute kläglich.

»Ich weiß, ich weiß. Ich vermisse sie auch. Und ich habe keine Ahnung, wann sie zurückkommen wird.«

Später an diesem Tag gab es dann doch Neuigkeiten von Lahksa, wenn auch nur sehr indirekt. Als Mr. Tompkins ins Büro kam, wartete dort ein riesiger Stapel schwarzer Ringbücher mit Dokumentationsunterlagen auf ihn. Obenauf lag einer der geprägten Briefbögen des Minsteriums für Innere Angelegenheiten mit einer Begleitnotiz. In energischer und fast, aber nicht ganz, unleserlicher Handschrift stand dort zu lesen: »Ich habe die Hoolihan beauftragt, das aus den Staaten für mich zu beschaffen. Mit diesem Vorsprung gibt es keine Entschuldigung, den Termin Sommer 2000 nicht einzuhalten.« Das Schreiben war mit einem schwungvollen »Belok« unterzeichnet.

Außerdem wartete Aristoteles Kenoros auf ihn. Eines der schwarzen Ringbücher lag aufgeschlagen auf seinem Schoß. Er blickte hoch. »Spezifikationen aus den NASPlan-Verträgen der FAA, der amerikanischen Luftfahrtbehörde«, informierte er ihn.

Tompkins stöhnte. »Nicht die amerikanischen NASPlan-Spezifikationen. Alle diese Projekte endeten in einem Rechtsstreit.«

»Exakt. Das alles sind gerichtlich beschlagnahmte Dokumente. Sie sind übersät mit amtlichen Siegeln.«

»Wenn uns Belok wirklich hätte helfen wollen, hätte er die Spezifikationen des französischen Systems oder meinetwegen auch des spanischen Systems stehlen lassen sollen. Diese Projekte haben immerhin Ergebnisse produziert. Aber die hier ...«

»Die gute Nachricht lautet: Sie liegen uns vollständig vor. Ich habe es nachgeprüft. Wir haben eine Spezifikation für jede einzelne Komponente. Immerhin besteht die Möglichkeit, daß Projekte, die als Desaster endeten, wenigstens anständige Spezifikationen zustande gebracht haben. Denkbar ist es zumindest.«

»Hmm.«

»Die Chance steht ungefähr eins zu eine Million, aber immerhin ...«

»Was soll's, ich nehme an, selbst völlig unzureichende Spezifikationen sind besser als gar keine. Man sollte meinen, schon eine ausführliche Liste der Komponenten könnte recht hilfreich sein. Ich zähle darauf, Aristoteles, daß Sie uns auch beim Flugsicherungsprojekt unter die Arme greifen. Später, in der Entwurfsphase, meine ich. Bis dahin sollten die anderen Projekte aus dem Gröbsten heraus sein.«

»Klar, jederzeit. Ich helfe Ihnen gerne. Sehr amüsante Arbeit, Flugzeuge in der Luft zu jonglieren. Ein nettes Projekt, wenn es keinen Termin gibt.«

»Aber natürlich gibt es einen Termin. Einen festen und sehr aggressiven Termin.«

»Natürlich. Ich dachte nur, daß es irgendwo auf dieser Erde ein Projekt gibt, das auf Qualität statt Zeit setzt. Aber das wäre wohl zu schön, um wahr zu sein. Aber Sie verstehen, warum ich diesem Wunschgedanken erlegen bin. Ein Flugsicherungssystem würde sich doch geradezu dafür anbieten. Man müßte meinen, das Management würde bei so einem Projekt sagen: »Hey, Leute, laßt euch Zeit, es eilt nicht. Wirklich nicht, Hauptsache, ihr bekommt die Sache richtig hin. Laßt euch alle Zeit, die ihr braucht.«

»Keine Chance.«

»Ich fürchte, ich bin ein hoffnungsloser Idealist.«

»Aber wir haben ein exzellentes Team für Sie. Ich sagte zu Gabriel das Zauberwort Flugsicherungssystem, und er nannte mir auf Anhieb sieben Leute, die bei dem spanischen System mitgearbeitet haben. Ich nahm das als gutes Zeichen und habe sie eingestellt. Und sie sind wirklich gut.«

»Noch eine gute Nachricht also. Und jetzt zu der schlechten Nachricht: Sie betrifft nicht das FS-Projekt, sondern eines der anderen. Sie werden Probleme bekommen.«

»Was soll daran neu sein?«

16 Die Planung der Sommerspiele

»Es handelt sich um ein neues Problem. PMill-A. Sie haben dort einen zornigen jungen Manager sitzen.«

»Ach. Tatsächlich?«

»Er wird ausfallend. Ausfallend und laut. Zornig und laut. Die Leute fangen an, ihn zu fürchten.«

PMill-A wurde von Osmun Gradish geleitet, einem angenehmen, freundlichen jungen Manager. Es war schwer vorstellbar, daß er ausfallend werden konnte. »Ich gehe heute nachmittag hinüber und rede mit ihm«, sagte Mr. Tompkins. »In der Zwischenzeit bitte ich Sie, mir mit diesen Büchern zu helfen, Aristoteles. Wir bringen Sie dem FS-Team unten vorbei. Ich bin wild entschlossen, diese Spezifikationen optimistisch zu betrachten. Denken wir positiv, etwas anderes bleibt uns nicht übrig. Wenn diese Spezifikationen uns keinen Vorsprung verschaffen, wird der Sommer 2000 ein riesiges Fiasko werden.«

Mit vereinten Kräften luden sie sich die schwarzen Ringbücher auf. Mr. Tompkins sammelte sie ein und packte sie auf Aristoteles' ausgestreckte Arme. Den Rest übernahm er selbst, bis nur noch ein Ringordner übrig war. Schwerbeladen bückte Mr. T. sich vor und schaffte es, sich auch noch den letzten Ordner unter den Arm zu klemmen. »Warum tun wir das?« fragte er Kenoros. »Warum laden wir uns diese Zusatzarbeit mit dem FS-System auf? Wir waren auch ohne Beloks neueste Schnapsidee schon überlastet.«

Kenoros' Stimme kam dumpf hinter dem Stapel schwarzer Ringordner hervor. »Wir laden uns zu viel auf«, sagte die Stimme, »weil wir Angst haben, wir könnten zu wenig tun.«

Auf den ersten Blick wirkte Osmun Gradish noch immer angenehm und freundlich. Aber um seinen Mund herum zeichnete sich ein gestreßter Zug ab. Mehr war zunächst nicht zu erkennen. Tompkins lud sich ein, an der wöchentlichen Mitarbeiterbesprechung des PMill-A-Projekts teilzunehmen. Außerdem anwesend war die Produktmanagerin für PMill: Melissa Alber, die Chefin von Gradish. Nach der Besprechung trank Mr. T. draußen auf der Terrasse vor Aidrivoli-1 einen Kaffee mit Ms. Alber.

»Also, was ist denn eigentlich los mit PMill-A?«

»Ach, Webster. Nichts Gutes. Osmun macht der Streß zu schaffen.«

Mr. T. schüttelte den Kopf. »Das nehme ich ihm nicht übel. Als Reaktion auf die Forderung, die A-Teams mit viel zu vielen Mitarbeitern ausstatten und unter massiven Druck setzen zu müssen, haben wir B- und C-Teams gebildet. Wenn ich jetzt mal schlecht drauf bin, schaue ich einfach bei Notate-C oder PShop-C oder QuickerStill-B oder einem der anderen Projekte vorbei.«

»Ich auch.«

»Die A-Team-Manager können sich diesen Luxus nicht leisten. Wir behandeln sie als Bauernopfer, und das ist für die Bauern schwer zu ertragen.«

»Das ist es.«

»Wie schlimm ist es? Sagen Sie mir die Wahrheit.«

»Er kann extrem beißend sein«, sagte Melissa. »Manchmal schreit er. Sein Gesicht läuft rot an. Er putzt Mitarbeiter im Beisein anderer herunter.«

»Gibt es etwas anderes, das ihm zu schaffen macht, was meinen Sie? Etwas anderes als der Druck?«

»Er will nicht darüber reden, aber ich glaube es nicht, Webster. Wissen Sie, was er zu mir gesagt hat? Daß Quirk-A den Termin würde halten können. Er fürchtet, womöglich der einzige zu sein, der hinterherhinkt. Ich glaube, das ist es, was an ihm nagt.«

»Soll ich mit ihm reden?«

»Vielleicht später. Lassen Sie es mich erst noch mal versuchen.«

»Wie Sie möchten.«

»Ach ja, und ich habe ein paar Versetzungsanträge hereinbekommen. Die Mitarbeiter bitten darum, von PMill-A wegversetzt zu werden. Ich weiß nicht genau, wie ich ...«

»Lassen Sie mich eine Weile darüber nachdenken.«

»Wissen Sie, Webster, Sie sagen, daß die A-Projekte Bauernopfer sind. Aber so sollten wir nicht von ihnen denken. Wir sollten sie als Form der Weiterbildung betrachten. Selbst wenn die Arbeit frustrierend ist und die Termine unmöglich eingehalten werden können: Das Team lernt, zusammenzuarbeiten. Ein gesundes und verschworenes PMill-A-Team wäre eine Trumpfkarte, wenn der nächste große Auftrag kommt.«

»Ich weiß. Ich denke an das Flugsicherungsprojekt. Wenn es in die Implementierungsphase kommt, brauchen wir funktionierende Arbeitsgruppen, die wir dafür einsetzen können. Osmuns Team ist für dieses Projekt nicht ideal – jedenfalls bringt es keine einschlägigen Erfahrungen dafür mit. Trotzdem wird es viele Aufgaben geben, die wir seinen Leuten übertragen können. Sie könnten wirklich, wie Sie sagen, eine Trumpfkarte sein.«

»Das werden sie, wenn sie je zu einem verschworenen Team zusammenwachsen. Ich brauche Ihnen nicht zu sagen, daß aus Entwicklergruppen, denen es an

Anerkennung mangelt, normalerweise keine besonders starken Teams werden. So wie es im Moment aussieht, habe ich keine großen Hoffnungen für PMill-A ...«

Belinda hatte in den letzten Tagen mit der Projektgruppe für das Flugsicherungssystem gearbeitet. Im Moment befaßte sich die ganze Gruppe eingehend mit einer der illegal beschafften FAA-Spezifikationen – genauer gesagt, mit der Spezifikation des Funksteuerungssystems. Obwohl noch in keinster Weise feststand, wie aufwendig das morovische Funksteuerungssystem sein würde, war doch eines klar: Es mußte auf jeden Fall Funkkontakt zu den Flugzeugen aufnehmen können; die FSS-Komponente war also eine eindeutige Anforderung. Webster hatte sich drei Stunden Zeit genommen, um sich die FSS-Spezifikation anzusehen, bevor er sich der Gruppe am späten Nachmittag anschloß.

»Hi, Boss.« Belinda machte einen auffallend aufgekratzten Eindruck. Um so gedrückter wirkte der Rest der Gruppe. Selbst der Leiter des Teams, Gulliver Menendez, ließ heute seinen üblichen Enthusiasmus vermissen. Um der Wahrheit die Ehre zu geben: Er wirkte ziemlich mitgenommen.

»Okay, hier ist die Frage des Tages, Webster: Was halten Sie von der Spezifikation?« Belinda grinste.

Mr. T. fühlte sich latent in die Defensive gedrängt. Die Wahrheit war: Er hatte von dem Gelesenen kein Wort verstanden. »Also, ich hatte eigentlich nur ein paar Stunden ...«

»Das ist okay. Was halten Sie davon, nachdem Sie die ersten paar Stunden darin gelesen haben?«

»Na ja, also ich würde mal sagen, daß im Prinzip, daß diese Spezifikation im Prinzip, wie soll ich es sagen?«

»Genau. Wie?«

»Natürlich steht es außer Zweifel, daß das System, das hier spezifiziert ist, ziemlich komplex ist. Aber daß es, äh, daß die Spezifikation der Komplexität angemessen Rechnung zu tragen scheint, und ich denke, daß, ich muß sagen, daß, obwohl ich vielleicht ein paar Stunden mehr brauche, um ...«

»In anderen Worten, Sie haben nur Bahnhof verstanden. Habe ich recht?«

»Äh, mehr oder weniger. Sehen Sie, ich denke, das ist die Art von Spezifikation, in die man sich wirklich hineindenken muß, und solange man das nicht getan hat, kann man natürlich auch die innere Logik nicht erkennen, die darin steckt. Sind Sie alle hier auch mehr oder weniger zu dieser Ansicht gekommen?«

Gulliver nickte mißgelaunt. »Ja, das ist mehr oder weniger die Ansicht, zu der wir neun gekommen sind. Aber Belinda sieht die Sache völlig anders.«

»Aha. Und wie sieht Belinda die Sache, wenn ich fragen darf?«

Sie amüsierte sich köstlich. »Das ist alles hanebüchener Unsinn, Webster. Von A bis Z hanebüchener Unsinn. Jede Seite ist von oben bis unten nichts als Unsinn.«

»Also, ich weiß nicht, ob man das so sagen kann. Schließlich wurde diese Spezifikation von ein paar ziemlich hoch angesiedelten Leuten geschrieben.«

»O ja. Das stimmt allerdings.«

»Und von der FAA gereviewt und akzeptiert.«

»Richtig. Die Verfasser der Spezifikation schrieben Unsinn, die Reviewer lasen Unsinn und die FAA akzeptierte Unsinn.«

Ihre Selbstgefälligkeit regte ihn auf. »Ich weiß nicht, wie Sie das sagen können. Ich meine, schließlich trat diese Spezifikation ein Projekt los, das mit Entwicklungskosten von über hundert Millionen Dollar verbunden war.«

»Einhundertsechzig Millionen Dollar. Ich habe nachgeschaut.«

»Na also. Sehen Sie. Niemand gibt so viel Geld aus, um eine Spezifikation zu implementieren, die niemand versteht.«

»Nein? Darf ich Ihnen eine Testfrage stellen? Sie haben sich mit der Spezifikation – sagen wir, zwei Stunden lang? – beschäftigt.«

»Eigentlich waren es drei.«

»Das heißt, Sie müssen sie zumindest einmal ganz durchgelesen haben.«

»*Sehr* oberflächlich, ja. Und dann habe ich sie nochmal oberflächlich überflogen.«

»Okay. Sagen Sie mir, ist das System mit einer Tastatur verbunden?«

»Hm«, Mr. Tompkins durchströmte das panische Gefühl eines Prüflings, der merkt, daß er ein wichtiges Kapitel des Textes nicht gelesen hat, und daß alle Fragen sich auf dieses eine Kapitel beziehen. »Also ... davon ist mir nichts bekannt. Vielleicht stand das in einem der Teile, die ich besonders oberflächlich gelesen habe.«

Sie wandte sich den anderen zu. »Ihr habt euch doch alle den ganzen Tag damit beschäftigt, richtig? Ist jemandem aufgefallen, ob das System mit einer Tastatur verbunden ist?«

Alle zuckten ratlos die Schulter.

»Gute Frage«, antwortete Gulliver.

16 Die Planung der Sommerspiele

»Okay. Wir wissen es also nicht«, räumte Mr. Tompkins ein. »Die Frage bleibt offen. Bei Systemspezifikationen bleiben immer Fragen offen. Sie haben nicht bewiesen, daß die Spezifikation unbrauchbar ist, nur daß sie nicht perfekt ist. Und Perfektion konnten wir schließlich kaum erwarten.«

»Webster, denken Sie doch darüber nach, wonach ich Sie gefragt habe. Wir haben es hier mit einem Mehrprozessor-Hardware/Softwaresystem zu tun, in dessen Datenbank hunderte von Konfigurationsvariablen enthalten sind ...«

»Na also. Das alles wissen wir doch aus der Spezifikation. Es gibt Hardware und Software und eine Datenbank, die Unmengen von irgendwelchen Konfigurationsdaten enthält. Also hat die Spezifikation definitiv etwas gebracht. Sie ist kein kompletter Unsinn.«

»Aber wo kommen sie her, diese Konfigurationsvariablen?«

»Wie bitte?«

»Wie kommen sie in das System hinein?«

»Na ja, ich nehme an, sie kommen durch Bedienereingaben hinein; in dem Fall müßten wir annehmen, daß es ein Eingabemedium an der Konsole gibt. Oder vielleicht werden sie bei der Initialisierung zusammen mit der Software geladen. Oder vielleicht kommen sie aus einem der vorangeschalteten Systeme. Oder vielleicht baut die Software die Konfigurationsdatenbank während der Laufzeit auf, indem sie die Hardwarekomponenten anspricht und ihre Konfigurationsdaten protokolliert.«

»Genau. Das sind vier Möglichkeiten. Das System könnte eines von vier völlig unterschiedlichen Systemen sein, je nachdem welches der vier gewählt wird. Aber keines der vier wird gewählt. Die Spezifikation legt ganz einfach nicht fest, woher die Daten kommen. Oder, wenn wir schon dabei sind, welche Konfigurationsdaten genau in der Datenbank enthalten sein müssen. Und sie sagt nirgendwo explizit, welche Rekonfigurationsregeln gelten sollen, oder ob das System sich zur Laufzeit rekonfigurieren kann, oder wie die Funkfrequenzen geladen oder neu zugeordnet werden, oder wie Nachrichten ausgetauscht werden, oder ob es Punkt-zu-Mehrpunkt-Funkverbindungen gibt oder ...«

»Irgendetwas sonst«, nickte Gulliver. »Sie hat recht, Webster. Die Spezifikation spezifiziert nichts. Vor uns liegen dreihundert Seiten mit vagen Andeutungen.«

Er wußte, er wollte etwas über vage Spezifikationen in sein Tagebuch schreiben. Aber was? Nachdem er sich noch einmal eine Stunde mit dem Dokument auseinandergesetzt hatte, war ihm klar, wie recht Belinda hatte. Als Spezifikation war das Dokument völlig nutzlos; es legte sich einfach auf absolut nichts fest. Aber warum war es so geschrieben? War es wirklich eine Wissenschaft für sich, eine Systemspezifikation zu schreiben? Und warum hatte niemand außer Belinda ihre Hohlheit durchschaut – weder seine Leute noch die Mitarbeiter des FAA-Entwicklungsprojekts, das sich an der Implementierung des FSS versucht hatte? Selbst er war wider besseres Wissen bereit, den Grundsatz »im Zweifel für den Angeklagten« gelten zu lassen. Woran lag das? Er hatte zu seiner Zeit andere hoffnungslos vage Spezifikationen gesehen – und jede von ihnen war als Meilenstein eines Projekts akzeptiert worden, das schließlich scheiterte. Woran lag es, daß solche Spezifikationen geschrieben und abgesegnet wurden? Und warum wurden sie niemals durchschaut? Es war eine Art Detektivgeschichte: Das Geheimnis der vagen Spezifikation.

Er wußte, daß Belinda an einem warmen Herbstabend wie diesem vor dem Abendessen oft ihre Bahnen im Swimming-Pool des Residence schwamm. Dort hoffte er, sie jetzt zu finden. Und tatsächlich, da war sie. Geschmeidig glitt sie durch das Wasser. Mr. Tompkins machte es sich auf einem der Liegestühle bequem und sah ihr einen Moment lang zu. Ihre perfekten Wenden am Beckenende und ihre grenzenlose Energie erfüllten ihn mit Bewunderung. Sobald sie aus dem Wasser herauskam, wollte er sie in der Sache der vagen Spezifikationen um Rat fragen. Während er wartete, öffnete er sein Tagebuch auf der ersten leeren Seite, um seine Einsichten über Osmun festzuhalten, der merkwürdigerweise exakt das Verhalten an den Tag zu legen begann, dessen sich Belok bedient hatte, um ihn einzuschüchtern.

Aus Mr. Tompkins' Tagebuch:

Zornige Manager:

- ☐ Zorn und Verachtung im Management sind ansteckend. Wenn das höhere Management seine Macht mißbraucht, ahmt das mittlere Management dieses Verhalten nach (so wie aus mißhandelten Kindern oft mißhandelnde Eltern werden).

- ☐ Das Management glaubt, Geringschätzung würde die Mitarbeiter zu größeren Anstrengungen anspornen. Geringschätzung ist die Peitsche, die ein Zuckerbrot-und-Peitsche-Management am häufigsten einsetzt.

16 Die Planung der Sommerspiele

Dabei gibt es keinen Beweis dafür, daß Geringschätzung Menschen jemals zu größeren Leistungen angespornt hätte.
- ☐ Wenn ein Manager seine Mitarbeiter geringschätzig behandelt, um sie zu größeren Leistungen anzuspornen, so ist das eher ein Zeichen für die Unzulänglichkeit des Managers als für die der Mitarbeiter.

Leider wußte er noch immer nicht, warum zornige Manager zornig waren. Was brachte sie dazu, ausgerechnet dieses Gefühl nach außen zu tragen? Belok zum Beispiel schien ununterbrochen wütend zu sein. Aber warum? Auch so ein Rätsel. Mr. Tompkins hatte eigentlich vorgehabt, in seinem Tagebuch Einsichten über Management-Methoden und -Mechanismen festzuhalten. Jetzt aber fragte er sich, ob er nicht lieber ein Rätselbuch hätte schreiben sollen. Daran herrschte zumindest kein Mangel.

Mittlerweile war Belinda aus dem Pool gestiegen, zu ihm gekommen und dabei, sich abzutrocknen. »Hi, Boss. Was gibt's?«

»Sie tropfen auf mein Bein.«

»Oh, Entschuldigung.«

»Ich rätsle über Rätseln, wenn Sie mich so fragen. Wollen Sie mir dabei Gesellschaft leisten?«

»Klar.« Belinda breitete ihr Handtuch auf der Liege neben ihm aus und streckte sich darauf aus. »Wie heißt das Rätsel des Tages?«

Er lachte bitter. »Ich wollte, es gäbe nur eines. Fangen wir mit der Sache der vagen Spezifikation an. Ich habe dazu zwei Fragen: Warum wurde die FSS-Spezifikation so geschrieben? Und: Warum hat das niemand gemerkt? Das heißt, niemand außer Ihnen. Warum waren wir anderen so entschlossen zu glauben, daß die Unterlagen tatsächlich ein System spezifizieren, und daß es an uns und nicht an der Spezifikation liegt, wenn wir sie nicht verstehen?«

»Das ist eine schwierige Frage. Lassen Sie mich einen Aspekt herausgreifen, von dem ich glaube, daß ich ihn beantworten kann: Warum hat keiner aus unserem hochqualifizierten Team die Sache auffliegen lassen und gesagt: Diese Spezifikation ist Augenwischerei? Wenn die Spezifikation nicht so völlig unmöglich gewesen wäre, könnten wir sagen, sie waren einfach entschlossen, die Mängel der Spezifikation durch vermehrte Anstrengung auszugleichen. Das wäre eine professionelle Haltung gewesen, die unseren Respekt verdient hätte. Aber die FSS-Spezifikation ist eine Katastrophe. In einem Kurs über das Erstellen von Spezifikationen würde sie eine glatte Sechs bekommen. Warum hat das keiner gesagt?«

»Okay, warum?«

»Wenn es darum ginge, die Qualität der Spezifikation in einem Kurs über das Thema zu benoten, wüßte jeder von ihnen, daß er eine Sechs geben müßte. Aber sie hatten nicht das Gefühl, sich in der Position von Prüfern zu befinden. Sie befanden sich eher in einer Wettbewerbssituation.«

»Im Wettbewerb mit der Spezifikation?«

»Im Wettbewerb untereinander. Ich habe eine Theorie, Webster, daß wir alle innerlich Zweifel an unseren geistigen Fähigkeiten hegen. Ich spekuliere, daß wir eine Spezies mit einer ganz merkwürdigen Eigenschaft sind: Jeder von uns glaubt insgeheim, er oder sie sei im Vergleich zu den anderen unterdurchschnittlich intelligent, und müsse das durch vermehrte Anstrengung ausgleichen. Wenn wir uns durch einen Morast von Komplexität wie die FSS-Spezifikation hindurcharbeiten, lassen uns unsere Selbstzweifel glauben, daß alle anderen Leser der Spezifikation verstehen, was sie lesen. Dann kommt der Chef vorbei und fragt: »Wie sieht's mit der Durchsicht der Spezifikation aus? Kommen Sie zurecht?« Panik. Was sagen Sie? Sie ziehen den Kopf ein. Sie sagen: Ach, ganz gut, Chef. Ich meine, klar, es ist kompliziert, aber mit ein bißchen Zeit ... Und alle anderen tun das gleiche.«

»So daß keiner die Sache auffliegen läßt.«

»Ich habe das vor langer Zeit gelernt, Webster. Sie werden nie erleben, daß Ihnen jemand sagt, eine Spezifikation sei lausig. Die Leute stöhnen vielleicht, daß sie nicht besonders verständlich geschrieben ist, aber sie sagen Ihnen nicht, was Sache ist: Das ist überhaupt keine Spezifikation; sie leistet nichts von dem, was eine Spezifikation leisten muß. Sie spezifiziert nichts.«

»Und wie haben Sie es geschafft, die FSS-Spezifikation zu durchschauen? Haben Sie keine Selbstzweifel?«

»Das fragen Sie eine Frau, die unter einer Palme lebt? Das kann nicht Ihr Ernst sein. Natürlich habe ich Selbstzweifel, wie jeder andere auch. Aber ich habe mir in dieser Sache schon einmal die Finger verbrannt. Ich weiß, daß manche Spezifikationen absoluter Schrott sind. Deshalb habe ich mich darin geübt, sie zu durchschauen. Zum Beispiel wende ich ein paar mechanische Regeln an.«

»Erzählen Sie. Diese Regeln würde ich nur zu gerne kennen.«

16 Die Planung der Sommerspiele

»Okay, ich enthülle Ihnen eine meiner Regeln – in Form einer Definition: Eine Spezifikation ist eine Beschreibung, wie ein System – eine Menge geplanter Antworten – auf Ereignisse in der Welt unmittelbar außerhalb seiner Grenzen reagieren wird. Jede Spezifikation besteht aus zwei Teilen: erstens, einer Menge von Verfahren, die zeigen, wie die Reaktionen des Systems von Ereignissen abhängen; und zweitens, einer Menge von Ein- und Ausgaben, nach denen die Ereignisse und Reaktionen über die Systemgrenze bewegt werden. Unabhängig von der Komplexität des Systems ist dieser zweite Teil sehr einfach: Alle Eingaben und Ausgaben sind Daten und Kontrollflüsse, die sich auflisten lassen. Sie können alle benannt oder durchnumeriert werden. Ihre Größe läßt sich abschätzen – zum Beispiel anhand der Elemente in einem Datenfluß. Und sie können gezählt werden.«

»Sie wollen damit sagen: Wenn das System wirklich kompliziert ist, so liegt die gesamte Komplexität in den Verfahren.«

»So ist es. Ein Verfahren, das regelt, wie Eingaben in Ausgaben umgewandelt werden, kann beliebig komplex sein. Aber Ein- und Ausgaben sind nichts anderes als Ein- und Ausgaben. Vielleicht verstehen Sie die Transformationen nie. Aber wenn die Spezifikation wenigstens etwas taugen soll, muß sie Ihnen sagen, wie das System mit der Außenwelt kommuniziert. Wenn sie nicht mindestens eine Aufzählung der Ein- und Ausgaben enthält, bekommt die Spezifikation eine Sechs. Denn dann ist sie keine Spezifikation.«

»Das heißt, jede Spezifikation muß als Mindestanforderung eine vollständige Aufstellung der Ein- und Ausgaben enthalten, sie nach Möglichkeit benennen und zeigen, wie sie aussehen.«

»Mindestens. Dann bekommt sie wahrscheinlich immer noch keine Eins, aber sie ist immerhin kein Flop wie diese FSS-Spezifikation.«

Er dachte darüber nach. »Vielleicht erklärt das ja, was mit dem FSS-Projekt passierte. Es gab ein wirklich außerordentlich kompliziertes Transformationsverfahren, in dessen Beschreibung die Spezifikationsschreiber sich so festgefahren hatten, daß sie einfach vergaßen, den relativ einfachen Teil zu erledigen. Daraus könnten wir schließen, daß das System so komplex war, daß es einfach nicht spezifiziert werden konnte. Und das ist der Grund, warum die Spezifikation zum Flop wurde.«

»Das glaube ich nicht. Da muß etwas anderes dahinterstecken. Ich werde Ihnen sagen, was ich denke. Aber zuerst möchte ich Ihnen zeigen, daß Sie ungeachtet der Komplexität des Verfahrens einen Großteil des Systems mit nicht mehr als der Aufstellung der Ein- und Ausgaben spezifizieren können. Stellen Sie sich dazu eine alternative FSS-Spezifikation vor: eine Spezifikation mit nur zwanzig Seiten. Sie enthält eine vollständige Aufstellung der Ein- und Ausgaben, von denen jede benannt und bis auf die Datenelement-Ebene hinunter definiert ist. Wo die Ein- und Ausgaben eine steuernde Funktion haben, gibt es eine Beschreibung der Signale, vielleicht sogar einschließlich der anliegenden Spannung, der Impulsdauer usw. Das ist alles Teil der Aufstellung. Sagen wir, die Aufstellung listet zwanzig Arten von Eingaben und dreißig Arten von Ausgaben auf. Der Umwandlungsteil der Spezifikation beschränkt sich auf einen einzigen Satz. Er lautet: Die zwanzig Eingaben und dreißig Ausgaben sind so miteinander verbunden, wie man es bei der Art der Ein- und Ausgaben überlicherweise erwartet. Na, was sagen Sie dazu?«

»Belinda, das ist die letzte Spezifikation! Vieldeutiger geht es wohl nicht mehr.«

»Stimmt, die Bescheibung des Transformationsverfahrens ist vieldeutig. Aber die Beschreibung der Ein- und Ausgaben ist klar und vollständig. In anderen Worten, der einfache Teil ist perfekt gelöst, und nur der schwierige Teil ist lausig.«

»Und worauf wollen Sie hinaus?«

»Ich will darauf hinaus, daß es mit einer derartigen Spezifikation trotz all ihrer Unzulänglichkeiten möglich gewesen wäre, das FSS zu bauen. Vielleicht wäre es damit nie zu einem Rechtsstreit gekommen. Die Entwickler hätten gesehen, wo die Spezifikation löcherig ist. Sie hätten genau aufgeschrieben, wie sie sich das Transformationsverfahren vorstellen. Und diese Unterlagen hätten sie den Fluglotsen und der Flugleitung gezeigt und von ihnen entweder eine Bestätigung oder eine Korrektur bekommen. Die zwanzigseitige Spezifikation, die ich Ihnen gerade beschrieben habe, wäre eine unglaublich schlechte Spezifikation gewesen, aber immer noch unendlich viel besser als die Spezifikation der FAA.«

Daran zweifelte er nicht. Aber was sie gesagt hatte, warf mehr Fragen auf, als es beantwortete. »Warum haben sie Ihrer Meinung nach die Spezifikation so geschrieben? Warum haben sie sie so vieldeutig gemacht?«

Sie lachte. »Jetzt weiß ich endlich die Antwort auf diese Frage. Es war zuerst nicht leicht zu verstehen, aber wenn man erst einmal die allgemeine Regel begriffen hat, sind ihre spezifischen Ausprägungen leicht auszumachen.«

»Und die allgemeine Regel lautet: ...«

16 Die Planung der Sommerspiele

»Mehrdeutigkeit deutet auf einen ungelösten Konflikt hin.«
»Konflikt?«
»Konflikt. Systeme werden von Beteiligten ausgehandelt: Eigentümern, Anwendern, Investoren, Entwicklern, Systemoperatoren, Administratoren. An einem komplexen System wie dem FSS sind möglicherweise Dutzende von Parteien beteiligt. Manchmal sind sich die Parteien nicht einig. Zwischen ihnen gibt es Konflikte. Ein Beispiel: Stellen Sie sich vor, eine Partei bei den FSS-Verhandlungen will, daß die Initialisierungsvariablen direkt vom Systemoperator gesetzt werden, während eine andere Partei möchte, daß sie zentral gesteuert werden.«
»Aha. Sie stehen im Konflikt. Und wenn der Konflikt nicht lösbar ist ...?«
»Muß die Spezifikation mehrdeutig sein. Sie kann sich nicht festlegen, ob es zum Beispiel eine Tastatur gibt, die die direkte Eingabe durch den Systemoperator erleichtert. Sie kann nicht genau sagen, was die Konfigurationsvariablen sind. Jede eindeutige Aussage zu diesem Thema wäre für eine oder mehrere Parteien ein rotes Tuch. Eindeutigkeit setzt voraus, daß sie ihren Konflikt lösen, wer die Zugriffsrechte auf die Daten besitzt.«
»Die Spezifikationsschreiber könnten eine eindeutige Spezifikation schreiben, aber ...«
»Sie müßten sich festlegen, sich für die eine oder die andere Seite zu entscheiden, und dann würde die andere Seite sie auf glühenden Kohlen rösten.«
»Wie deprimierend. Statt den Konflikt zu lösen, kleistern sie ihn mit Mehrdeutigkeiten zu.«
»Das passiert ständig. Wann immer ich auf eine unklare Stelle in einer Spezifikation stoße, halte ich deshalb Ausschau nach einem Konflikt. Ich finde ihn immer. Mittlerweile bin ich davon überzeugt, daß es ziemlich trivial ist, eine eindeutige Aussage über etwas zu treffen. Wenn wir daran scheitern, müssen wir nicht an unserer Ausdrucksfähigkeit arbeiten, sondern an unserer Fähigkeit, Konflikte zu lösen.«
Mr. Tompkins Blick schweifte über die Hügel zum Himmel über ihnen, an dem die ersten Sterne zu leuchten begannen. Weltverloren hing er seinen Gedanken nach.
Nach einer Weile fragte Belinda: »Wie wäre es mit Abendessen, Chef?«
»Gehen Sie schon mal vor, Belinda. Ziehen Sie sich um. Ich treffe Sie im Restaurant.«

Sie sammelte ihre Siebensachen ein und eilte in Richtung Residence. Mr. Tompkins griff nach seinem Tagebuch und begann noch einmal zu schreiben.

Mehrdeutige Spezifikationen:

- Mehrdeutigkeit in einer Spezifikation deutet auf einen Konflikt zwischen den verschiedenen Interessengruppen an einem System hin.
- Eine Spezifikation, die keine vollständige Aufzählung der Ein- und Ausgaben enthält, ist ein Flop; sie erfüllt die Anforderungen an eine Spezifikation nicht einmal ansatzweise.
- Niemand sagt einem, daß eine Spezifikation lausig ist. Die Menschen neigen dazu, die Schuld bei sich selbst zu suchen, nicht bei der Spezifikation.

17
Der Guru der Konfliktlösung

»Wir wissen so gut wie nichts über Konfliktlösung«, informierte Mr. Tompkins das versammelte Management-Dream-Team. »Und damit meine ich nicht nur die Leute hier im Raum, sondern unsere ganze Branche. Wir kennen uns mit Systementwurf, Systemimplementierung, Dokumentation, Testen, Qualitätssicherung und all dem aus. Aber wir besitzen keine Konfliktlösungskompetenz.«

»Vielleicht liegt es daran, daß es in unserer Branche keine Konflikte gibt«, warf Aristoteles trocken ein.

»Klar«, lachte Belinda. »Überhaupt keine. Sie sind lediglich überall, wo man hinschaut. Zwischen uns und Belok, zwischen uns und dem Institut, zwischen uns und zumindest ein paar der Teams, zwischen den Teams untereinander, innerhalb der Teams. Und das alles nur hier in Aidrivoli, auf diesem einen kleinen Campus. Webster und ich haben die Theorie aufgestellt, daß es bei den FAA-Projekten, von denen unsere Spezifikationen für das Flugsicherungssystem stammen, vor Konflikten auf allen Ebenen nur so gewimmelt haben muß.«

»Überall in unserer Branche gibt es Konflikte«, fuhr Mr. Tompkins fort. »Es ist überhaupt nicht möglich, ein System einer gewissen Größenordnung zu installieren, ohne auf ein paar ernsthafte Konflikte zu stoßen. Es gibt immer viele beteiligte Gruppen und somit viele widerstreitende Interessen. Überall in unserer Branche gibt es Konflikte, aber unser Wissen zu diesem Thema ist gleich Null.«

»Ich weiß natürlich zumindest etwas über *bewaffnete* Konflikte«, sagte Gabriel.

»Na ja, da gibt es denn doch einen kleinen Unterschied, Gabriel. Außerdem kennen Sie das Thema nur aus Ihrem früheren Leben, nicht aus der Perspektive eines Software-Entwicklungsmanagers.«

»Das stimmt allerdings«, räumte der Ex-General ein.

Mr. Tompkins kam zur Sache. »Ich möchte deshalb vorschlagen, wir nehmen uns vor, zu Konfliktlösungsexperten zu werden. Dazu müssen wir als Mindestanforderung ein gutes Buch über das Thema finden oder ein Seminar oder einen Berater, der uns schult. Wer ist der internationale Experte für Konfliktlösung in unserer Branche?«

Eine lange Pause folgte, in der sie über die Frage nachdachten. Schließlich sagte Gabriel: »Webster, mein Freund, ich weiß nicht, wer der internationale Experte ist, aber wie wäre es mit einem Experten gleich hier vor Ort? Wie wäre es mit einem Mann, der ein Händchen für Konfliktlösung hat. Ich kenne da jemanden. Er war früher Grundschullehrer.«

»Dort ließe sich bestimmt der eine oder andere gute Konfliktlösungsansatz finden«, sagte Belinda.

Gabriel nickte enthusiastisch. »In Morovien werden die heroischen Seelen, die in der Grundschule unterrichten, mit Maestro angesprochen. Der Mann, mit dem ich Sie gerne bekannt machen würde, heißt Maestro Diyeniar. Er ist einer meiner Programmierer. Wenn Sie ihn in ein Team setzen, scheinen die Probleme wie von selbst zu verschwinden. Seine Vorgesetzten, von mir einmal abgesehen, haben ihn nie besonders beachtet, weil niemand versteht, was er leistet. Vielleicht versteht er es selbst nicht einmal. Seine Rolle scheint die eines Katalysators zu sein. Ich habe lange gebraucht, bis ich erkannte, was für ein Gewinn dieser Mann für uns ist.«

»Kann er uns Konfliktlösungstechniken beibringen, Gabriel?«

Der Ex-General schaute zweifelnd. »Ich glaube nicht, Belinda. Ich weiß, daß er Konflikte lösen kann, aber ich bezweifle, daß er uns beschreiben kann, wie er das tut. Wie bei den meisten Leute mit einer natürlichen Begabung ist das, was er tut, nicht so recht ersichtlich, nicht einmal für ihn selbst. Trotzdem ist er von unschätzbarem Wert. Können Sie einen solchen Mann gebrauchen, Webster? Wie würden Sie ihn einsetzen?«

»Eine katalytische Persönlichkeit«, sinnierte Mr. Tompkins. »Wenn Sie ihn mir überlassen können, Gabriel, stecke ich ihn in das PMill-A-Projekt und drücke die Daumen. Vielleicht schafft er es, ein paar der Probleme dieses unglücklichen Teams zum Verschwinden zu bringen.«

»Das machen wir. Ich kümmere mich gleich heute vormittag darum.«

Mr. Tompkins machte sich eine Notiz auf dem Block vor ihm. »Trotzdem brauchen wir noch immer jemanden, der uns mit dieser Sache vertraut macht. Denkt nach, Leute, wer ist der Experte? Wer ist der Guru der Konfliktlösung in unserer Branche?« Er sah Aristoteles, Belinda und Gabriel auffordernd an.

Nach einer langen Pause meldete sich Aristoteles zu Wort. »Es gibt da jemanden.«

»Doch nicht schon wieder das Orakel?«

»Nein. Jemand anderen. Ich vergesse immer seinen Namen. Aber er ist der Experte für Konfliktlösung für Systemprojekte. Er beschäftigt sich auch mit Software-Metriken. Er ist der Erfinder der Win-Win-Methode.«
»Natürlich!« rief Belinda. »Er ist unser Mann.«
»Und wer wäre das?« hakte Mr. Tompkins nach.
»Dr. Larry Boheme.«

Noch am selben Abend flog Mr. Tompkins nach London, um wenigstens den letzten Tag von Larry Bohemes zweitägigem Tutorial über die Win-Win-Methode mitzubekommen. Dr. Boheme, ein großer, freundlicher und etwas schüchtern wirkender Mann, schien aufrichtig erfreut, als Mr. Tompkins ihn nach dem Seminar zu einem Bier in ein nahegelegenes Pub einlud. Sie hatten einen Tisch etwas abseits vom dichtesten Gedränge ergattert. Trotzdem mußten sie die Köpfe zusammenstecken, um sich bei dem Lärm verstehen zu können.
»Also, wenn ich Sie richtig verstanden habe, Dr. Boheme ...«
»Larry, bitte.«
»Larry – danke – wenn ich Ihre Ausführungen richtig verstanden habe, müssen wir Konflikte anerkennen und achten.«
»Ja. Die Alternative wäre es, Konflikte für inakzeptabel zu erklären. In den meisten Organisationen geschieht genau das. Ich bin sicher, Sie haben das selbst kennengelernt, Webster. Aber natürlich schafft diese Haltung Konflikte nicht aus der Welt, bringt sie nicht zum Verschwinden.«
»Sie kehrt sie lediglich unter den Teppich.«
»Genau. Wir tun viel besser daran, Konflikte offen anzuerkennen und sie aus ihrer Dunkelkammer zu befreien.«
»Ich verstehe das nicht ganz. Zumindest möchte ein Teil von mir glauben, daß Konflikte in einer Organisation irgendwie verwerflich sind. Da wir alle für die gleiche Organisation arbeiten, sollte es keine Konflikte geben.«
»Ja, ich kenne diese Denke. Konflikte gelten als irgendwie unprofessionell.«
»So ist es. Genau das empfinde ich. Ich denke, das ist Teil meiner Sozialisierung als Mitarbeiter eines großen Unternehmens.«
»Und Sie sind sicherlich nicht der einzige, der so denkt. Wenn Konflikte entstehen, sehen wir darin oft eine Schwachstelle der Unternehmensdisziplin. Wir haben die Neigung, nachzuprüfen, wer im Organisationsdiagramm direkt über den beiden uneinigen Mitarbeitern angesiedelt ist. Und dann zu denken: Wenn dieser Manager die beiden nur zur Vernunft brächte ...«

»Und? Warum ist das nicht die Anwort?«

»Das wäre die Antwort, wenn die ganze Organisation ein einziges gemeinsames Ziel hätte, und wenn dieses Ziel auch das persönliche Ziel jedes einzelnen wäre. Aber das ist einfach nicht der Fall. Organisationen sind komplex. Sie verfolgen die verschiedensten Ziele gleichzeitig. Organisationen sind so aufgebaut, daß unterschiedliche Mitarbeiter für unterschiedliche Ziele verantwortlich sind. Während Ihr Ziel vielleicht darin besteht, ein Projekt zu einem bestimmten Zeitpunkt abzuschließen, besteht mein Ziel darin, die Verkaufsvorgaben für das dritte Quartal zu erfüllen. Beide sind vielleicht Teil eines größeren Ziels, aber uns beiden ist das wahrscheinlich nicht bewußt.«

»Im Grunde ist sich jeder nur seiner eigenen Zielvorgabe bewußt.«

»Genau.«

Mr. Tompkins kam noch eine zweite Möglichkeit in den Sinn: »Könnte es nicht sogar sein, daß unsere beiden Ziele sogar im Widerspruch zueinander stehen? Nehmen wir das Beispiel, das Sie gerade genannt haben: Angenommen, ich kann mein Projekt nur termingerecht fertigstellen, wenn Sie eine neue PR-Kampagne aufschieben, bis das Quartal vorbei ist.«

Dr. Boheme nickte nachdrücklich: »Da haben Sie es. In diesem Fall haben wir widersprüchliche oder zumindest teilweise widersprüchliche Ziele. Und damit besteht natürlich zwischen Ihnen und mir ein Konflikt. Jetzt kommt es darauf an zu verstehen, daß keiner von uns unprofessionell handelt. Zwischen uns besteht ein *echter* Konflikt, und dieser Konflikt verdient Respekt. Wenn wir ihn unter den Teppich kehren und mit Schlagwörtern wie Teamwork und Professionalität überdecken, nehmen wir die schwierige, aber machbare Aufgabe der Konfliktlösung überhaupt nicht erst in Angriff.«

»Eine machbare Aufgabe, sagen Sie.« Mr. Tompkins' Blick schweifte kurz durch das Pub. Es waren jede Menge Gäste da, die sich um ein Dart-Board drängten, aber er nahm sie kaum wahr; er dachte an die Konflikte in seinem eigenen Leben. War es eine machbare Aufgabe, einen Konflikt mit Belok zu lösen?

»Das heißt nicht, das uns das immer gelingt«, drang Dr. Bohemes Stimme an sein Ohr. »Niemand behauptet, es sei einfach. Aber zumindest können wir einige der Verhaltensweisen vermeiden, die fast sicher garantieren, daß wir scheitern. Wir können zum Beispiel vermeiden, Konflikte als unprofessionell zu verdammen und deshalb ihre Existenz zu leugnen. Wenn wir solche hoffnungslosen

Verhaltensweisen durch Techniken ersetzen, die zumindest eine Erfolgschance bieten ...«

»Ich weiß nicht.«

»Webster, Sie denken gerade an einen extrem hartnäckigen Konflikt, habe ich recht?«

»Ja.«

»Das dachte ich mir. Es wäre zweckdienlicher, wenn Sie sich fürs erste nicht ausgerechnet auf den hartnäckigsten Fall konzentrieren würden. Überall in unserer Branche gibt es Konflikte. Suchen Sie sich für den Anfang einen leichteren Fall aus.«

»Einverstanden.« Er mußte sich nicht anstrengen, mehrere gute Kandidaten dafür zu finden.

»Können wir uns darauf einigen, daß der Konflikt, an den Sie denken, Respekt verdient? Daß alle Parteien sich professionell verhalten, und daß jeder Konflikt, der zwischen ihnen entsteht, okay ist? Es kann sein, daß er im Interesse des Unternehmens gelöst werden muß, aber er ist in keinster Weise verwerflich.«

»Ja, ich denke schon. Ich bin zwar nicht daran gewöhnt, so zu denken, aber was Sie sagen, klingt plausibel.«

»Gut. Dann möchte ich, daß Sie sich darauf konditionieren, jedes Mal, wenn Sie mit einem Konflikt konfrontiert sind, das folgende Mantra aufzusagen: Verhandlungen sind schwierig; Mediation ist einfach.«

»Was heißt das?«

»Verhandlungen zwischen den beteiligten Parteien sind fast immer ein Null-Summen-Spiel«, sagte Dr. Boheme. »Wenn Sie und ich zum Beispiel um den Preis einer Immobilie feilschen, ist alles, was ich gewinne, Ihr Verlust.«

»Wenn ich der Verkäufer bin, geht der Nachlaß, den ich Ihnen gebe, direkt zu meinen Lasten.«

»Genau. Verhandlungen sind schwierig. Manche Leute sind besser darin als andere, aber es wäre unrealistisch zu erwarten, daß jeder die Kunst der Verhandlung beherrscht. Mediation dagegen ist eine sehr viel einfachere Sache.«

»Heißt Mediation, es gibt einen unparteiischen Dritten, der uns hilft, zu einer Einigung zu gelangen?«

»Ja. Wenn die widerstreitenden Parteien Mediation akzeptieren, bekommt die Auseinandersetzung einen völlig neuen Ton. Mit ein paar Regeln und Verfahren und ein bißchen Glück hat der Mediator eine gute Chance, eine sinnvolle Einigung zustande zu bringen. Die Parteien lernen, die Bedürfnisse der anderen

Partei zu verstehen und zu respektieren, sie suchen gemeinsam nach Optionen, die sie vorher nicht bedacht haben, sie feilschen ein bißchen und sie vertrauen ein bißchen. Mediation ist eine Methode, bei der es zumindest eine Chance gibt.«

»Aber wie setzen wir sie in Gang? Wie bekommen wir die kriegsführenden Parteien dazu, daß sie mit einer Mediation einverstanden sind?«

Dr. Boheme klopfte rhythmisch auf den Tisch, um seine Antwort zu bekräftigen: »Nicht auf dem Höhepunkt des Konflikts; das ist der Schlüssel. Wir müssen das erreichen, bevor der Konflikt voll entbrennt. Das ist das Grundprinzip der Win-Win-Methode. Bevor wir mit der Mediation anfangen, verpflichten wir uns in einer formellen Erklärung, daß die Win-Win-Konditionen respektiert werden. Wir führen Verfahren ein, um auf allen Ebenen Gewinnbedingungen zu schaffen. Wir vereinbaren, noch ehe sich überhaupt Konflikte zeigen, beim ersten Anzeichen eines aufkeimenden Interessengegensatzes automatisch in den Mediationsmodus zu schalten. Wir führen ein System ein, in dem geschulte Mediatoren jederzeit zur Verfügung stehen. Und wir haben ein ziemlich mechanisches Verfahren zur Konflikterkennung.«

»Wenn zum Beispiel meine Gewinnbedingungen und Ihre sich gegenseitig ausschließen.«

»Ja. Oder teilweise. Ich möchte das ›teilweise‹ besonders betonen, denn wir müssen begreifen lernen, daß die Gewinnbedingungen der Konfliktparteien zu fünfundneunzig Prozent kompatibel sein können. Wer das nicht erlebt hat, wird nie verstehen, wie ein Kompromiß für beide Seiten vorteilhaft sein kann. Es ist die Aufgabe des Mediators, sicherzustellen, daß beide Parteien hundertprozentig das Ausmaß ihrer gemeinsamen Interessen verstehen.«

»Ich sehe mühelos ein, daß Verhandlungen schwierig sind, wie Ihr Mantra sagt. Aber ich glaube, ich muß erst ein paarmal als Mediator agieren, bevor ich glauben kann, daß Mediation einfach ist.«

»Sie ist natürlich nicht trivial.«

»Ich wüßte überhaupt nicht, wie ich anfangen soll. Was würde ich zum Beispiel sagen, wenn ich der Mediator zwischen zwei kriegsführenden Parteien wäre?« Mr. Tompkins ließ vor seinem geistigen Auge zwei Phantompersonen erstehen, die mit ihnen am Tisch saßen. »Kriegsführende Parteien, die wegen irgendeines Problems aneinandergeraten sind. Wie würde ich anfangen, wenn ich zwischen den beiden gegnerischen Seiten vermitteln wollte?«

»Sie würden ihnen zunächst zu der Einsicht verhelfen, daß sie nicht wirklich auf gegnerischen Seiten stehen. Sie würden ihnen zeigen: Ihr steht beide auf der gleichen Seite; das Problem steht auf der anderen Seite.

Mr. Tompkins schaffte es, den letzten British-Air-Flug von Gatwick nach Varsjop an diesem Abend zu erreichen. Er war innerlich noch nicht ganz soweit, Dr. Bohemes Medizin unbesehen zu schlucken, aber zumindest wußte er jetzt, wo er ansetzen mußte: Um zu verhindern, daß Konflikte unter den Teppich gekehrt wurden, mußte er als erstes anerkennen, daß Konflikten in seiner Organisation nichts von Natur aus Anrüchiges anhaftete. Als zweites würde er Wege der Konfliktmediation etablieren müssen. Auf dieser Grundlage würden künftige Konflikte, die in Aidrivoli entbrannten, eine Chance haben, vernünftig beigelegt zu werden. Er hatte noch immer keine blasse Ahnung, wie er das Gelernte auf seinen Konflikt mit Belok übertragen konnte.

Mit diesem Konflikt mußte er irgendwie fertig werden, dachte er. Ungelöste Konflikte konnten das Todesurteil eines Projekts sein. In den Kaffeepausen des Londoner Tutorials hatte er ein paar Gerüchte über die NASPlan-Projekte der amerikanischen Luftfahrtbehörde aufgeschnappt. Sie bestätigten Belindas Vermutung, daß es einen ernsthaften Konflikt zwischen der Bundesebene in Washington und den regionalen Behörden gegeben hatte, und daß die Projekte letztlich an diesem nie gelösten und nie anerkannten Konflikt gescheitert waren.

Er unterdrückte ein Gähnen, zog sein Tagebuch aus seinem Bordcase und öffnete es auf dem ausklappbaren Tisch vor ihm.

Aus Mr. Tompkins' Tagebuch:

Konflikte:

- Wenn an einer Entwicklungsanstrengung mehrere Parteien beteiligt sind, sind Interessenkonflikte unvermeidlich.
- Der Bereich der Systementwicklung und -installation ist für Konflikte besonders anfällig.
- Die meisten Systementwicklungsorganisationen verfügen über schlechte Konfliktlösungsfähigkeiten.
- Konflikte verdienen Respekt. Konflikte sind kein Zeichen für unprofessionelles Verhalten.

- Legen Sie von vornherein klar fest, daß die Gewinnbedingungen aller Beteiligten respektiert werden. Stellen Sie sicher, daß alle Gewinnbedingungen, die kleinen ebenso wie die großen, auf den Tisch gelegt werden.
- Verhandlungen sind schwierig; Mediation ist einfach.
- Machen Sie von Anfang an deutlich: Wenn Gewinnbedingungen einander ganz oder teilweise ausschließen, wird von den Parteien erwartet, daß sie sich in Mediation begeben, um den Konflikt zu lösen.
- Ganz wichtig: Wir stehen beide auf der gleichen Seite; es ist das Problem, das auf der anderen Seite steht.

18
Maestro Diyeniar

Maestro Diyeniar arbeitete nun seit etwas mehr als einem Monat im PMill-A-Projekt. Die Meinungen über ihn waren geteilt. Gleich am Anfang vertraute sein Manager, Osmun Gradish, Tompkins an, Diyeniar sei »kein Gewinn«. Obwohl er seine Arbeit tadellos erledige, verbringe er die meiste Zeit damit, die Leute in irgendwelche Gespräche zu verwickeln. »Ich kenne niemanden sonst, der so viel zu sagen hat.« Offensichtlich hätte Gradish sein neues Teammitglied gerne zurück in Ex-General Markovs Mitarbeiter-Pool geschickt, dorthin, wo er hergekommen war. Mr. Tompkins überzeugte ihn aber davon, erst einmal ein paar Monate abzuwarten.

Melissa Alber hatte eine völlig andere Meinung über den Maestro: »Er ist ein ganz außergewöhnlicher Mensch, Webster. Er redet einem zwar die Ohren voll, aber er ist wunderbar.« Sie schüttelte bewundernd den Kopf. »Es ist mir ein Rätsel, wie er einen dazu bringt, sich so gut zu fühlen.«

»Ich habe gehört, er redet viel, aber redet er über die Arbeit?«

»Einerseits schon. Aber nicht über die technische Seite der Arbeit. Er ist eher ein Geschichtenerzähler. Er erzählt Geschichten über Menschen – Menschen, die er vor langer Zeit in der Schule oder in der Armee oder bei anderen Projekten kennengelernt hat. Seine Geschichten sind hinreißend. Aber natürlich beziehen sie sich normalerweise auf Dinge, die gerade für das Projekt relevant sind. Sie vermitteln einem neue Einsichten.«

Wenn Gabriel recht hatte, war der Zauber, den Diyeniar ausübte, ein Gewinn für das Projekt. Vielleicht waren die Geschichten seine Art, den Leuten die Augen zu öffnen. »Sie meinen, er macht das absichtlich? Er versucht bewußt, durch passende Geschichten die Einsicht zu vermitteln, auf die es gerade ankommt?«

Melissa schüttelte den Kopf. »Auf keinen Fall. Der Mann ist der geborene Geschichtenerzähler. Seine Geschichten sind deshalb so passend, weil er auf natürliche Weise das, was in der Gegenwart geschieht, mit Geschichten aus der Vergangenheit verknüpft. Die Verknüpfung ist immer nahtlos. Aber sie geschieht ohne Hintergedanken. Diyeniar will einfach nur gute Geschichten erzählen. Das ist alles.«

»Ich muß ihn unbedingt kennenlernen. Ich kann mir das gut vorstellen.«

»Bringen Sie ein paar Stunden mit. Er ist niemand, den man in zwanzig Minuten abhandeln kann, ganz gleich, wie einfach das Thema ist. Irgendwie erinnert ihn alles, was man sagt, an eine Geschichte. Oder ein Lied. Manchmal an beides.«

»Ich werde genügend Zeit dafür einplanen.«

»Am besten ist er beim Mittagessen. Ein Mittagessen mit Diyeniar ist wie ein Feiertag mitten in der Woche. Er ist begehrt. Sie müssen schnell sein, wenn Sie ihn für sich haben möchten. Ich sage Ihnen, die jungen Leute in seinem Projekt sind ganz wild auf ihn. Sie mußten die Tische in der Cafeteria zusammenstellen, um Platz für all die Leute zu schaffen, die in seiner Nähe sitzen möchten.«

»Trotzdem frage ich mich angesichts unseres Zeitplans, ob er uns wirklich einen Gefallen tut, wenn er das ganze Projekt mittags zwei Stunden aufhält.«

»Ach, darüber würde ich mir keine Gedanken machen. Unsere Leute arbeiten sowieso zu viel. Sie machen alle Unmengen von Überstunden für ein Projekt, das ein hoffnungsloser Fall ist.«

»Da haben Sie wahrscheinlich recht.«

»Zumindest laufen uns die Leute nicht mehr in Scharen davon. Mittlerweile geht die Zahl der Versetzungsgesuche gegen Null.«

»Das ist ja eine interessante Rechnung. Wenn wir davon ausgehen, daß ein Mittagessen mit Diyeniar eine volle Stunde ist, die dem Projekt verloren geht, zusätzlich zu der Zeit, die ein normales Mittagessen in Anspruch nimmt, wir aber andererseits weniger Fluktuation haben – ist das ein positives Ergebnis?«

»Um das herauszufinden, brauchen wir keinen Simulator«, überlegte Melissa. »Wenn jeder neue Mitarbieter drei oder mehr Monate braucht, um sich einzuarbeiten«, rechnete sie ihm unter Zuhilfenahme der Finger ihrer rechten Hand vor, »so entspricht das sechshundert Mittagessen mit Diyeniar. Das gleichen allein die zurückgezogenen Versetzungsgesuche mehr als aus.«

Mr. Tompkins nickte zustimmend.

»Aber da passiert noch etwas anderes, Webster. Er entwickelt eine Projektkultur. Er ist der Katalysator für ein Team-Phänomen, das ich noch nie vorher gesehen haben. Ich habe ja schon gesagt, daß er Geschichten erzählt. Aber er hört sich auch die Geschichten anderer an. Und manchmal erzählt er sie weiter. Wenn Sie Maestro Diyeniar eine Geschichte erzählen, fügen Sie sie einer Art Sammlung hinzu. Er ist die mündliche Chronik unseres Projekts. Er ist der Hüter unserer Sagen und Märchen.«

Weil Mrs. Beerzig nicht an ihrem Schreibtisch war, hob Mr. Tompkins an seinem eigenen Apparat ab, als es klingelte.
»Tompkins, ich will, daß Sie diesen Projekten die Daumenschrauben anziehen. Das ist keine Option. Ich werde keinen Tag länger den guten Onkel spielen. Das lockere Leben hat jetzt ein Ende.«
»Oh, Sie sind's, Allair. Wie schön, von Ihnen zu hören.«
»Und ob ich es bin, Tompkins. Ziehen Sie die Daumenschrauben an. Jetzt. Es ist Zeit für den Endspurt.«
Mr. Tompkins warf einen flüchtigen Blick auf die Countdown-Anzeige, auf der heute, an diesem Tag Anfang November, zu lesen stand:

Noch **211** Tage bis D-Day!

Zweihundertundelf Kalendertage: Er wußte genau, wieviele Arbeitstage das waren. »Wir haben noch einhunderteinundfünfzig Arbeitstage bis zum ersten Juni, Allair. Ist es nicht ein bißchen früh, zum Endspurt anzusetzen, wie Sie das nennen?«
»Wenn es nach mir gegangen wäre, hätten wir schon an Tag 1 damit angefangen. Aber ich habe versucht, mich von meiner freundlichsten, verständnisvollsten Seite zu zeigen. Aber damit ist jetzt Schluß. Und übrigens sind es zweihundertelf Arbeitstage zwischen heute und ersten Juni, nicht einhunderteinundfünfzig.«
»Ah so. Ich schließe daraus, daß wir auf die Sieben-Tage-Woche umstellen.«
»Worauf Sie sich verlassen können. Setzen Sie ein entsprechendes Memo auf. Ich erwarte, daß die Zahl der Arbeitsstunden ab dieser Woche steil nach oben steigt.«
Das konnte er haben. Mrs. Beerzig hatte schon seit einiger Zeit die wöchentlichen Zahlen frisiert, bevor sie an Belok gingen. Sie würden sie von jetzt an einfach auf etwas andere Weise frisieren. Und er selbst würde ein Memo verfassen, in dem er die verbindliche 7-Tage-Woche ankündigte, und es an Belok und niemanden sonst senden. *Betrug war alles, Lug und Schein ...*
»Und wie sieht es mit dem Zeitplan aus, Tompkins?«
»Wir liegen im Plan. Erster Juni. Mit oder ohne Überstunden.« Verdammt, das hätte er besser nicht sagen sollen.

»Aha. Hören Sie, ich werde den Fertigstellungstermin ändern. Ich werde ihn auf ersten Mai vorverlegen.«

Mr. Tompkins unterdrückte ein Seufzen. Dann sagte er, was er sagen mußte, so als würde er den Text eines Theaterstücks aufsagen. »Nun, das wird ein Kampf werden. Ich weiß nicht, Allair. Ich glaube nicht, daß wir den ersten Mai schaffen können. Vielleicht, aber ich fürchte, eher nicht.«

»Dann ist das definitiv Ihr Termin.«

»Das wird hart werden. Ich würde sagen, unmöglich oder nahezu unmöglich.«

Er hörte ein Klicken am anderen Ende.

Unmöglich oder nahezu unmöglich, das war es, was Belok hören wollte. Danach richtete er seine Terminvorgaben. Nur für einen Augenblick hing Mr. Tompkins der bitteren Erkenntnis nach: So viel Ärger hätte sich vermeiden lassen, wenn ich ihn nur von Anfang an davon überzeugt hätte, daß bereits der erste Termin, den wir anstrebten, unmöglich zu schaffen war.

Sein erstes Mittagessen mit Diyeniar dauerte tatsächlich zwei Stunden. Der Maestro war ein großer, etwas schlaksiger Mann mit einer langen, spitzen Nase. Er schien etwa sechzig Jahre alt zu sein, aber sein Haar, oder das, was davon übriggeblieben war, war noch immer tiefschwarz. Ausgehend von einer Rundglatze wallte es lang auf seine Schultern. Diyeniars Augen wirkten elektrisierend.

Sie ließen sich mit ihren Sandwiches an einem der Picknicktische aus Holz in einer Waldlichtung unterhalb von Aidrivoli-1 nieder. »Schön, Maestro. Ich freue mich sehr, daß Sie sich Zeit für mich nehmen konnten.«

Diyeniar schüttelte den Kopf. »Dieses Maestro-Getue ist doch lachhaft. Was für ein Maestro soll ich denn sein? Der Meister der C-Programmierung vielleicht? Oder ein meisterhafter Debugger? Dann eher schon ein Meister in nichts.«

»Wie bitte?«

»Hansdampf in allen Gassen, aber Meister in nichts. Da Sie mir freundlicherweise angeboten haben, Sie mit Ihrem Vornamen anzusprechen, Webster, wäre es mir am liebsten, wenn Sie das gleiche täten: Ich bin der Kayo.«

»Also gut, Kayo. Auf jeden Fall bin ich froh, daß wir diese Zeit zusammen haben. Ich habe viel Gutes von Ihnen gehört.«

Er lächelte über das ganze Gesicht. »Das erinnert mich an eine Geschichte ...«

Was folgte, war eine weitschweifige Erzählung über Kayos Großvater, der ein Hotel in den Bergen in der Nähe von Märkst besessen hatte. Als die Geschichte zu Ende war, hatte Mr. Tompkins sein Sandwich aufgegessen, während sein Begleiter seines noch nicht einmal angerührt hatte. Der Anstand verlangte es, dem Mann eine Chance zum Essen zu geben: »Apropos Großväter«, begann Mr. Tompkins, »es gibt da eine ziemlich lustige Geschichte über meinen ...«

Kayo griff nach seinem Sandwich.

Als zwei Stunden vergangen waren, wußte Mr. Tompkins immer noch nicht so recht, was es mit Diyeniar auf sich hatte. Sie hatten ein paar wunderbare Geschichten ausgetauscht, und das hatte Spaß gemacht. Und wie Melissa es ihm prophezeit hatte, fühlte er sich gut. War es das, fragte er sich? War das Diyeniars Magie?

Auf dem Weg zurück zu Aidrivoli-1 warf Mr. Tompkins das Thema Konflikte auf, das ihn in diesen Tagen so sehr beschäftigte.

»O ja«, nickte Kayo. »Es gibt hier ständig Konflikte: Zwei Leute, die sich wegen irgendeines Themas in die Haare bekommen, über das sie sich im wesentlichen einig sind, aber von dem sie nur den Aspekt sehen können, in dem sie sich uneins sind.«

»Und was sollten wir dabei tun?«

»Was tut eine Mutter mit einem Kind, das sich das Knie aufgeschlagen hat? Sie gibt ihm einen Kuß, damit der Schmerz vergeht, und dann lenkt sie die Aufmerksamkeit des Kindes weg von dem, was weh tut, auf etwas, was nicht weh tut. Ehe das Kind es sich versieht, ist der Schmerz vergangen und vergessen.«

»Sie lenkt das Kind ab, indem sie ihm zum Beispiel eine Geschichte erzählt?«

»Vielleicht das. Oder durch etwas anderes. Aber vergessen Sie nicht den Kuß, den Kuß der Mutter direkt auf die Stelle, die weh tut.«

»Und was entspräche in unserer Branche diesem Kuß? Ihrer Meinung nach?«

»Das ist die Frage. Es müßte ein kleines Ritual sein. Ich habe keine Ahnung, wie ein solches Ritual generell aussehen könnte, aber im Einzelfall liegt es oft auf der Hand.«

Ein Ritual, das war es. Damit würde eine Mediation beginnen. »Ich habe eine Idee, Kayo, die ich gerne ausprobieren würde.« Er berichtete ihm kurz, wie Dr. Boheme Mediation zur Konfliktlösung einsetzte.

Kayo nickte zustimmend. »Wissen Sie, Mediation ist mittlerweile auch in den Schulen ein Thema. Nicht in der Grundschule, aber in den mittleren Klassen. Wir unterrichten die Kinder darin, bei Streitigkeiten zwischen Klassenkameraden als Mediatoren zu vermitteln. Ich habe das Lehrbuch für den Kurs gesehen. Der Kurs nimmt nur zwei Unterrichtsstunden in Anspruch. Dazu müssen Sie wissen: Kinder in diesem Alter können Sie in zwei Stunden nur etwa zehn Minuten lang wirklich erreichen. Deshalb besteht der Kurs über Mediation nur aus Material für zehn Minuten. Das Erstaunliche daran ist, daß die Kinder draußen auf dem Schulhof Streitigkeiten tatsächlich erfolgreich lösen.«

»Verhandlungen sind schwierig, Mediation ist einfach«, warf Tompkins ein.

»Vermutlich«, sagte der Maestro. »Also, mir gefällt Ihre Idee, daß der erste Schritt in Richtung Mediation ein Ritual sein sollte, das wir uns erst noch ausdenken müssen, der Kuß der Mutter, sozusagen.«

»Halten Sie die Augen auf, Kayo, und lassen Sie es mich wissen, wenn Sie irgendwo einen schwelenden Konflikt bemerken. Ich würde diese Idee gern ausprobieren.«

Es dauerte nicht lange, bis Maestro Diyeniar einen Konflikt erspähte. Der Manager des Quirk-B-Teams, Loren Apfels, und sein Entwurfsspezialist Norwood Bolix waren aneinandergeraten, und die Zusammenarbeit zwischen ihnen gestaltete sich zunehmend schwierig. Mr. Tompkins bat sie beide gleichzeitig in sein Büro, wo er sich erstmals darin versuchen wollte, das »Mediationsritual« anzuwenden. Er lud Maestro Diyeniar ein, bei der Begegnung dabei zu sein. Die drei kamen zusammen, und Mrs. Beerzig führte sie in Tompkins' Büro.

»Sehen Sie«, sagte Mr. Tompkins zu Apfels und Bolik, »Sie beide haben sich gegenseitig auf dem falschen Fuß erwischt. Ich denke, wir sollten das anerkennen und nicht unter den Teppich kehren.« Er sah sie erwartungsvoll an.

Immerhin widersprachen sie nicht. Sie starrten ihn schweigend an und warteten, was als nächstes kommen würde.

»Konflikte sind nichts Verwerfliches, nicht in dieser Organisation«, informierte Mr. Tompkins sie. »Sie sind oft völlig berechtigt. Ich denke nicht, daß einer von Ihnen irgendeinen Grund hätte, sich zu schämen. Aber Konflikte können oft im Weg sein, und deshalb müssen wir etwas dagegen unternehmen.« Er machte eine dramatische Pause und spielte dann seine Trumpfkarte aus: »Wir alle müssen verstehen, daß Sie beide in Wirklichkeit nicht auf gegnerischen Seiten stehen. Sie stehen beide auf der gleichen Seite. Das Problem steht auf der gegnerischen Seite.«

18 Maestro Diyeniar

Als Dr. Boheme diese Worte zu ihm gesagt hatte, waren sie ihm als überzeugende Formel erschienen, aber jetzt gingen sie ins Leere. Apfels und Bolix starrten ihn verständnislos an, sie nickten nicht einmal. Er schaute hilfesuchend zu Kayo hinüber, aber der zuckte nur mit den Schultern. Er mußte allein damit fertig werden.

Mr. Tompkins machte weiter. »Sie beide haben versucht, über Ihre Differenzen zu verhandeln. Aber Verhandlungen sind schwierig. Mediation dagegen ist eine ziemlich einfache Sache. Deshalb machen wir jetzt folgendes. Ich bin der Mediator. Wir wenden ein paar grundlegende Konfliktlösungstechniken an. Ich bin sicher, daß wir auf diese Weise zu einer annehmbaren Vereinbarung gelangen, wie Sie beide künftig harmonischer zusammenarbeiten können. Also, wo liegt denn das Problem?«

Bolik sah Apfels verlegen an. »Also, wenn Sie so fragen, ich traue Loren nicht. Ich traue ihm heute nicht, ich habe ihm gestern nicht getraut und ich werde ihm auch morgen nicht trauen.«

»Dito«, sagte Apfels.

Eine lange Stille folgte, in der Tompkins überlegte, was er als nächstes tun oder sagen sollte. Ihm fiel nichts ein. »Äh, Kayo?«

Kayo schüttelte traurig den Kopf. »Soviel zum Mutterkuß.« Er wandte sich Apfels und Bolik zu. »Meine Freunde, Loren und Norwood, ich wollte, Sie könnten gegenseitig das in sich sehen, was ich sehe: das Gute in Ihnen beiden, vor allem Ihre große Integrität. Ich schätze Sie beide sehr ... aber offensichtlich Sie sich einander nicht. Sie haben das sehr klar gesagt. Ich glaube, Webster ist jetzt am Zug, etwas zu tun, was über Mediation hinaus geht. Er wird sich etwas einfallen lassen. Da bin ich sicher. Wie wäre es, wenn Sie uns jetzt einfach allein lassen würden, damit wir eine Lösung finden können? Sie können uns vertrauen, daß wir eine Änderung herbeiführen werden, die für Sie beide akzeptabel ist und die Spannung wegnimmt.«

Bolix und Apfels standen auf und gingen hinaus. Als sich die Tür hinter ihnen geschlossen hatte, sah Mr. Tompkins den Maestro an. »Was habe ich falsch gemacht?«

Diyeniar schüttelte fassungslos den Kopf. »So ziemlich alles. Ich habe Ihnen das Schulbuch mitgebracht, Webster, die Anleitung für zwölf- bis vierzehnjährige Mediatoren. Ich hatte eigentlich gehofft, Sie hätten etwas Zeit für uns eingeplant, es durchzusehen und vielleicht ein bißchen zu üben, bevor unsere zwei

Freunde dazustoßen.« Kayo schlug das schmale Taschenbuch auf einer der mittleren Seiten auf und reichte es Mr. T. hinüber.

Mr. Tompkins sah sich die aufgeschlagene Seite an. Sie war mit *Die fünf Schritte der Mediation* überschrieben. Der erste Schritt lautete:

EINS – **Zustimmung einholen.** Fragen Sie beide Beteiligte, ob sie Ihnen erlauben, als Mediator für sie zu fungieren.

»Oh«, sagte Mr. Tompkins. »Zustimmung einholen. Das habe ich nicht getan. Das war vielleicht ein Fehler.«

Kayo verdrehte die Augen.

Mr. Tompkins schlug sich gegen die Stirn. »Das hätte ich tun sollen. Ich hätte ihre Zustimmung einholen sollen.«

»Die Bitte um Zustimmung zur Mediation und ihre Gewährung ist der Mutterkuß, nach dem wir gesucht haben. Sie haben das Ritual völlig übersprungen und sind gleich zur Sache gekommen.«

»Hmm.« Mr. Tompkins las die vier nachfolgenden Schritte durch. Jetzt, wo er sie schwarz auf weiß vor sich sah, lagen sie auf der Hand. In Wahrheit hatte er keine Ahnung gehabt, wie er vorgehen sollte, und er hätte Schritt zwei bis fünf wahrscheinlich genauso verpfuscht wie Schritt eins. Reumütig sah er hoch. »Eines habe ich gelernt: Mediation mag einfach sein, aber trivial ist sie nicht.«

»Das stimmt. Wie das Umdrehen eines Pfannkuchens. Es sieht ganz einfach aus ...«

»Ich Blödmann habe meine Hausaufgaben nicht gemacht.«

Kayo nickte verständnisvoll. »Außerdem waren Sie auch die falsche Person, um zu vermitteln. Sie sind alles andere als ein *unbeteiligter* Dritter. Und Sie haben Macht über sie. Ein Mediator ist jemand, der aus einer Position ohne Macht heraus Unterstützung gibt.«

»Ich habe es verpfuscht. Was machen wir jetzt?«

»Jetzt haben sie das Endspiel erzwungen. Jeder hat eine Position eingenommen, in der ein Rückzieher ohne Gesichtsverlust nicht mehr möglich ist. Die beiden Parteien davor zu bewahren, sich zu verrennen, ihnen zu helfen, festgefahrene Positionen zu vermeiden, das ist meiner Meinung nach die Aufgabe des Mediators.«

»Aha.«

»Aber leider haben sie sich schon verrannt. Jetzt müssen Sie einen von beiden versetzen. Der Schaden ist angerichtet. Aber Sie können ihn begrenzen. Das ist immer noch besser, als das Problem gären zu lassen.«

An diesem Nachmittag machte Mr. Tompkins seine Hausaufgaben. Er las *Einführung in die Mediation für Schüler* von der ersten bis zur letzten Seite – sie war nur sechzehn Seiten lang. Er bat Mrs. Beerzig, Kopien davon für alle Mitarbeiter des Unternehmens anfertigen zu lassen. Danach schrieb er ein Memo an alle Mitarbeiter. Darin stand, daß sich die Organisation verpflichtete, bei einem Konflikt die Gewinnbedingungen aller Parteien zu hören und zu respektieren, und aufkommende Differenzen durch Mediation zu lösen. Schließlich vereinbarte er mit Gabriel, eine kleine Gruppe zusammenzustellen, die die Gewinnbedingungen der Mitarbeiter aller Ebenen erfragen und dokumentieren sollte.

Die gescheiterte Mediation zwischen Apfels und Bolix war auch deshalb kein Ruhmesblatt für ihn, weil von Anfang an eine sehr viel bessere Lösung zum Greifen nahe lag: Er hätte Diyeniar bitten sollen, als Mediator zu fungieren. Der Maestro war unbeteiligt und hatte keine Machtposition inne, er kannte sich mit Mediation aus (man arbeitete nicht jahrelang als Grundschullehrer, ohne das eine oder andere über Konfliktlösung zu lernen), und er konnte von Natur aus mit Menschen umgehen. Mr. Tompkins schrieb eine schnelle E-Mail-Nachricht an den Maestro, in der er ihn bat, in Zukunft als Mediator zur Verfügung zu stehen. Ein paar Minuten später hatte er die Antwort. »Ich helfe gerne«, lautete sie. Unter der Unterschriftszeile stand ein kurzes Gedicht:

Das sind die Weisen,
die durch Irrtum zur Wahrheit reisen;
Die beim Irrtum verharren,
das sind die Narren.

Friedrich Rückert

Aus Mr. Tompkins' Tagebuch:

Rolle des Katalysators:

- ☐ Es gibt so etwas wie eine katalytische Persönlichkeit. Solche Menschen leisten einen Projektbeitrag, indem sie dem Team helfen, zusammenzuwachsen und gesund und produktiv zu bleiben. Selbst wenn eine Katalysator-Persönlichkeit nichts sonst leisten würde (meistens leistet sie sehr viel mehr), ist sie allein aufgrund ihrer Katalysator-Rolle wichtig und wertvoll.

- Mediation ist ein Spezialfall der Katalysator-Rolle. Mediation läßt sich mit geringem Aufwand erlernen.
- Das kleine Ritual, das mit dem Satz beginnt »Kann ich Ihnen helfen, indem ich versuche, als Mediator für Sie zu vermitteln?«, kann ein wichtiger erster Schritt der Konfliktlösung sein.

Zwischenspiel

Das erste Wochenende seit Beloks Erlaß zur Sieben-Tage-Woche stand bevor. Natürlich wußte fast niemand etwas über den Erlaß, weil Tompkins Memo *Neue Arbeitszeiten* zwar an die gesamte Belegschaft adressiert, aber nur an Minister Belok weitergeleitet worden war.

Mr. Tompkins und Belinda saßen hinter verschlossenen Türen in Mr. Tompkins' Büro. »Belinda, ich fühle mich allmählich wie ein Geistesgestörter. Ich fühle mich wie ein Mensch, der sich in einem Lügennetz verstrickt hat. Ich weiß nicht mehr, was real ist, und was nicht. Wir frisieren die Stundenmeldungen, die wir nach Korsach weitergeben, wir stellen fiktive Richtlinien auf, die wir nicht anzuwenden beabsichtigen, wir verheimlichen die Existenz unserer B- und C-Projekte, ich versichere Belok andauernd, daß wir die Termine einhalten werden, obwohl ich genau weiß, daß das nicht der Fall sein wird. Irgend etwas stimmt hier nicht.«

Belinda zuckte mit den Schultern. »Allerdings. Aber das liegt nicht an Ihnen.«

»Wirklich nicht? Wie verhält sich ein Ehrenmann in einer solchen Situation? Die Antwort kann doch nicht sein, daß er lügt, sowie er den Mund aufmacht.«

»Nein, ich glaube nicht. Webster, die offensichtliche Antwort lautet, daß ein integrer Mensch eine Grenze ziehen muß, von der er nicht abrückt. Das haben Sie getan. Wenn ich mich richtig erinnere, haben Sie Belok gesagt, er könne Sie ...«

»Stimmt. Aber dann ...«

»Dann hat er sich bewußt dafür entschlossen, Sie nicht anzuhören, und Ihnen keine andere Wahl gelassen als ihn zu belügen. Und jetzt belügen Sie ihn eben. Das ist ein Problem, aber es ist sein Problem, nicht Ihres.«

»Das ist sehr wohl auch mein Problem. Ich bin derjenige, der lügen muß. Ich sollte die Sache hinwerfen und gehen, Belinda. Wirklich. Das wäre ehrenhaft.«

»Es gibt einen Grund, warum wir hier sind, Webster: Das Projektmanagement-Labor. Wir haben uns das Ziel gesetzt, einige der kausalen Zusammenhänge aufzudecken, die die Projektarbeit beeinflussen. Und wir haben unser Ziel fast erreicht. Wir können jetzt nicht gehen. Wir würden den Spaß hier viel zu sehr vermissen.«

»Mit den Lügen zu leben ist kein Spaß.«

»Nein. Und das tut mir sehr leid für Sie. Sie zahlen den Preis, damit wir anderen diese interessante und absorbierende Arbeit machen können. Aber das wird sich lohnen, Webster. Wir müssen nur noch etwas länger durchhalten. Und außerdem: Sie und ich könnten gehen. Gabriel könnte gehen. Aber viele andere Leute könnten das nicht. Sie sind ihr Puffer. Wenn Sie gehen, würden Sie Belok die Mitarbeiter zum Fraß vorwerfen.«

»Ich weiß. Ich bete mir das alles immer wieder vor. Trotzdem habe ich das Gefühl, unehrenhaft zu handeln. Alle diese Lügen zu erzählen ...«

»Wie der Typ, der den Straßenräuber anlügt und sagt, er hätte kein Geld dabei, obwohl er genau weiß, daß sich in seinem Aktenkoffer ein Zwanzig-Dollar-Schein befindet.«

»Es ist und bleibt eine Lüge.«

»Er ist und bleibt ein Straßenräuber. Belok ist ein Straßenräuber.«

»Ich denke über dieses Wochenende nach, Belinda. Ich habe gewissermaßen mein Wort gegeben, daß die Leute das ganze Wochenende durcharbeiten. Nur daß sie das natürlich nicht tun werden, weil ich sie nicht dazu aufgefordert habe. Ich denke, daß wenigstens ich am Samstag und Sonntag da sein muß. Das ist das Mindeste, was ich tun kann, um wenigstens ein Minimum an Anstand zu wahren.«

»Sie sind verrückt, Webster! Das verspricht das schönste Wochenende in diesem Jahr zu werden. Perfektes Wetter, Herbstlaub, die letzten Tage des Altweibersommers. Sie müssen wegfahren. Dr. Belinda verschreibt Ihnen ein freies Wochenende. Das ist keine Option. Ohne Spaß.«

»Danke, Dr. Belinda, aber ich glaube, ich muß hierbleiben.« Er sah unglücklich zum Fenster hinaus auf die farbenprächtige Natur, in die Aidrivoli eingebettet war. Es würde wirklich ein phantastisches Wochenende werden. »Ich hätte einfach ein zu schlechtes Gewissen, jetzt wegzufahren.«

»Dann müssen wir etwas unternehmen, um Ihr Gewissen zu beruhigen. Lassen Sie mich nachdenken.« Belinda ging hinüber zum Fenster und stand dort, mit dem Rücken zu ihm. Sie ließ die Schultern hängen und seufzte. Stille breitete sich aus. Sie schwieg so lange, daß er glaubte, ihre Gedanken seien abgeschweift. Das war gut möglich. Er wußte nie sicher, was in ihrem Kopf vor sich ging. Manchmal waren ihre Gedanken brillant und manchmal einfach nur versponnen. Mittlerweile verließ er sich fast blindlings auf ihr Urteil. Trotzdem fragte er sich noch immer, ob sie ihren lähmenden Burnout völlig überwunden hatte, ja jemals ganz überwinden würde. In ihrem perfekt geschnittenen Kostüm wirkte sie wie die ultimative Karrierefrau. Andererseits bestand sie weiterhin auf diesen unbeschuhten Füßen ...

Schließlich drehte sich Belinda zu ihm herum. »Hier ist mein Plan, Chef. So wird es gehen. Wir verkünden ein langes Wochenende für alle Mitarbeiter und legen den gesamten Komplex still, schließen ihn ab und zwingen jeden, drei volle Tage frei zu nehmen.«

»Belinda.«

»Es wird ihnen unsagbar gut tun.«

»Aber Belok wird es merken.«

»Natürlich. Dann lassen wir Mrs. Beerzig die Zeiterfassungsbögen so ausfüllen, daß sie für jeden einzelnen Mitarbeiter der Belegschaft hundertachtundsechzig Wochenstunden nachweisen.«

»Warum hundertachtundsechzig?«

»Das sind sieben Tage vierundzwanzig Stunden am Tag.«

»Das ist Ihre Lösung? Statt ein bißchen zu lügen, lügen wir im großen Stil? Belok durchschaut das doch in Null Komma nichts.«

»Natürlich. Und was wird er dann tun? Nichts. Der Witz an der Sache ist, daß wir ihm den Fehdehandschuh hinwerfen, aber ihn nicht zwingen, ihn aufzunehmen. Er hat die Möglichkeit, ihn zu ignorieren. Ich garantiere Ihnen, er wird diese Option wählen, Webster.«

Es war verrückt: Der gleiche Webster Tompkins, der sich verpflichtet gefühlt hatte, das ganze zweitägige Wochenende über durchzuarbeiten, fand es jetzt, wo das lange Wochenende beschlossene Sache war, aus irgendeinem Grund völlig legitim, sich gleich drei Tage frei zu nehmen. Er konnte sich nicht erklären, woran das lag. Aber da es nun einmal so war, beschloß er, sich nicht mehr darum zu kümmern.

Das Residence hielt für seine Gäste einen alten schwarzen Lada bereit. Mr. Tompkins sah, daß auf der Warteliste für das Wochenende nur sein Name stand; der Wagen gehörte ihm. Er packte sich ein Lunchpaket ein und fuhr Richtung Nordosten, ins Landesinnere Moroviens.

Inzwischen hatte er soviele Geschichten von Maestro Diyeniar über das Hotel seines Großvaters in der hügeligen Region um Märkst gehört, daß er fast das Gefühl hatte, es sei Teil seiner eigenen Familiengeschichte. Das Hotel wurde von Cousins des Maestro geleitet. Mr. Tompkins bat den Maestro, ihm den Weg aufzuzeichnen und fuhr ab, um das Wochenende im Diyeniar-Hotel zu verbringen. Ganz gleich, was dabei herauskam: Er würde zumindest das Vergnügen einer langen gemütlichen Überland-Fahrt haben. Der Himmel war klar, das Wetter kühl und frisch und die Farben der Bäume unbeschreiblich.

Nach Kayos Anweisungen mußte er von der Hafenstadt Onlijop aus östlich fahren und kurz vor Märkst nach der Staatsstraße 4 Nord Ausschau halten. Er fuhr an einem rotschwarzen Wegweiser für die Staatsstraße 4 Süd vorbei – an der Stelle, wo sie in die Straße nach Onlijop einbog. Daraus schloß er, daß er einfach beim nächsten Wegweiser abbiegen mußte. Kayo hatte ihm versichert, Staatsstraße 4 Nord würde gut ausgeschildert sein. Er fuhr weiter und wartete auf den Wegweiser, sah ihn aber nicht.

Ein paar Minuten später steckte er im Verkehrsgewühl um den samstäglichen Bauernmarkt in Märkst fest. Er war zu weit gefahren. Er wendete das kleine Auto und fuhr den Weg zurück, den er gekommen war. Als er Märkst verließ, sah er den Wegweiser für Staatsstraße 4 Nord, aber er fuhr daran vorbei, wendete und näherte sich ihm nochmals von Westen – alles nur, um herauszufinden, warum er die Abzweigung vorher verfehlt hatte. Pure Neugier trieb ihn dazu. War die Abzweigung in der anderen Richtung nicht richtig ausgeschildert? Oder war der Wegweiser, trotz Kayos Zusicherung, nicht richtig zu sehen, wenn man aus Westen kam? Zu seiner Überraschung traf beides nicht zu: Der Wegweiser war riesengroß, gut sichtbar und wies ihn eindeutig in Richtung Staatsstraße 4 Nord. Tompkins war erstaunt. Warum hatte er ihn beim ersten Mal übersehen?

Mr. Tompkins wendete das Auto erneut und fuhr den ganzen Weg zurück bis zu dem Punkt, wo die beiden Straßen erstmalig aufeinander trafen. Der Wegweiser in Richtung Morovische Staatsstraße 4 Süd war ein Schild, das diagonal in eine rote und eine schwarze Zone aufgeteilt und weiß beschriftet war. Er wendete und fuhr zu dem Wegweiser für die Staatsstraße 4 Nord. Dort fand er die Erklärung, warum er das Schild vorher übersehen hatte: Der Wegweiser war kein rot-schwarzes Schild mit weißer Beschriftung, sondern ein einfacher weißer Kreis mit schwarzer Schrift. Staatsstraße 4 ging offenbar an dieser Stelle von einer Bundesstraße in eine einfache Landstraße über. Weil er nach einem rotschwarzen Schild Ausschau gehalten hatte, hatte er das andere übersehen. Mr. Tompkins lachte in sich hinein und fuhr nach Norden weiter.

Man übersieht die einfachsten Dinge, wenn man sich nur sicher genug ist, daß sie nicht da sind, dachte Mr. Tompkins. Er war völlig überzeugt davon gewesen, daß der Wegweiser ein rot-schwarzes Schild sein würde. Er wußte es einfach. Deshalb hielt er zuversichtlich nach dem Schild Ausschau und segelte dabei blindlings an dem schwarz-weiß beschrifteten Schild vorbei, daß ihm zeigte, wo er auf die Staatsstraße 4 Nord abbiegen mußte. Er hatte sich selbst ein Bein gestellt. Es war zum Brüllen. Eigentlich gab es nichts Komischeres, als sich selbst ein Bein zu stellen.

Allerdings: Je länger er darüber nachdachte, desto weniger komisch erschien ihm der Zwischenfall. Schließlich kam er ihm überhaupt nicht mehr komisch vor. Er ließ das Auto ausrollen und lenkte es an den Straßenrand, hielt an und schaltete die Zündung aus. Gedankenverloren saß er auf dem Fahrersitz und starrte in die fernen Wälder. Der Zwischenfall mit dem Wegweiser war nicht nur ein kleiner logischer Fehler gewesen; es steckte mehr dahinter. Er war symptomatisch für den grundlegenden Irrtum der Menschheit. Zumindest für den grundlegenden Tompkins'schen Irrtum. Als er an die entscheidenden Fehler seiner Karriere zurückdachte, erkannte er ein Muster, das ihnen allen gemeinsam war. In jedem Fall war er von einem wichtigen Sachverhalt überzeugt gewesen, von dem er nicht wußte, ob er zutraf oder nicht (wie zum Beispiel, wo der schwarz-rote Wegweiser zur Staatsstraße 4 Nord stehen würde). In jedem Fall war er sich nicht bewußt gewesen, daß etwas, das er zu wissen glaubte, sich schließlich als falsch herausstellen würde (der Wegweiser für die Abzweigung müsse ein schwarz-rotes Schild sein). Und in jedem Fall hatte er seine ganze Aufmerksamkeit darauf konzentriert, die Antwort auf etwas zu finden, das er nicht wußte, statt noch einmal das zu überdenken, was er wußte.

»Das ist mein schwacher Punkt«, dachte er. »Vielleicht ist es auch bei anderen ein schwacher Punkt, auf jeden Fall aber bei mir. An diesem Punkt gehe ich unweigerlich in die Irre. Ich bin so überzeugt von meinem Wissen, daß ich für alle Anzeichen blind bin, die beweisen, daß das, was ich zu wissen glaube, falsch ist.«

Mr. T. lehnte seinen Kopf gegen die Kopflehne und blickte auf den grauen Stoff über sich. Gab es auch jetzt etwas in seinem Leben, was er absolut sicher zu wissen glaubte, womit er aber völlig daneben lag? Was war im Moment sein blinder Fleck? Sein Instinkt sagte ihm, daß da etwas war, etwas, was die Durchführung der Projekte in Aidrivoli entscheidend verbessern könnte. Er mußte es nur zu fassen bekommen. Unter all seinen Annahmen gab es eine, die falsch war. Wenn er sie jetzt zu fassen bekäme, könnte sie ihm die Augen für einen Ausweg öffnen, den er bisher übersehen hatte. Er schloß die Augen und erforschte sein Inneres, indem er selbst seine heiligsten Überzeugungen auf den Prüfstand stellte und anzweifelte. Er hörte Aristoteles' Stimme: Überlegen Sie nicht, was man ergänzen, sondern worauf man verzichten kann. Worauf konnte man verzichten, um die Projekte effizienter zu machen? Welche falschen Überzeugungen verhinderten, daß er die Zeichen sah, die – das vermutete er jetzt – groß und breit vor ihm standen?

Er richtete sich auf und nahm zum ersten Mal seine Umgebung wahr. Die Szenerie um ihn herum, die er so unbewußt gewählt hatte, war zauberhaft. Neben der Straße verlief eine Hügelkette. Vor ihm lag ein farbenprächtiges Tal, durch das sich neben einem Fluß eine schmale Eisenbahnlinie wand. Am anderen Ende das Tals weitete sich der Fluß zu einem See, der in der tiefstehenden Sonne glänzte. Er konnte sich keinen schöneren Platz für ein Picknick denken. Er holte seinen Picknickkorb und eine Decke aus dem Kofferraum und machte es sich auf einem Felsen bequem. Aber auch nachdem er ohne Eile zu Mittag gegessen und ein kleines Nickerchen auf dem Gras neben dem Felsen gemacht hatte, wußte er noch immer nicht, was die falsche Annahme sein konnte. Aber er wußte, daß sie ihm irgendwann einfallen würde. Jetzt, wo er die Augen danach offen hielt, konnte sie ihm nicht lange entgehen.

Bevor er sich wieder auf den Weg machte, notierte er einen kurzen Eintrag in seinem Tagebuch.

Aus Mr. Tompkins' Tagebuch:

Menschliches Irren:

- Nicht das, was wir *nicht* wissen, bringt uns zu Fall ... sondern das, was wir fälschlicherweise zu wissen glauben.

19
Der Teil und das Ganze

Aristoteles Kenoros war ein Morgenmensch. Wenn er auftauchte, dann meistens in aller Herrgottsfrühe. An diesem Morgen kam Mr. Tompkins ins Büro, um von Mrs. Beerzig zu erfahren, daß Moroviens Erster Programmierer drinnen auf ihn wartete. Er fand ihn an seinem Schreibtisch sitzend vor, völlig absorbiert von einer Buchstabenmatrix, die er auf die Weißtafel gemalt hatte.

»Das Zwischenzeugnis«, informierte ihn Kenoros. »Ich habe die internen Entwurfsergebnisse der Teams benotet. Dabei habe ich nicht so sehr auf die Qualität der Entwürfe geachtet, sondern darauf, ob sie überhaupt einen Entwurf erstellt haben. Wer einen modularen Detailentwurf erstellt hat, der als Blaupause dienen kann und darlegt, was die codierten Module leisten und durch welche Schnittstellen sie miteinander verbunden sein sollen, bekommt bei Kenoros eine Eins. Wer überhaupt keinen Entwurf hat, bekommt eine Sechs. Wer irgend etwas dazwischen hat, bekommt eine der Noten dazwischen. Schauen Sie sich das Ergebnis an.«

Mr. Tompkins setzte sich, rührte seinen Kaffee um und analysierte die Matrix.

Produkt	A-Team	B-Team	C-Team
Notate	6	1	1
PMill	6	1	1
Paint-It	6	1	2
PShop	6	1	1
Quirk	6	2	1
Quickerstill	3	1	1

»Sagen Sie mir noch einmal, Aristoteles, was eine Sechs bedeutet.«

»Sie bedeutet, daß das Projekt ein Pro-forma-Dokument erstellt hat und es als Entwurf bezeichnet. Typischerweise beschreibt ein derartiges Dokument die ersten Überlegungen zur internen Struktur in Textform.«

»Also nichts, was Sie als echten Entwurf bezeichnen würden.«

»Nein. Natürlich entsteht dann später, als Nebenprodukt des Codierens, ein Entwurf. Aber die Aktivität, die Entwurf heißt, liefert keinen echten Entwurf. Dafür gibt es eine Sechs.«

»Hmm. Alle kleinen Teams haben eine Eins oder eine Zwei. Sechsen gibt es offenbar nur bei den großen Teams. Was steckt dahinter?«

»Das frage ich Sie. Es ist mir ein Rätsel.«

»Als erstes fällt mir dazu ein, daß das Konzept des Orakels – Last-Minute-Implementierung – ohne einen guten Entwurf nicht funktionieren kann.«

»Sehr gut, Webster. Sie machen Fortschritte.«

»Trotzdem weiß ich nicht, warum die A-Teams so versagt haben. Ich weiß aber, daß sie keine Chance haben, mit solchen Entwürfen die Schritte vor der Codierung durchzuführen, die sie unserer Meinung nach durchführen sollten.«

»Genau. Sie werden nicht in letzter Minute implementieren. Die sechs A-Teams haben schon vor längerer Zeit mit der Implementierung begonnen. Es ist mir nicht gelungen, sie davon zu überzeugen, damit zu warten. Ich habe es versucht, aber es war nichts zu machen.«

»Und die anderen?«

»In unterschiedlichem Ausmaß probieren alle B- und C-Teams den Ansatz des Orakels aus. Sie versuchen alle, mit der Implementierung zu warten und so viel Verifikationsarbeit wie möglich zu leisten, bevor sie eine einzige Zeile Code schreiben. Ein paar von ihnen versuchen entschlossen, erst im letzten Sechstel des Projekts mit dem Codieren zu beginnen.«

»Und keines der A-Teams?«

»Keines.«

»Okay, ich gebe es auf. Was ist los?«

Kenoros warf sich in den Sessel gegenüber von Tompkins. Er grinste, gab aber keine Antwort.

Tompkins versuchte es noch einmal. »Warum haben die A-Teams keinen Entwurf zustande gebracht?«

»Zu groß.«

»Was?«

»Das ist meine Theorie. Die Teams waren zu groß. Sie hatten einfach zu viele Leute, um sie alle an der Entwurfsarbeit beteiligen zu können. Entwerfen ist eine Aufgabe für eine kleine Gruppe. Sie können drei oder vier oder meinetwegen fünf Leute um eine Weißtafel herumsetzen, die den Entwurf zusammen erarbeiten. Aber Sie können keine zwanzig Leute um eine Weißtafel herumsetzen.«

19 Der Teil und das Ganze

»Ich sehe immer noch nicht, warum das einen Entwurf verhindern sollte. Man kann drei oder vier oder fünf Mitarbeiter mit dem Entwurf betrauen, und den Rest mit anderen Aufgaben beschäftigen. Warum nicht? Warum können sie nichts anderes tun?«

»Was sind die anderen Aufgaben?«

»Ich weiß nicht. Andere Aufgaben.«

»Im Entwurfsschritt geht es darum, das Ganze in Teile zu teilen. Sobald das geschehen ist, können Sie Gruppen von Mitarbeitern einzelne Teile zuweisen, die sie getrennt voneinander bearbeiten können. Aber bevor Sie das nicht gemacht haben, haben Sie keine Teile. Sie haben ein Ganzes. Solange es ein Ganzes ist, können die Leute nur in einer ungeteilten Gruppe daran arbeiten.«

»Das ist trotzdem keine Entschuldigung, die Entwurfsarbeit zu überspringen. Was getan werden muß, muß getan werden. Der Manager könnte ein kleines Team an die Arbeit setzen und alle anderen bitten, sich mit Geduld zu wappnen und Däumchen zu drehen, wenn es nichts anderes zu tun gibt.«

»Stimmt. Ich denke, das ist im QuickerStill-A-Team passiert«, sagte Kenoros. »Aber jetzt stellen Sie sich doch Ihre sogenannte Lösung mal aus der Sicht des Projektmanagers vor. Stellen Sie sich vor, Sie selbst sind der Manager eines großen Projekts. Sie haben vom ersten Tag an dreißig Leute. Und Sie haben einen aggressiven Terminplan – deshalb hat man Ihnen ja so viele Leute zugeteilt. Würden Sie in dieser Situation fünfundzwanzig Leute auffordern, in den nächsten zwei Monaten Däumchen zu drehen?«

»Ich sehe, worauf Sie hinauswollen. Sie würden einen Aufstand machen.«

»Natürlich. Außerdem müßten Sie mit scheelen Blicken rechnen. Stellen Sie sich vor, wie Sie auf Ihren Chef und den Chef Ihres Chefs wirken würden. Sie sollen bis ersten Juni dieses Wahnsinnsprojekt abschließen, und ein Großteil Ihrer Leute macht sich einen faulen Lenz.«

»Hmm. Ich sähe aus, als wäre ich kein richtiger Manager.«

»Genau. Und was machen Sie deshalb?«

»Na ja, ich muß Arbeit für meine Leute finden«, sagte Tompkins. »Ich denke, ich würde nach Möglichkeiten suchen, frühzeitig Teile aus dem Ganzen herauszubrechen, die ich an einzelne Gruppen vergeben kann.«

»Richtig. Da es bei der Entwurfsaktivität per Definition darum geht, das Ganze in sinnvolle Teile zu teilen, kürzen Sie den Prozeß ab, um so früh wie möglich eine Unterteilung zu haben.«

»Verstehe. Weil ich aus Gründen der Aufgabenverteilung auf eine frühe Unterteilung aus bin, wird der Entwurf zur Farce. Muß das so sein?«

»Nicht ganz, aber fast. Es stimmt, es gibt immer ein paar Randaktivitäten, die sich abtrennen lassen, noch ehe der Entwurf steht. Aber diese paar Aufgaben reichen nicht annähernd aus, wenn man Unmengen von Mitarbeitern beschäftigen muß.«

»Damit die Leute an wirklich missionskritischen Aufgaben arbeiten können, muß ich die Entwurfsarbeit selbst aufteilen.«

»Und damit geraten Sie in ein gefährliches Fahrwasser. Mit dem Ergebnis, daß am Ende überhaupt kein Entwurf vorhanden ist«, sagte Kenoros. »Sie unterteilen das Ganze grob in fünf oder zehn Teile, damit Sie fünf oder zehn Entwurfsteams an die Arbeit setzen können. Die grobe Unterteilung stellt zwar einen Entwurfsschritt dar, aber Sie behandeln sie nicht als solchen. Ihr Ansatz ist rein von der Aufgabenverteilung bestimmt.«

»Und die anfängliche grobe Unterteilung, wie Sie sie nennen, ist dann das Rückgrat des Entwurfs.«

»So ist es. Und da niemand direkt dafür verantwortlich ist, Ihre Logik nochmals zu überprüfen, bleibt sie das auch. Am Ende haben Sie dann gar keinen Entwurf. Und was die Sache noch schlimmer macht: Am meisten Personal läßt sich für das Codieren und Testen verbraten. Deshalb ist die Versuchung groß, nahezu unverzüglich mit diesen Aufgaben zu beginnen, auch wenn kein vollständiger Entwurf vorliegt.«

Mr. Tompkins war noch immer nicht überzeugt. »Wenn es stimmt, was Sie sagen, dann sind die *meisten* Projekte in der Phase, in der eigentlich der Entwurf erstellt werden sollte, hoffnungslos übersetzt. Das würde heißen, die meisten Projekte bringen keinen echten Entwurf zustande.«

Kenoros lächelte schmerzlich. »Ich fürchte, das ist die traurige Wahrheit. Irgendwo beginnt gerade heute ein neues Projekt, das vom ersten Tag an übersetzt ist. Das Projekt wird alle Phasen durchlaufen, oder mindestens so tun als ob, aber es erstellt keinen Entwurf. Die internen Strukturen werden entstehen, ohne daß echte Entwurfsüberlegungen eine Rolle dabei spielen. Eine Überprüfung des Entwurfs findet nicht statt. Und wenn dann irgendwann, Jahre später, das Produkt überarbeitet werden muß, wird einer der neuen Projektmitarbeiter ein gründliches Reengineering des Entwurfs vornehmen. Er oder sie wird den tatsächlichen Entwurf rekonstruieren. Und dann passiert etwas sehr Trauriges.«

»Nämlich?«

19 Der Teil und das Ganze

»Der künftige Reverse-Engineer wird der erste Mensch sein, der den echten Entwurf des Produkts zu Gesicht bekommt.«

Den ganzen Tag lang kaute Mr. Tompkins an der Vorstellung herum, eine personelle Aufblähung am Anfang schließe einen vernünftigen Entwurf aus. Wenn Kenoros mit seiner Theorie recht hatte, so war nicht nur Aidrivoli davon betroffen: Möglicherweise blieb die ganze Software-Industrie aus diesem Grund hinter ihrem Potential zurück. Überall gab es personell aufgeblähte Projekte, in denen die entscheidende Entwurfsaktivität zum Possenspiel verkümmerte.

Als Belinda nach dem Mittagessen vorbeikam, überfiel Tompkins sie sofort mit der neuen Idee. Sie schien davon unbeeindruckt. »Na und? Im Management geht es nicht ohne Kompromisse. Der Entwurf ist eines der Dinge, der einer Kompromißlösung geopfert wird. Um die Arbeit verteilen zu können, nimmt man eben einen nicht ganz perfekten Entwurf in Kauf.«

»Nicht ganz perfekt ginge ja noch. Aber was ist, wenn Sie in Kauf nehmen müssen, daß überhaupt kein Entwurf gemacht wird?«

»Es gibt immer einen Entwurf. Er ist nur nicht so gut, wie er sein sollte. Selbst wenn die Entwurfsphase nur eine Schimäre ist, gibt es einen Entwurf. Anderenfalls wäre ein künftiger Projektmitarbeiter nie in der Lage, ihn aus dem Code zu reengineeren.«

»Okay, akzeptiert. Es geht hier nicht um Entwurf im Vergleich zu kein Entwurf. In Wirklichkeit geht es um einen qualitativ hochwertigen Entwurf im Vergleich zu etwas, was sich einfach so ergibt, und keine Qualität besitzt. Wenn bei einer erforderlichen Unterteilung niemand echte Entwurfsüberlegungen anstellt, bleibt die Unterteilung weit hinter ihren Möglichkeiten zurück.«

Belinda wischte eine Ecke an der Weißtafel frei. »Okay, das ist etwas, was wir in den Griff bekommen können. Schauen Sie sich das an.« Sie kritzelte in Windeseile eine Skizze hin. »Das ist unser System als Ganzes, und das sind seine Teile.«

»Das ist nur eine Möglichkeit, das Ganze zu teilen. Daneben gibt es unendlich viele andere Möglichkeiten. Zum Beispiel diese hier.« Sie zeichnete eine zweite Unterteilung neben die erste. »Um zu beurteilen, was die bessere Möglichkeit ist, das Ganze in Teile zu teilen, müssen wir uns die entstehenden Schnittstellen ansehen. Ohne allzu formal zu werden: Je mehr Schnittstellen man hat und je komplexer sie sind, desto schlechter ist die Unterteilung.«

»Und dabei«, fügte Mr. Tompkins hinzu, »spielt es keine Rolle, was Sie teilen: das System oder die Arbeit unter den Mitarbeitern.«

Belinda nickte: »Darauf komme ich noch. Lassen Sie uns zuerst die Schnittstellen zwischen den Teilen einzeichnen. Was wir hier machen, ist eine Entwurfsbewertung, weil wir die Unterteilung mit dem saubereren Schnittstellen-Muster wählen.«

»Das heißt, wir wählen die Version auf der rechten Seite.« Mr. Tompkins klang wie ein übereifriges Schulkind.

»Richtig. Wir wählen sie, weil sie mit weniger und schmaleren Schnittstellen zwischen den einzelnen Teilen auskommt. Dann verteilen wir die Teile an die Teammitglieder. Das Ergebnis ist, daß die Verteilung der Arbeit an die Mitarbeiter isomorph zu der Unterteilung des Systems in seine Teile ist.« Sie zeichnete weiter.

19 Der Teil und das Ganze

»Die Schnittstellen zwischen den Mitarbeitern des Teams sind isomorph zu den Schnittstellen zwischen den Teilen des Ganzen. Also ist zum Beispiel ...« Belinda wies auf entsprechende Schnittstellenpaare auf den beiden Seiten des Diagramms, »...die Schnittstelle zwischen Mitarbeiter 3 und 4 des Projekts isomorph zu der Schnittstelle zwischen Teil 3 und 4 des Produkts.«

Sie setzte sich und schaute sich ihre Zeichnungen an. »Das ist ja deprimierend. Wenn die Arbeitsverteilung vor dem Entwurf erfolgt, ist das eine sichere Garantie dafür, daß die Schnittstellen zwischen den Mitarbeitern komplexer sind, als sie sein müßten.«

»Genau«, bestätigte Webster. »Damit je zwei Leute ihre Arbeit tun können, brauchen sie mehr gemeinsame Informationen, als wenn der Entwurf der Arbeitsverteilung vorausgegangen wäre. Die Leute sind gezwungen, mit mehr Teamkollegen zu interagieren, und die Interaktionen sind komplexer. Mit dem Ergebnis, daß die Möglichkeiten zu unabhängiger Arbeit sinken, mehr Zeit für Telefonate und Besprechungen verschwendet wird und es mehr Frustrationen gibt.«

Sie verzog das Gesicht. »Igitt. Ich glaube, das ist die Geschichte unseres früheren Managerlebens, Webster. Häßliche Schnittstellen, Frustrationen, zu viele Besprechungen. Kann das alles an einer verfrühten personellen Aufblähung liegen?«

»Langsam denke ich das.«

Es klopfte an der Tür, und Mrs. Beerzig meldete Avril Alterbek, die Managerin des PShop-C-Teams. Mr. Tompkins beeilte sich, Avril hereinzubitten.

»Hallo. Haben Sie einen Moment Zeit für mich?«

»Immer«, sagte Mr. Tompkins. Er wies auf den Stuhl gegenüber von Belinda. »Was gibt's?«

Arvril setzte sich. »Das Management muß etwas für uns tun. Und das kann teuer werden.«

»Aha, was brauchen Sie denn?« Alles, außer mehr Zeit, dachte er.

»Leute, viele Leute.«

»Aha.« Mr. Tompkins zögerte einen Moment, in dem er sich seine Begründung für die sparsame Besetzung der B- und C-Teams in Erinnerung rief. »Wir haben Ihr Projekt nicht klein gehalten, Avril, um Geld zu sparen. Uns ging es darum, daß wir Ihnen nicht zu viele Leute aufbürden. Gerade als Sie hereinkamen, sprachen wir über die negativen Effekte einer ...« Er stand auf und ging hinüber zur Weißtafel, um ihr die Sache genauer zu erklären.

»Aber das weiß ich doch alles, Webster«, fiel Avril ihm ins Wort. »Ich weiß, welche Überlegungen dahinter stecken. Aber jetzt hat sich die Situation in meinem Projekt geändert. Wir haben einen atemberaubenden Entwurf erstellt. Er ist von beeindruckender Schönheit. Sogar Aristoteles sagt, er sei der attraktivste Detailentwurf, den er je gesehen hat. Natürlich hätten wir ihn ohne ihn nie so elegant und vollständig hinbekommen. In den letzten paar Wochen haben wir den Entwurf auf Herz und Nieren geprüft und auf Papier ausgetestet, um uns zu beweisen, daß er funktioniert. Natürlich sind wir mit diesen Aufgaben noch nicht ganz fertig, aber wir stehen kurz davor. Ich kann jedes Detail der Arbeit sehen, die vor uns liegt. Und dafür brauchen wir mehr Leute, Webster. Ich habe jetzt sieben Mitarbeiter, und das ist für den Augenblick genau richtig: fünf Entwickler und zwei Supportleute. Aber in zwei Monaten werden wir Arbeit für zwanzig weitere Leute haben.«

Belinda wandte sich ihm zu, außer sich vor Begeisterung. »So sehen Sie doch, Webster: Das ist die andere Seite der Medaille. In der letzten Stunde haben wir darüber gesprochen, wie katastrophal es ist, ein Projekt vor dem Entwurf mit zu vielen Mitarbeitern auszustatten. Aber sie sind mit dem Entwurf so gut wie fertig. Und wenn wir unter Entwurf den kritischen Schritt der Unterteilung verstehen, sind sie definitiv fertig. Deshalb braucht Avril neue Mitarbeiter: Sie braucht Leute, die sie mit den Teilaufgaben betrauen kann.«

»Genau. Ich wollte es Ihnen nur rechtzeitig sagen ...«

Belinda war nicht zu bremsen. »Wie viele Teile sind es, Avril?«

»Also, 1677 Module, ungefähr 1300 Datenelemente, 18 Dateistrukturen, 20 Teilintegrationen...«

»Klingt, als könnten Sie sogar mehr als zwanzig zusätzliche Leute brauchen.«

»Könnte ich. Ich wollte nicht gierig sein, aber ich hätte Verwendung für an die fünfunddreißig Leute. Wir haben Modulblöcke zu codieren; wir müssen für alle Teilintegrationen Umgebungen für Akzeptanztests bauen; dazu kommen Codeprüfungen und ein paar abschließende Dokumentationsaufgaben. Alle diese Teile sind fast fertig spezifiziert und brauchen nur noch verteilt zu werden. Wie ich schon sagte, in sechs bis acht Wochen ...«

Belinda sprang auf. »Geben Sie sie ihr, Webster, alle fünfunddreißig. Das ist es. Das ist des Rätsels Lösung.«

»Warten Sie einen Moment. Wir können Avril nicht einfach ab Februar fünfunddreißig Leute aufbürden. Das würde in eine Sackgasse führen. Sie müßte all ihre Zeit damit verbringen, die neuen Leute auf Vordermann zu bringen.«

»Geben Sie ihr fünfunddreißig Leute, die ihre Anwendung in- und auswendig kennen.«

Mr. Tompkins war verblüfft. »Wo zum Teufel sollen wir fünfunddreißig Leute hernehmen, die sich mit PShop auskennen?«

»Plündern Sie das A-Team«, sagte Belinda.

Nachdem Avril gegangen war, grübelten Belinda und Webster über die politische Umsetzung des Plans nach.

»Sie haben zweifellos recht, Belinda; das steht außer Frage. Wenn es nach mir ginge, würden wir genau das tun. Aber so wie die Situation ist, sehe ich nicht ...«

»Was macht ein Mensch mit Prinzipien? Haben Sie mich das nicht mal gefragt? Wenn ich mich recht erinnere, lautete Ihre Antwort darauf: Er stellt die Interessen des Projekts an erste Stelle und hilft den Mitarbeitern so gut er kann, gute Arbeit zu leisten und ihre Aufgaben zügig zu erledigen. Nach diesem Prinzip haben Sie bisher gehandelt. Und jetzt sagt Ihnen das gleiche Prinzip, auf die A-Teams zuzugreifen und ihre Mitarbeiter in den B- und C-Teams einzusetzen, wo wir wissen, daß sie gebraucht werden.«

Mr. Tompkins bemühte sich um eine neutrale Stimme. »Belok würde uns lynchen. Vor dem Wochenende haben Sie mir geraten, ihm den Fehdehandschuh hinzuwerfen, aber ihm die Möglichkeit offen zu lassen, das zu ignorieren. Diesen Fehdehandschuh hier könnte er nicht ignorieren. Er müßte handeln. Wir würden ihn zwingen zu handeln.«

»Irgendwann werden wir das sowieso tun müssen.«

»Irgendwann, ja. Aber nicht diese Woche. Avril sagt, sie kann zwei Monate warten. Geben Sie mir zwei Monate, und dann plündere ich das A-Team, das verspreche ich Ihnen.«

»Sie will die neuen Mitarbeiter zwar erst in zwei Monaten haben. Besser aber wäre es, ihr schon jetzt einen Grundstock von vier oder fünf Leuten zu geben, die den harten Kern der erweiterten Gruppe formen.«

»Ich weiß, aber damit werden wir warten müssen. Ich habe große Hoffnungen, daß in ein bis zwei Monaten ...« Seine Stimme verlor sich. Was er hoffte, war, daß in ein oder zwei Monaten Lahksa zurück sein würde. Oder vielleicht würde EFN wieder die Leitung übernehmen und Belok zurückpfeifen.

Belinda runzelte die Stirn. »Avrils Projekt ist nicht das eigentliche Problem. PShop ist ein relativ großes Projekt. Wenn sie im Februar Verwendung für fünfunddreißig Leute hätte, in welchem Stadium befinden sich dann wohl

QuickerStill-B und -C und PMill-B und -C schon heute? Diese kleineren Projekte sind wahrscheinlich ein gutes Stück weiter als Avril und ihre Leute. Das heißt, sie brauchen hier und jetzt mehr Leute. Wir müssen alle A-Teams plündern, Webster, und zwar gleich.«

Er senkte den Blick. »Ich weiß«, sagte er leise.

Belinda war wieder an der Tafel. »Wenn der Detailentwurf der Module abgeschlossen ist, explodieren die Möglichkeiten, die Arbeit aufzuteilen. Das gilt nicht nur für unsere Projekte, sondern für alle Projekte. Diese Erkenntnis ist uns in all diesen Jahren entgangen, nicht nur uns, sondern der ganzen Branche. Wir sind daran gewöhnt, Projekte auf diese Weise zu besetzen.« Mit raschen Strichen skizzierte sie ihre Theorie. »Aber die ideale Personalkurve sieht völlig anders aus.«

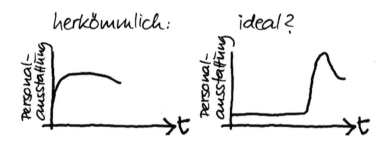

Mr. Tompkins versuchte, sich auf die Skizze zu konzentrieren, statt an die politische Schwierigkeit zu denken, Mitarbeiter aus den A-Teams abzuziehen. »Äh ... ideale Personalbesetzung. Ja, ich denke, Sie haben recht. Der Beweis dafür liegt vor uns, auch wenn er jeder Konvention widerspricht. Ich gebe zu, daß ich noch nie ein Projekt auf diese Weise besetzt habe. Jedenfalls bisher nicht.«

»Ich schon, wenn ich es mir richtig bewußt mache. Aber die Projekte, die ich über lange Zeit hinweg schlank gehalten habe, um am Schluß eine Menge Leute hineinzupowern, waren typischerweise die lockersten. Bei einem kritischen Entwicklungsprojekt hätte ich nie so gehandelt. Vielleicht hätte ich das tun sollen.«

»Hmm.«

»Webster, das ist möglicherweise die Erklärung für etwas, was mir seit langem auf der Seele brennt. Auch wenn es vielleicht abgedroschen klingt: Insgeheim habe ich schon immer den Verdacht gehegt, daß Projekte mit aggressiven Terminplänen zum Scheitern verurteilt sind. Ich meine, ich hatte immer

19 Der Teil und das Ganze

den Eindruck, daß diese Projekte, in denen die Leute offen über einen aggressiven Terminplan reden, ungefähr zwei Monate bis zu einem Jahr später abgeschlossen werden, als das mit einem weniger aggressiven Terminplan der Fall gewesen wäre.«

Mr. Tompkins lächelte. »Das hätten wir wirklich ausprobieren sollen: Zwei Projekte, die das genau gleiche Produkt entwickeln, eines mit einem aggressiven und das andere mit einem vernünftigen Terminplan.«

»Ich bin mir sicher, das Projekt mit dem vernünftigen Terminplan wäre früher fertig geworden.«

Aus Mr. Tompkins' Tagebuch:

Mitarbeiterzahl:

- ☐ Ist ein Projekt in der Anfangsphase personell aufgebläht, besteht die Gefahr, daß die Entwurfsaktivitäten abgekürzt werden (um all die Leute zu beschäftigen).
- ☐ Wenn die Arbeit vor Fertigstellung des Entwurfs auf ein großes Team verteilt wird, wird darauf verzichtet, die Schnittstellen zwischen Mitarbeitern und Arbeitsgruppen zu minimieren.
- ☐ Die Folgen sind: größere wechselseitige Abhängigkeit, mehr Besprechungen, Redundanz und Frustrationen.
- ☐ Die ideale Personalbesetzung erfordert über weite Strecken hinweg ein kleines Kernteam, das gegen Ende des Projekts (erst im letzten Sechstel der veranschlagten Zeit) um eine beträchtliche Zahl von Mitarbeitern ergänzt wird.
- ☐ Ein schrecklicher Verdacht: Projekte mit einem aggressiven Terminplan werden später abgeschlossen, als das mit einem vernünftigeren Terminplan der Fall gewesen wäre.

20
Projekte brauchen Rituale

Als Mr. Tompkins früh morgens auf dem Weg in sein Büro den Empfangsbereich durchquerte, hörte er, wie ein Fax hereinkam. Er warf einen Blick auf die halbe Seite, die schon ausgedruckt war, und sah, daß sie mit »Mein lieber Webster« begann. Sein Herz setzte für einen Moment aus. Es gab nur einen Menschen, der ihn so anredete. Er holte sich eine Tasse Kaffee und kam gerade in dem Moment zurück, als die Seite komplett gedruckt war. Mit dem Fax in der Hand ging er in sein Büro und zog die Tür hinter sich ins Schloß. Vielleicht schrieb sie ihm ja, wann sie nach Hause kommen würde.

> Mein lieber Webster,
>
> ich habe wieder einmal einen guten Berater für Sie gefunden. Ich habe ihn heute nachmittag in den Firmenjet gesetzt. Seien Sie so lieb und holen Sie ihn morgen gegen 9 Uhr ab.
>
> Machen Sie sich keine Sorgen um mich: ich habe eine wunderschöne Zeit und gebe mir Mühe, nicht allzu viel Unsinn anzustellen (jedenfalls für meine Verhältnisse). Und machen Sie sich auch um sich selbst keine Sorgen. Ich kümmere mich um alles, sobald ich zurück bin.
>
> Liebe Grüße
>
> Lahksa

Was das wohl heißen mochte? Na ja, es hatte keinen Sinn, sich über ein so kompliziertes Wesen wie Lahksa den Kopf zu zerbrechen. Die Zeit würde alles klären. Zumindest schien es, als würde sie bald nach Hause kommen.

Sie schrieb mit keinem Wort, wo sie sich aufhielt, aber einen kleinen Hinweis gab es doch: Auf dem Fax war ein Zeitstempel aufgedruckt: 23:58 Uhr. In Morovien war es jetzt kurz vor 8 Uhr morgens. Das hieß, daß es in New York fast 2 Uhr nachmittags war. Lahksas Fax mußte also aus einem Ort zwei Zeitzonen westlich von New York gekommen sein, wo Mountain Time galt. Er zog seinen Planer heraus und schlug die kleine Landkarte mit den Zeitzonen auf, der er entnahm, daß zur Mountain-Time-Region Alberta, Saskatchewan, Montana, Idaho, Wyoming, Colorado, Arizona und New Mexico gehörten. Er schloß die Augen und versuchte, sich Lahksa in einem dieser Bundesstaaten vorzustellen ... Vor seinem inneren Auge sah er sie in New Mexico.

Wenn sie ihre neueste Errungenschaft gestern nachmittag, Ortszeit, in der Mountain-Time-Region in ein Flugzeug gesetzt hatte, warum kam der Typ dann erst heute abend um neun an? Ach, du lieber Himmel. Sie mußte neun Uhr morgens gemeint haben. Er sprang auf und sah auf die Uhr. Er mußte einen Wagen organisieren, der ihn unverzüglich zum Flughafen brachte.

Dem Flugzeug entstieg nur ein Passagier – ein großer, etwas benommen wirkender Mann mit einem rötlichen Bart. Er taumelte auf Mr. Tompkins zu und fragte: »Wo bin ich?«

»Morovien.«

»Meine Güte.« Er sah sich überrascht um und murmelte: »Ich habe gerade eine ganz außergewöhnliche Frau getroffen. Sie besuchte mein Seminar in Santa Fé, und als es zu Ende war, haben wir eine Kleinigkeit zusammen gegessen. Sie fragte mich, ob ich mir vorstellen könnte, Morovien einen Tag lang als Berater zur Verfügung zu stehen. Ich sagte, das würde ich liebend gern tun. Allerdings hätte ich Flugreisen abgeschworen. Sie sagte mir, daß das Reisen in einem Firmenjet völlig schmerzlos sein würde: Ehe Sie sich's versehen, sind Sie da. Dann prostete sie mir mit ihrem Wasserglas zu, sagte ›Trinken Sie das‹, und ich trank aus, und dann ...«

»... waren Sie hier, ehe Sie sich's versahen.«

»Genau. Erstaunlich.«

»Wie geht es ihr übrigens?«

»O gut. Sie ist eine wunderbare Frau, faszinierend, voller Temperament. Ich habe das Gefühl, daß mehr in ihr steckt, als man auf den ersten Blick ahnt.«

»Das ahnen Sie bestenfalls ansatzweise.«

»Sie sagte ›Trinken Sie das‹, und dann schüttelte mich der Steward und sagte mir, es sei Zeit, auszusteigen. Sagen Sie, Sie glauben doch nicht, daß sie ...?«

»Ehrlich gesagt, schon.« Mr. Tompkins streckte die Hand aus. »Übrigens, ich bin Webster Tompkins. Ich bin Ihr Kunde.«

»Oh. Angenehm. Harry Winnipeg.«

Mr. Tompkins war beeindruckt. »Harry Winnipeg, der Autor. Sie haben eine Menge Bücher geschrieben, wenn ich mich nicht irre.«

»Ja, Unmengen.«

»Und wie ist das? Ich meine, wie ist es, in jeder Buchhandlung Bücher zu sehen, auf denen der eigene Name steht?«

»Schrecklich. Es gibt so viele, daß ich mich bei jeder guten Idee für ein neues Buch fragen muß, ob ich sie nicht schon in einem meiner anderen Bücher verwertet habe.«

»Das wissen Sie nicht?«

»Nein, ehrlich gesagt nicht, nicht in jedem Einzelfall. Manchmal greife ich zu einem meiner Bücher von vor zwanzig Jahren oder so und blättere darin herum, und es könnte ebensogut von jemand anderem geschrieben sein.« Dann fügte er mit bescheidenem Lächeln hinzu: »Aber inhaltlich sind die Bücher meistens ziemlich gut.«

»Und wie stellen Sie sicher, daß Sie sich nicht wiederholen?«

»Ich habe einen Mitarbeiter, der nichts anderes tut, als meine eigenen Bücher zu lesen. Sagen Sie, besteht die Aussicht, daß wir in naher Zukunft ein Frühstück bekommen?«

»Ja. Sofort.« Mr. Tompkins zwängte sich mit seinem neuen Berater auf den Rücksitz des alten Buick des Instituts und bat den Fahrer, in die historische Innenstadt von Varsjop zu fahren, wo es ein paar nette kleine Cafés gab. Er wandte sich seinem Gast zu. »Sagen Sie, Dr. Winnipeg, wie sieht Ihre Beratung aus? Ich meine, was sind Ihre Spezialgebiete?«

»Wissen Sie, das frage ich mich oft selbst. Meistens sehe ich mich einfach um und spüre Probleme auf.« Er sah Mr. Tompkins an. »Aber ich habe das Gefühl, daß Sie mir gleich sagen werden, Sie hätten eigentlich keine Probleme. Vielleicht ein paar kleine Unannehmlichkeiten, aber nichts von Bedeutung.«

»Komisch, daß Sie das sagen. Sie haben mich durchschaut. Genau das wollte ich sagen. Woher wußten Sie das?«

Dr. Winnipeg sah amüsiert aus. »Das sagen alle Leute, die eine Menge Probleme haben.«

»Oh.«

Einen Augenblick lang schwiegen beide.

»Da Sie uns so gut einschätzen können, Dr. Winnipeg, haben Sie vielleicht auch eine Vermutung über die Art unserer Probleme.«

Dr. Winnipeg gähnte herzhaft. Er war noch immer nicht ganz wach. »Aber sicher. Mitarbeiterprobleme, nehme ich an. Das ist das Übliche.«

Mr. Tompkins dachte eine Weile nach. »Was würden Sie sagen, wenn ich Ihnen sagen würde, daß einer meiner Projektmitarbeiter seltsam zornig ist?«

»Ich würde sagen, Sie haben ein Mitarbeiterproblem.«

Mr. Tompkins machte Dr. Winnipeg mit Melissa Alber bekannt, die ihn mit in die Wochenbesprechung des PMill-A-Teams nahm. Es wurde Mittag, ehe sein neuer Berater sich wieder blicken ließ.

»Zorniger junger Manager besänftigt, Webster. Sie müssen sich keine Sorgen mehr um ihn machen.«

»Nicht?«

»Nein. Ich habe ihn von der Leitung des Projekts entbunden.«

»Tatsächlich?«

»Tatsächlich.«

»Und das hat er akzeptiert? Ich meine, er arbeitet ja nicht für Sie.«

»Er hat es nicht nur akzeptiert, er hat danach gegriffen, wie ein Ertrinkender nach dem Rettungsring. Ich nehme an, Sie und Melissa kümmern sich um die Details. Auf jeden Fall ist Osmun von der Projektleitung entbunden.«

»Hmm ...«

»Es ist nicht ganz klar, welche Position er jetzt innehat. Aber er führt nicht mehr das PMill-A-Projekt.«

»Oh. Dann werde ich wohl nach einem Ersatz für ihn suchen müssen. Ich zweifle nicht daran, daß es innerhalb des Projekts ein paar geeignete Kandidaten gibt. Ich werde mit Melissa darüber sprechen.«

Dr. Winnipeg sah ihn scharf an, so als sei er etwas erstaunt, daß Mr. Tompkins etwas sehr Naheliegendes übersehen hatte. »Warum stampfen Sie das Projekt nicht ein, Webster? PMill-B und -C scheinen in ziemlich guter Form zu sein. Das A-Projekt hat einfach zuviel durchgemacht. Jeder Fortschritt ist zum Stillstand gekommen; niemand weiß, wie es weitergehen soll; der Entwurf ist Pfuscharbeit; die Implementierungsanstrengungen laufen, wie nicht anders zu erwarten, in die völlig falsche Richtung. Tun Sie den Mitarbeitern den Gefallen, und geben Sie ihnen die Chance, andere Aufgaben zu übernehmen. Es ist Zeit, den Schaden zu begrenzen. Ich bin sicher, Sie wissen das bereits.«

»Das Problem ist nur: Ich habe politische Rücksichten zu nehmen. Es ist wichtig, das Projekt am Leben zu erhalten.«

»Dafür ist es zu spät, fürchte ich. Es ist bereits tot.«

»Dann muß ich es stützen, so daß es aussieht, als wäre es am Leben.«

20 Projekte brauchen Rituale

»Ah, ein Zombie. Wenn Sie ein totes Projekt aus politischen Gründen stützen, so daß es lebendig aussieht, erschaffen Sie einen Zombie. Ich rechne, daß weltweit etwa zehn Prozent aller Projekte Zombies sind. Ihrer heißt PMill-A. Jedenfalls einer von ihnen. Zweifellos haben Sie noch mehr davon.«

Mr. Tompkins wechselte das Thema. »Was tun wir mit Osmun?«

»Er sagt, es gäbe keine Gruppe, die sich um das Konfigurationsmanagement der fast fertigen Produkte kümmert. Er würde diesen Job gerne übernehmen.«

»Hmm. Also, er hat sicher recht, daß wir diesen Punkt zu lange vernachlässigt haben. Und niemand sonst reißt sich um die Position. Warum nicht? Vermutlich will er es uns zeigen und wird seine Sache deshalb sehr gut machen.«

Dr. Winnipeg wirkte geistesabwesend. »Ich wünschte, Sie hätten sein Gesicht sehen können, als ich ihm sagte, daß er nicht mehr Manager von PMill-A sein muß. Es war, als würde eine riesige Last von seinen Schultern genommen. Ist Ihnen nie der Gedanke gekommen, ihn von der Angel zu lassen?«

»Ihn von der Angel zu lassen?« Was für eine seltsame Formulierung, dachte Webster. »Natürlich habe ich daran gedacht, ihn auszuwechseln, wenn es das ist, was Sie meinen. Ich wußte, ich würde etwas tun müssen. Mir grauste davor.«

»Der arme Mann wimmerte um Gnade. Sie hätten ihm lediglich die Erlaubnis erteilen müssen, von seinem Posten zurückzutreten.«

Mr. Tompkins schüttelte den Kopf. »So habe ich das nie gesehen.«

Offensichtlich hatte es nur ein paar Minuten gedauert, die Osmun-Gradish-Affäre zu lösen. Gleich nach dem Ende der Wochenbesprechung hatten sich Dr. Winnipeg und Osmun in dessen Büro zurückgezogen. Nach einem sehr kurzen Gespräch kamen sie wieder heraus. Beide wirkten zufrieden. Sie erklärten den Mitarbeitern, Osmun werde eine neue Aufgabe übernehmen. Danach ging Osmun in sein Büro zurück, um zu packen. Dr. Winnipeg verbrachte den Rest des Vormittags damit, sich im Aidrivoli-Komplex umzusehen und nach anderen Problemen Ausschau zu halten, denen eine neue Perspektive gut tun könnte.

Dabei war er auf eine Sache gestoßen, die das Flugsicherungssystem betraf. Er geriet in eine vormittägliche Arbeitsbesprechung, der er eineinhalb Stunden lang beiwohnte, ohne viel zu sagen. Nach dem Mittagessen nahm er Mr. Tompkins mit in die Besprechung.

Auf dem Weg dorthin instruierte er Mr. T. »Achten Sie nicht so sehr darauf, worum es geht. Hauptsächlich kommt es darauf an, daß Sie beobachten, wer da ist.«

Die Besprechung fand im größten Konferenzraum von Aidrivoli-3 statt. Die Tische waren zu einem riesigen Oval angeordnet, an dessen Stirnseite Gulliver Menendez, der Projektleiter, saß. Mr. Tompkins fing seinen Blick auf und nickte ihm zu, bevor er und Dr. Winnipeg sich einen unauffälligen Platz im Hintergrund suchten. Als erstes zählte er die anwesenden Personen. Sie selbst nicht eingerechnet, waren es einunddreißig.

Dr. Winnipeg beugte sich zu Webster hinüber: »Sieben Mitarbeiter plus drei Berater sowie«, flüsterte er und wies der Reihe nach auf die Anwesenden, »die Minister für Verkehr, Tourismus, Häfen und Flughäfen und ihre technischen Assistenten; drei Vertreter der Europäischen Projektgruppe für Flugsicherung; zwei MSEI-Berater; Fluglotsen, die die spanische Regierung zur Verfügung gestellt hat; der Koordinator für den militärischen Flugverkehr; vier Mitarbeiter des Flughafens Korsach; der Bevollmächtigte für die zivile Luftfahrt; die Bevollmächtigte für Kommunikation und Telekommunikation und ihre Assistenten; der Leiter des Morovischen Olympischen Komitees; ein Vertreter des Internationalen Olympischen Komitees; und der Minister für Messen und Kongresse.«

»Was um Himmels willen diskutieren die denn?« flüsterte Mr. Tompkins zurück.

»Das Signalprotokoll zwischen den Flugzeugen und dem Tower.«

Mr. Tompkins seufzte. »Und wie lange geht das schon so?«

»Gulliver sagte mir in der Pause, heute sei der sechste Besprechungstag.«

»Mein Gott.«

Sie sahen kommentarlos eine Stunde lang zu. Es war entsetzlich. Jeder im Raum, das war nicht zu übersehen, fand die Besprechung unerträglich. Schließlich flüsterte Dr. Winnipeg: »Stellen Sie mich vor.«

Mr. Tompkins stand auf und ging nach vorn an die Stirnseite des Raumes. »Ähm, Gulliver, würden Sie mir erlauben ...«

Gulliver sah erleichtert aus. »O gerne. Danke, Webster. Danke.« Er lockerte seine Krawatte und öffnete den obersten Knopf seines Hemds. »Meine Damen und Herren, das ist Mr. Tompkins, unser Entwicklungschef und Manager aller Aktivitäten in Aidrivoli.«.

»Danke, Gulliver. Meine Damen und Herren, ich habe Ihrer Besprechung nur kurze Zeit beigewohnt. Aber selbst in dieser kurzen Zeit konnte ich die Frustration hier im Raum spüren.«

Laute Zustimmung von allen Seiten.

»Das habe ich mir gedacht. Zufällig habe ich gerade heute morgen ein altes Buch des amerikanischen Autors Harry Winnipeg durchgeblättert, das in meinem Bücherschrank steht. Dieses Buch geht unter anderem auf Frustrationen ein. Fast vom ersten Moment an, als ich diesen Raum betreten habe, mußte ich an die entsprechende Passage denken. Darin steht, daß Frustration eine Goldmine ist, die man schürfen kann, um herauszufinden, wie man tickt: als Individuum oder, im vorliegenden Fall, als Arbeitsgruppe. Ich glaube, ich weiß, wie ich Ihnen helfen kann, einen Nutzen aus Ihrer Frustration zu ziehen und einen Weg aus Ihrem momentanen Sumpf zu finden. Sind Sie damit einverstanden?«

Ein Chor der Zustimmung.

»Also dann. Ich möchte Sie mit dem Herrn bekannt machen, der Ihre Besprechung fast den ganzen Tag lang beobachtet hat. Meine Damen und Herren, Dr. Harry Winnipeg.«

Dr. Winnipeg kam nach vorne. Er nahm lässig auf der Kante des Tisches an der Stirnseite Platz. »Ich brauche Ihnen nicht zu sagen, wo das Problem liegt. Sie alle kennen das Problem. Möchte es mir jemand nennen?«

»Zu viele Leute«, sagte einer von Gullivers Mitarbeitern.

»Was wir hier diskutieren, interessiert nur eine Handvoll der Anwesenden«, schrie jemand von hinten.

»Zu viele Leute, von denen die meisten nichts mit dem anstehenden Thema zu tun haben«, faßte Dr. Winnipeg zusammen. Er wandte sich an Gulliver. »Wie schlimm ist es? Wenn wir alle Leute zusammenzählen würden, die in irgendeiner Weise mit diesem Projekt befaßt sind, wieviel Prozent davon sind dann hier und heute in diesem Raum?«

Gabriel sah sich um. »Einhundert Prozent, jedenfalls so gut wie. Einhundert Prozent minus zwei Leute, die krank sind.«

»Verstehe. Wie konnte das passieren? Gulliver, könnten Sie mir die Tagesordnung zeigen? Ich würde gerne einen Blick hineinwerfen.«

»Äh, also die Tagesordnung ist eher informell. Ich meine, wir sind hier, um das Projekt sozusagen in Gang zu bringen. Das ist die Tagesordnung.«

»Es gibt also keine schriftlich vorliegende Tagesordnung. Nun, Sie sind nicht der erste, der eine Besprechung ohne eine schriftliche Tagesordnung leitet, Gulliver. Das kommt öfter vor. Aber es hat auch gewisse Konsequenzen. Sie werden sie besser verstehen, wenn Sie sich in die Lage dieses Herrn dort drüben versetzen.« Er wechselte den Platz und stellte sich neben den Minister für Messen und Kongresse. »Sie sind ...«

»Minister Horsjuk.«

»Minister Horsjuk. Falls sich Minister Horsjuk vor dieser Besprechung gefragt hat, ob er daran teilnehmen soll oder nicht, worauf konnte er sich dann stützen? Auf nichts. Woher hätte er wissen sollen, ob er ihr gefahrlos fernbleiben konnte? Er konnte es nicht wissen.

»Das wäre wahrscheinlich nicht weiter schlimm gewesen, wenn er dieses Projekt als unproblematisch einstufen würde. Aber ehrlich gesagt, niemand stuft dieses Projekt als wirklich unproblematisch ein. Wir alle wissen, daß das Projekt in vielerlei Hinsicht ein Härtetest ist. Und es liegt das ungute Gefühl in der Luft, daß bei einem Scheitern des Projekts – und Projekte scheitern eben manchmal – Köpfe rollen könnten. Das allgemeine Sicherheitsgefühl ist also nicht gerade hoch. Wenn Menschen sich latent unsicher fühlen und eine Besprechung ohne Tagesordnung einberufen wird, müssen sie praktisch daran teilnehmen. Das verstehen Sie doch?«

»Ich hätte eine Tagesordnung verschicken sollen«, gab Gulliver reuevoll zu. »Tut mir leid, Leute. Ich werde diesen Fehler nicht noch einmal machen.«

»Der Schaden hält sich in Grenzen«, beruhigte ihn Dr. Winnipeg. »Die Anfangsphasen von Projekten sind oft ein bißchen unorganisiert. Auch wenn es nicht auf der Tagesordnung steht, geht es bei den ersten Besprechungen vor allem darum, die Key Player herauszufinden. Selbst wenn Sie eine Tagesordnung verschickt hätten, wären möglicherweise zu viele Leute gekommen.«

»Ja, aber sie hätten nicht die ganze Zeit hierbleiben müssen«, bemerkte der junge Manager.

»Stimmt. Sowie sie sich einen Eindruck über die Beteiligten verschafft hätten, hätten sie gehen können. Es sei denn, ein bestimmter Tagesordnungspunkt hätte ihre Teilnahme notwendig gemacht. Ja, damit haben wir den Fall schon fast gelöst. Es fehlt nur noch eine kleine Sache, um alle Beteiligten restlos zufriedenzustellen. Hat jemand eine Idee, was das ein könnte?«

Gulliver dachte einen Moment lang nach. »Ich denke, sie müßten sicher sein können, daß ich mich an die Tagesordnung halte.«

»Exakt. Wenn Sie die Teilnehmer auch in diesem Punkt beruhigt hätten, hätten sie die verbleibenden Tagesordnungspunkte überflogen und sich entschuldigt. Sie hätten das sichere Gefühl gehabt, daß ihre Anwesenheit nicht erforderlich ist.« Er wandte sich der Gruppe der Zuhörer zu. »Was meinen Sie dazu?«

Die Teilnehmer signalisierten einmütige Zustimmung, indem sie nach morovischer Sitte mit den Knöcheln auf die Tischplatte klopften.

»Gut. Fassen wir zusammen: eine gedruckte Tagesordnung für jede Besprechung; kurze Besprechungen, so daß sich jede einem kleinen Themenausschnitt widmen kann, der nur die Anwesenheit eines kleinen Teils der gesamten Arbeitsgruppe erfordert; und eine exakte Einhaltung der Tagesordnung, so daß die Leute sicher sein können, daß keine zusätzlichen Themen angesprochen werden. Alle Unklarheiten beseitigt?«

Gulliver Menendez nickte. »Alle Unklarheiten beseitigt.«

»Damit haben Sie schon sehr viel getan, um Ihre Besprechungen kleiner und weniger frustrierend zu gestalten. Aber es wird immer noch Meetings geben, die einfach zu voll sind. Das passiert, wenn das Thema besonders amüsant zu werden verspricht, oder das Feuerwerk besonders beeindruckend. Was tun Sie in solchen Fällen?«

»Äh ... ich weiß nicht.«

»Lassen Sie mich ein Ritual vorschlagen, mit dem Sie jede Besprechung beginnen. Richtig eingesetzt wird es alle Ihre Meetings auf das richtige Maß zurechtstutzen. Und was noch besser ist, es wird allen Beteiligten den Wert kleiner Besprechungen vor Augen führen. Wollen Sie das Ritual gemeinsam mit mir ausprobieren?« Er richtete die Frage an die ganze Gruppe. Zustimmendes Nicken war die Antwort.

Dr. Winnipeg bedeutete Gulliver Menendez, sich zu erheben und seinen Platz an der Stirnseite des Raumes wieder einzunehmen. »Das Ritual besteht aus fünf Teilen. Erstens verkünden Sie, Gulliver, daß und weshalb Sie die Absicht haben, wenigstens eine Person von der Teilnahme an der Besprechung freizustellen. Zweitens erteilt die Gruppe ihre Zustimmung dazu. Drittens wählen Sie mindestens einen Teilnehmer, den Sie aus der Besprechung entlassen – unter Hinweis auf die wichtige Arbeit, die er in der Zeit, die die Besprechung dauert, leisten kann. Viertens teilt die auserwählte Person der Gruppe mit, welche Ergebnisse die Besprechung ihrer Meinung nach bringen sollte. Fünftens applaudiert die Gruppe, wenn der betreffende Mitarbeiter den Raum verläßt.«

»Okay«, nickte Gulliver.

»Dann fangen wir an. Erstens, Sie sehen sich im Raum um und erklären Ihre Absichten. Versuchen Sie es.«

»Ähm.« Gulliver sah sich um. »Wir sind heute ziemlich zahlreich erschienen, finden Sie nicht? Zu zahlreich. Ich, äh, ich denke, ich würde gerne jemanden entschuldigen, damit die Gruppe ein bißchen kleiner wird.«

»Teil zwei: Die Gruppe signalisiert ihre Zustimmung.«

Gelächter überall im Raum. »Los, mach schon, Gulliver«, schrie jemand. »Ja!« und »Wie wäre es mit mir?« schallte es durcheinander.

Dr. Winnipeg brachte die Gruppe mit einer Handbewegung zur Ruhe. »Gut. Teil drei: Sie wählen jemanden und ...«

Gulliver deutete auf einen seiner Mitarbeiter. »Du, Konrad. Pack' deine Sachen zusammen. Du bist draußen.«

»Stop«, sagte Dr. Winnipeg. »Vorsicht, daß er nicht sein Gesicht verliert. Denken Sie daran, Sie müssen die Person oder Personen dispensieren, die Sie am meisten schätzen. Sie müssen eine absolut ehrliche Wahl treffen, und sicherstellen, daß jeder das weiß. Jetzt sagen Sie mir ehrlich: Wessen Zeit wird durch diese Besprechung am unnötigsten verschwendet?«

»Ach so.« Gulliver ging auf einen der spanischen Fluglotsen, einen technischen Mitarbeiter des Projekts und einen der neu eingestellten Tower-Leute des Korsacher Flughafens zu, die zufällig nebeneinander saßen. »Diese drei hier. Sie könnten sich alleine treffen, um die zugrundeliegenden Protokolle zu erarbeiten. Sie von dieser Besprechung freizustellen, wäre von unschätzbarem Wert.« Er sah Dr. Winnipeg beifallheischend an. »Deshalb entlasse ich Sie alle drei aus dieser Besprechung.«

»Gut. Teil vier: Die Auserwählten packen ihre Sachen zusammen, stehen auf und sagen ein paar Abschiedsworte.«

Sie standen auf. Einer von ihnen ergriff nach einem Blick auf die anderen beiden das Wort. »Ich denke, ich kann für uns drei sprechen. Wir würden uns wünschen, daß Sie in unserer Abwesenheit den Verbindungsmann zur europäischen Flugsicherung wählen und eine Arbeitsgruppe installieren, die das Einfliegen von Flugzeugen in den morovischen Luftraum regelt. Sonst noch etwas?« Er sah seine Kollegen neben sich fragend an. Beide schüttelten den Kopf. Dann packten alle drei ihre Unterlagen zusammen und gingen in Richtung Tür.

»Teil fünf«, sagte Dr. Winnipeg. »Alle anderen signalisieren ihre Zustimmung, während sie den Raum verlassen.«

Der donnernde Applaus von auf die Tischplatte klopfenden Knöcheln begleitete ihren Abgang.

»Das war das Ritual. Wissen Sie, Projekte brauchen Rituale: Projekte sind etwas Lebendiges, soziologische Organismen. Ich rate Ihnen, dieses Ritual am Anfang jeder Besprechung durchzuführen. Es muß zur Routine werden und im Lauf der Zeit allen in Fleisch und Blut übergehen.« Dr. Winnipeg setzte sich.

Gulliver blieb stehen. Nach einer kurzen Pause sagte er: »Angesichts dessen, was wir heute gelernt haben, scheint mir der einzige verbleibende Tagesordnungspunkt für heute zu sein, uns zu vertagen. Vor unserer nächsten Besprechung, das versichere ich Ihnen, werden Sie eine sorgfältig ausgearbeitete Tagesordnung erhalten.« Er machte noch einmal eine Pause. »Bevor wir uns vertagen, warte ich nur noch darauf, daß die drei zurückkommen.«

»Also ich glaube nicht, daß sie zurückkommen«, lachte Mr. Tompkins. »Keine Chance.«

Am Ende des Tages brachte Mr. Tompkins Dr. Winnipeg zurück zum Flughafen.

»Also«, sagte er, als sie auf das heranrollende Flugzeug warteten, »Ihr Besuch war wirklich eine Bereicherung für mich. Sie haben mich nicht nur über die Existenz von Zombie-Projekten aufgeklärt, sondern mir auch ein paar grundlegende Einsichten hinsichtlich überbesetzter Besprechungen vermittelt und wie man sie verhindert. Ich habe all die Jahre Ihre Bücher gelesen, aber es war trotzdem eine Erleuchtung für mich, Sie bei der Arbeit zu erleben. Und ich danke Ihnen, daß Sie das Problem unseres zornigen jungen Managers gelöst haben. Ich denke, Sie haben die richtige Lösung gefunden. Ich schäme mich nur ein bißchen, daß ich nicht selbst darauf gekommen bin.«

»Es war mir ein Vergnügen.«

»Übrigens, warum war er eigentlich so zornig? Warum war er so zornig, daß er seinen Leuten das Leben schwer machte, sie anbrüllte, sie vor ihren Kollegen zur Schnecke machte und ihre Selbstachtung verletzte? Haben Sie eine Erklärung dafür gefunden?«

»Aber ja, das war nicht schwer. Ich wußte die Antwort darauf bereits vor unserer Begegnung.«

Der Steward stand an der Tür und winkte Dr. Winnipeg an Bord. Mr. Tompkins nickte ihm zu und bat ihn gestikulierend, ihm noch ein oder zwei Minuten zu geben. Erneut wandte er sich seinem Begleiter zu. »Er hatte Angst, Webster. Der Mann fürchtete sich zu Tode. Er hatte Angst zu scheitern, Angst, Sie zu enttäuschen, Angst, seine Leute zu enttäuschen, Angst, sein Land zu enttäuschen.«

»Er war zornig, weil er Angst hatte?«

»Er zeigte Ärger, weil er Angst hatte. Zorn *ist* Angst. Angst gilt am Arbeitsplatz als inakzeptable Emotion, die man nicht zeigen darf. Aber irgendwie müssen wir Luft ablassen. Um nicht zu platzen, wählen wir eine Ersatz-Emotion.

Und aus irgendeinem Grund ist Ärger eine akzeptable Emotion, so daß wir uns meistens dafür entscheiden. Zorn wird zum Surrogat für Angst. Ich will damit nicht sagen, daß es keine anderen Erklärungen für Ärger in der Familie oder Ärger unter Freunden gibt, aber im Geschäftsleben steckt fast immer Angst dahinter.«

Aus Mr. Tompkins' Tagebuch:

Projektsoziologie:

- ☐ Halten Sie Besprechungen klein, indem Sie nicht benötigten Leuten die Sicherheit vermitteln, nichts zu versäumen. Eine schriftlich vorliegende Tagesordnung, die streng eingehalten wird, ist die einfachste Möglichkeit, ihnen diese Gewißheit zu geben.
- ☐ Projekte brauchen Rituale.
- ☐ Rituale helfen, die Aufmerksamkeit auf Projektziele und -ideale zu konzentrieren: kleine Besprechungen, fehlerlose Arbeit usw.
- ☐ Unternehmen Sie Schritte, Mitarbeiter vor zerstörerischem Zorn zu bewahren.
- ☐ Denken Sie daran: Zorn = Angst. Manager, die in zerstörerischer Wut ihre Mitarbeiter quälen, tun das fast immer, weil sie Angst haben.
- ☐ Beobachtung: Wenn jeder die Gleichung Zorn = Angst versteht, wird Wut zu einem leicht erkennbaren Signal: Wer zornig ist, hat Angst. Weil die meisten Menschen dazu neigen, Angst nicht zu zeigen, können sie ihrer Wut nicht mehr Luft machen. (Das löst nicht das Problem des zornigen Mitarbeiters, macht aber allen anderen das Leben leichter.)

21
Der Endspurt beginnt

Genauso plötzlich wie sie verschwunden war, kehrte sie jetzt zurück. Die Tür zu ihrem Büro, die zehn Monate lang geschlossen war, stand offen. Sie saß in ihrem gewohnten Sessel neben dem Fenster und sah versonnen in den Regen hinaus.

Sein erster Impuls war ... das wußte er selbst nicht so recht. Sein zweiter Impuls war es, ihr den Hals umzudrehen, und er folgte dem ersten auf dem Fuß.

»Wo zum Teufel sind Sie gewesen?« Seine Stimme klang lauter, als er beabsichtigt hatte.

Sie sah zu ihm auf und lächelte schüchtern. »Webster.«

»Verdammt noch mal, Lahksa, Sie haben uns vielleicht hängen lassen. All diese Monate und nicht einmal ein Anruf ...«

»Ich bin zurück, Webster.« Sie stand auf und ging durch den Raum, um ihn an der Tür zu begrüßen.

»Wo zum Teufel sind Sie gewesen?« wiederholte er.

»Auf den Bermudas. Jedenfalls am Schluß. Wie finden Sie meine Bräune?«

»Scheußlich. Ich bin wirklich sauer, Lahksa. Total sauer.«

»Ich glaube, er hat mich vermißt!«

»Ich bin enttäuscht und verärgert und gereizt und stinkwütend und aufgebracht und ganz durcheinander und ...«

»Er hat mich vermißt. Ich habe dich auch vermißt, Webster.« Sie küßte ihn.

Verwirrt wich er zurück. Dann sagte er mit ruhigerer Stimme: »Denken Sie, damit ist alles in Ordnung?« Natürlich war es das.

»Webster.«

Die Wut packte ihn erneut. »Wir waren so besorgt um Sie, um dich ... Wir wußten nicht ... Und hier ist alles schief gelaufen ... Wir hätten Hilfe gebrauchen können.«

»Du Ärmster, ich weiß schon. Belok?«

»Belok, das kannst du laut sagen. Ich hätte wenigstens einen Rat gebraucht. Das wäre das mindeste gewesen.«

»Zerbrich dir nicht mehr den Kopf darüber, Schatz. Ich habe mich um Belok gekümmert.«

»Das hast du?«

»Das habe ich. Er wird in der nächsten Zeit ausfallen.«

»Und wem oder was verdanken wir dieses Glück?«

»Der arme Mann ist krank geworden.«

»Ernstlich, hoffe ich.«

»Ach, es ist nichts Lebensgefährliches. Aber unangenehm. Er hat Herpes.«

»Iiihh. Doch nicht dort ...«

»Doch. Ich fürchte schon. Und es hat ihn wirklich schlimm erwischt. Sehr schmerzhaft, soviel ich höre. Auf jeden Fall hat er sich in eine Klinik in Atlanta begeben, die auf diese Art von Herpes spezialisiert ist.«

»Oje. Und du sagst, er ist für eine Weile weg?« Eigentlich interessierte ihn nichts weiter, als daß Belok neun Monate oder so wegblieb, solange, bis Tompkins' Vertrag endete.

»Ein Jahr. Er wird keine Schmerzen mehr haben, sobald sie mit der Behandlung beginnen, aber er wird in den USA bleiben müssen. Er muß täglich behandelt werden. Ich glaube nicht, daß wir Allair noch einmal zu Gesicht bekommen werden.«

Mr. Tompkins beschlich ein entsetzlicher Gedanke. »Warte mal, wie kommt es, daß er sich so eine Krankheit einfängt? Und wie kommt es, daß das ausgerechnet mit deiner Rückkehr zusammenfällt?«

Sie lächelte ihr schräges Lächeln. »Tja, wie soll ich das sagen, Webster? Ich fürchte, ich bin schrecklich. Ich habe diese furchtbare Angewohnheit, Leuten Dinge in ihre Getränke zu mixen. Ich weiß auch nicht, was da über mich kommt.«

»Du hast ihm Herpes in sein Getränk getan?«

»Sozusagen. Er trinkt Southern Comfort. Ich habe mir unterwegs ein kleines Pulver beschafft, nur eine Prise, und das habe ich in seinen Southern Comfort geschüttet. Das war Freitag abend in Korsach. Samstag früh kannte er sich vor Schmerzen nicht mehr aus. Na ja, und zufällig wußte ich die Telefonnummer dieser Klinik in Georgia – also, eigentlich habe ich sie von der gleichen Quelle, die mir auch das Pulver verkauft hat. Jedenfalls habe ich noch am gleichen Morgen dort angerufen, und gestern ist Allair im Firmenjet abgeflogen. Sobald ich das erledigt hatte, bin ich mit dem Zug hierher gefahren.«

»Alle sechs A-Team-Projekte sind Zombies«, informierte sie Mr. Tompkins. »Sie sind seit langem tot. Wir haben sie lediglich aus politischen Gründen

21 Der Endspurt beginnt

gestützt, damit sie so aussehen, als seien sie noch am Leben. Mit dem bedauerlichen Abgang unseres geliebten Minister Belok ...«

Ein unangebrachtes Kichern von Kenoros.

»... sind diese politischen Gründe hinfällig geworden. Deshalb schlage ich vor, daß wir das tun, wozu Belinda mich seit Wochen drängt: Wir plündern die A-Teams.«

»Ich habe Ihnen gegenüber den Begriff ›plündern‹ verwendet, Webster. Aber in der offiziellen Sprachregelung, wenn Sie bekannt geben, was passieren wird, müssen Sie eine andere Formulierung wählen. Wir müssen uns sehr sorgfältig überlegen, wie wir unser Vorgehen der Belegschaft präsentieren.«

»Touché, Belinda. Wir müssen es so präsentieren, daß niemand das Gesicht verliert. Die A-Team-Projekte sind Zombies, aber nicht die Leute, die daran arbeiten. Sie haben Gefühle. Wie sollen wir es Ihnen sagen? Melissa?«

»Sie werden Ihre Rettung sein, Webster. Alle A-Team-Mitarbeiter wissen und haben von Anfang an gewußt, daß nur ein Produkt das Werk verlassen wird. Zwei der Teams werden nicht die Siegerversion produzieren. Die PMill-A-Leute zum Beispiel wissen schon seit einiger Zeit, daß sie nicht die Sieger sein werden. Ich habe das Gefühl, daß die anderen A-Teams sich dessen ebenso bewußt sind. Wir müssen ihnen den Abbruch ihrer Projekte als Rettung wertvoller Ressourcen verkaufen. Wir holen sie aus der Sackgasse heraus und gliedern sie wieder in den kritischen Pfad ein.«

»Etwas in der Art«, stimmte Gabriel zu. »Eines allerdings dürfen wir jetzt auf keinen Fall tun: die A-Team-Leute einfach in die B- und C-Teams eingliedern. Wenn wir das tun, muten wir der Hälfte von ihnen eine zweite Niederlage zu.« Er ging an die Weißtafel hinüber und begann zu zeichnen. »Statt dessen schlage ich vor, daß wir unter jedem Produktmanager Stabsgruppen einrichten und mit den A-Team-Leuten besetzen.«

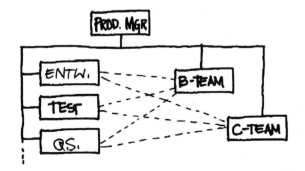

Das versammelte Management-Team musterte das Diagramm des Ex-Generals. »Das ist ein Anfang«, sagte Mr. Tompkins. »Was Sie gerade skizziert haben, Gabriel, ist der Vorschlag eines Redesigns unseres Systems. Wir entwerfen und bauen hier Systeme, aber auch wir sind unsererseits ein System. Sie haben gerade ein Redesign für uns vorgeschlagen. Bevor wir zur Implementierung schreiten, schlage ich vor, daß wir Ihr Redesign wie jeden anderen Entwurf behandeln und dem gleichen Prozeß unterziehen, den die Software-Entwürfe der B- und C-Teams passieren mußten.« Er wandte sich an Kenoros. »Aristoteles, helfen Sie uns damit?«

Kenoros erhob sich lächelnd. »Okay, Boss.« Er forderte die Gruppe auf: »Also, Leute, setzt euch den Entwurfshut auf. Okay? Okay. Los geht's.«

Nun, wo Belok von der Bildfläche verschwunden war, konnte niemand es Mr. Tompkins verdenken, wenn er den ursprünglichen Zeitplan wieder aufleben ließ. Das hatte er auch prompt getan. Ein Gefühl der Erleichterung machte sich auf dem Campus breit. Mit dem neuen Termin hatten alle B- und C-Projekte, sogar die größten unter ihnen, eine gute Chance. Die kleineren, zum Beispiel die QuickerStill-Projekte, würden wahrscheinlich lange vor dem neuen Termin fertig werden. Insgeheim hoffte Mr. Tompkins sogar, daß zumindest eines von ihnen das Produkt bis ersten Juni würde liefern können. Belok war fort, aber Tompkins ging Beloks verdammter Termin nicht aus dem Kopf. Er hatte Mrs. Beerzig sogar angewiesen, den Countdown in seinem Büro weiter für den ersten Juni zu führen. An diesem Tag Mitte Februar stand dort:

Noch **106** Tage bis D-Day!

Nach der erfolgreichen Umstrukturierung der Gruppen gab es für Mr. Tompkins herzlich wenig zu tun. An den meisten Tagen ging er durch die Büros, unterhielt sich mit den Mitarbeitern, hörte sich den Büroklatsch an, bewunderte die gute Arbeit, die um ihn herum geleistet wurde, und hielt vor allem die Augen nach Gelegenheiten offen, sich nützlich zu machen. Allzu viele solcher Gelegenheiten gab es nicht. Die Projekte kamen gut voran, und er begann, sich überflüssig zu fühlen.

Belinda ging es genauso. Sie verbrachte immer mehr Zeit im Hafenpark und saß lesend unter ihrer Palme. Sie kam fast nie mehr ins Büro, es sei denn, das Wetter war trostlos. Eines Nachmittags stöberte Mr. Tompkins sie im Park auf. Er hatte ein Picknick für sie beide dabei.

21 Der Endspurt beginnt

»Nichts zu tun«, sagte er.

Sie grinste. »Ihr Job ist getan, Webster. So sollte es am Ende von Projekten sein, auch wenn es fast nie so ist. Sie haben jetzt nichts mehr zu tun, als Ihr Fernglas zu nehmen und zu beobachten, wie alles ausgeht, genauso wie General Patton es getan hat.«

Als sie ihm die Filmszene vor vielen Monaten zum ersten Mal ins Gedächtnis gerufen hatte, war Webster diese Vorstellung wie der Himmel auf Erden erschienen. Aus damaliger Sicht hätte er sich kein glücklicheres Ende vorstellen können, als zuversichtlich den Schlußszenen zuzusehen, wohlwissend, daß alle seine Pläne aufgehen würden. Aber jetzt, wo er sich in genau dieser Position befand, war er nahe daran, durchzudrehen. Er fragte sich, ob Patton sich ähnlich gefühlt haben mochte.

Nach dem Mittagessen, als er sich von Belinda verabschiedet hatte, ging er in der Bibliothek des Residence vorbei und fand eine Kopie des Films. Er nahm das Video mit in seine Suite hinauf und sah sich die Anfangsszene an, in der Patton die Schlacht durch sein Fernglas beobachtete. Zu Websters Überraschung entwickelte sich die Szene etwas anders, als Belinda es in Erinnerung hatte. Es stimmte, Patton beobachtete einen *Großteil* der Schlacht, ohne auch nur einen Finger zu rühren. Seine Aufgabe war getan: die Manöver waren geplant, die kämpfenden Divisionen ausgebildet, die Nachschubversorgung war sichergestellt, die Zeit für den Erstangriff festgelegt. Ganz am Ende der Szene aber legte er sein Fernglas für einen Augenblick aus der Hand und sandte einen Kurier mit einer winzigen Planänderung an General Bradley. Er hatte eingegriffen. Das war *echtes* Management. Ein echter Manager trainiert die Truppen so, daß die Schlacht mit an Sicherheit grenzender Wahrscheinlichkeit fehlerlos über die Bühne geht. Er sieht ruhig vom Rand aus zu, um sicherzustellen, daß alles läuft, wie geplant. Aber sowie die kleinste Schwierigkeit auftritt, greift er ein.

»Alles läuft so problemlos, daß es mich schon langweilt«, informierte ihn Molly Makmora über das QuickerStill-C-Projekt. »Das ist gut, verstehen Sie mich nicht falsch. Kenoros' Entwurfsansatz hat unter anderem den Vorteil, daß er uns phantastische Maße für die Überwachung dieser Seite des Projekts liefert. Wir wissen genau, wieviele Module es gibt; und wir können ziemlich präzise vorhersagen, wieviele Codezeilen wir schreiben müssen, wie viele Fehler zu erwarten sind, wieviel Zeit wir im Durchschnitt pro Fehler aufwenden müssen, wieviel Arbeit in den einzelnen Kategorien noch zu tun bleibt ...«

»Woher wissen Sie, daß Ihre Projektionen für die Codezeilen auch wirklich stimmen?«

»Weil wir schon ungefähr die Hälfte der Module codiert haben. Wir können sehen, wie genau unsere Projektionsmethoden für die ersten vierhundert Module oder so gestimmt haben. Deshalb sind wir ziemlich sicher, daß wir auch mit dem Rest richtig liegen.

»Was uns wirklich ein Gefühl der Kontrolle gibt, ist der Teilintegrationsplan«, fuhr sie fort. »Hier, sehen Sie sich das an.« Sie ging mit ihm in die Kommandozentrale des QuickerStill-C-Teams hinüber und führte ihn an eine Wand, an der ein mehrfarbiger Graph aufgehängt war. »Wir haben ursprünglich geplant, 60 Teilintegrationsschritte für das Produkt durchzuführen. Jede Teilintegration ist eine Untermenge des Ganzen, und ergänzt die vorherige inkrementell. Heute stehen wir bei Teilintegration 24. Wie Sie dem Arbeitsblatt entnehmen können, umfaßt sie 409 Module. Die Teilintegration 23, die wir letzte Woche abgeschlossen haben, ...« sie suchte nach dem entsprechenden Arbeitsblatt, »... umfaßte 392 Module. Das heißt, mit der neuen Teilintegration haben wir 17 Module dazugefügt. Und hier sehen Sie die Modul-IDs und die Größe der 17 neuen Module.«

»Sehr schön.«

»Das ist nicht schön, das ist toll. Wir haben für jede Teilintegration den Prozentanteil am Gesamtprodukt berechnet. Sie erinnern sich daran, daß für das Gesamtprodukt zunächst eine Größe von 1500 Funktionspunkten veranschlagt wurde.

»Das haben wir später nach oben korrigiert, auf 1850 Funktionspunkte. Als wir die erste Teilintegration zusammengebaut haben, war uns klar, daß damit etwa 2 Prozent des Gesamtprodukts oder 37 Funktionspunkte implementiert waren. Mit der zweiten Teilintegration kamen weitere 30 hinzu. Als Nummer 2 fertig und ausgetestet war, wußten wir, daß wir 67 Funktionspunkte von insgesamt 1850 oder 3,6 Prozent erfolgreich implementiert hatten. Daraus schlossen wir, daß 3,6 Prozent der Integrationsarbeit abgeschlossen waren – das heißt, des Teils des Projekts, der mit der ersten Teilintegration beginnt und mit der Auslieferung des vollständigen Produkts seinen Höhepunkt erreicht.

»Dieses Diagramm zeigt diesen Zusammenhang für jede weitere Teilintegration.«

21 Der Endspurt beginnt

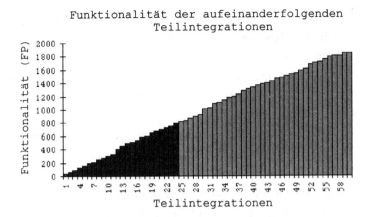

»Jeder Balken auf dem Diagramm ist eine Teilintegration. Die dunklen Balken stehen für die fertigen Teilintegrationen. Wir haben unseren Akzeptanztest für das volle Produkt so unterteilt, daß wir einen Akzeptanztest für jede Teilintegration durchführen. Eine Teilintegration gilt erst als abgeschlossen, wenn sie ihren Akzeptanztest fehlerlos bestanden hat.«

Mr. Tompkins zeigte auf den Balken für Teilintegration 24. »Wenn Teilintegration 24 den Test besteht, wissen Sie also, daß Sie 46 Prozent des Weges zurückgelegt haben.«

»Richtig. Wir schaffen es momentan, in zwei oder drei Tagen ungefähr eine Teilintegration durchzuführen.« Sie stellte sich rechts neben das Diagramm. »Jetzt wissen Sie, warum wir so zuversichtlich sind, in der letzten Juniwoche fertigzuwerden. Das Produkt selbst liefert uns regelmäßige Statusinformationen. Denn das ist jede erfolgreiche Teilintegration: die Stimme des Produkts, die uns sagt, wie weit die Fertigstellung gediehen ist.«

Mr. T. schaute betrübt auf das Datum, auf das ihr Finger deutete. Sein größter Wunsch war es, es Belok zu zeigen und ein Projekt bis ersten Juni abzuschließen. »Keine Chance, das noch schneller voranzutreiben? Ich meine ... das soll keine Kritik sein ... Dieses Projekt kommt bewundernswert voran. Es ist nur, daß ...«

Sie lächelte. »Ich weiß, was Sie denken, Webster. Erster Juni, richtig? Ich denke auch noch manchmal daran. Aber ehrlich gesagt, ich weiß nicht, wie wir das schaffen könnten. Wir sind mittlerweile sehr effizient darin, unsere Teilintegrationen auszutesten, so daß wir dabei noch etwas Zeit einsparen könnten, aber das Problem ist die Produktionszeit. Hier, sehen Sie.« Sie zeigte auf ein anderes Schaubild an der Wand. »Hier sehen Sie, wieviel Zeit wir für jedes

Modul brauchen, um es in eine Teilintegration einbringen zu können: Codierungszeit, Inspektion, Test, Dokumentation usw.«

»Und Sie können nirgendwo Abstriche machen?«

Sie warf nochmals einen Blick auf die Tabelle. »Ich sehe wirklich keine Möglichkeit. Der zeitaufwendigste Teil ist die Inspektion. Wir inspizieren jedes einzelne Modul, sobald es codiert ist. Das erfordert drei Mitarbeiter und dauert normalerweise eine Stunde. Ich wüßte nicht, wo dabei Abstriche möglich wären. Aber eines weiß ich sicher: Abstriche bei der Inspektion sind völlig ausgeschlossen.«

Etwas in der Art, wie sie das sagte, fiel ihm auf. Vergiß, was du nicht weißt, sagte er sich, und konzentriere dich auf das, was du zu wissen glaubst. Nicht was wir *nicht* wissen, bringt uns zu Fall, sondern das, was wir fälschlicherweise zu wissen glauben. »Woher wissen wir, daß wir nicht auf die Inspektion verzichten können?« fragte er.

»Ich denke, das ist die Lektion, die wir in den letzten zehn Jahren gelernt haben, Webster. Inspektionen sind die preiswerteste Möglichkeit, Fehler auszumerzen. Wenn man sie nicht bei der Inspektion ausmerzt, muß man sie beim Testen entfernen. Und das kostet mehr, als man durch den Verzicht auf Code-Inspektionen einspart.«

Aristoteles Kenoros kam zufällig vorbei und klinkte sich in das Gespräch ein. »Simmt. Das wissen wir aus Erfahrung«, pflichtete er ihr bei. »Code-Inspektionen sind die preiswerteste Möglichkeit, die Qualität des Produkts zu garantieren.«

»Und wir wissen, daß wir ein Qualitätsprodukt bekommen. Schauen Sie sich das an.« Sie zeigte stolz auf eine riesige rote Anzeige an der gegenüberliegenden Wand. Darauf stand: »14 Richtige!«

»Vierzehn richtige was?« fragte Mr. Tompkins.

»Vierzehn richtige Inspektionen, in denen kein einziger Fehler entdeckt wurde«, verkündete sie stolz.

»Das ist beeindruckend«, gab Mr. Tompkins zu. »Ich denke allerdings, wir hätten auf diese vierzehn Inspektionen verzichten und ungefähr zweiundvierzig Mitarbeiterstunden einsparen können, ohne auch nur ein Iota Qualität einzubüßen – es wurden ja keine Fehler gefunden.«

Molly sah ihn enttäuscht an. »Ich glaube, Sie übersehen das Wesentliche, Webster. Wegen der Code-Inspektionen haben wir eine so hohe Qualität.«

»Aber nicht wegen dieser letzten vierzehn. Die wären nicht nötig gewesen.«

»Aber ... die Statistiken über den Vorteil von Inspektionen sind ziemlich beeindruckend. Ich weiß nicht, ob ...«

»Schluß damit«, sagte Mr. Tompkins. Er war plötzlich sehr aufgeregt.

»Was!?«

»Schluß mit den Inspektionen. Stellen Sie sämtliche Code-Inspektionen ein.«

»Warten Sie«, protestierte sie. »Das können Sie nicht machen. Aristoteles, so sagen Sie doch etwas. Sagen Sie ihm, was Sie uns über die Vorteile gesagt haben, Fehler bei der Inspektion auszubauen. Sagen Sie ihm, daß er gegen alle Regeln handelt.«

Kenoros machte ein seltsames Gesicht. »Gegen alle Regeln, ja. Aber falsch, nein. Ich habe nicht daran gedacht, bis Sie es erwähnten, Webster, aber wenn in den Inspektionen keine Fehler entdeckt werden, können wir die Inspektionen nicht auf der Basis geringerer Kosten pro Defekt rechtfertigen.«

»Es sei denn, etwas beim Inspektionsprozeß wäre völlig schief gelaufen ...«

»Ist es nicht«, beeilte sich Molly zu versichern. »Wir haben es nachgeprüft. Die Module, die die Inspektion mit fliegenden Fahnen passieren, passieren auch die Tests. Wir finden keine Fehler, weil keine Fehler da sind.«

»Dann ist die Inspektion sinnlos, und ich sage: Schluß damit.«

Sie sah Kenoros hilfesuchend an.

»Ich weiß nicht ...«, begann er.

Mr. Tompkins fiel ihm ins Wort. »Aristoteles, es sind keine Fehler da. Dafür gibt es einen Grund. Die eigentliche Codeproduktion verläuft sehr viel problemloser, als wir erwartet hätten.«

»Hmm.«

»Erinnern Sie sich, wie Sie mir gesagt haben, daß Fehler meistens nicht im Modul, sondern am Rand des Moduls auftreten?«

»Ja.«

»Die meisten davon sind Schnittstellenmängel. Das heißt, sie sind eigentlich Entwurfsfehler. Es ist verrückt, eine Analyse des Entwurfs durchzuführen, wenn Sie nur ein Codestück in der Hand haben. Das sind Ihre Worte. Die Statistiken für die Code-Inspektion sind deshalb so beeindruckend, weil sie eine etwas bessere Möglichkeit als Tests darstellen, Entwurfsfehler zu beseitigen. Aber Sie haben eine noch bessere Möglichkeit eingeführt: einen formaleren Entwurf. Und den haben Sie bereits inspiziert. Ich erkläre alle diese Module als bereits inspiziert – zur Entwurfszeit. Deshalb sind weitere Inspektionen überflüssig.«

»Vielleicht haben Sie recht«, gab Kenoros zu. Das wäre zu schön, um wahr zu sein. »Wenn Sie recht haben, so würde das heißen, daß die Code-Inspektionen, an denen alle Welt so hängt, nur Nachbesserungen des Entwurfs sind. Wenn wir vor der Codierung einen sauberen und vollständigen Entwurf erarbeiten und den Entwurf inspizieren, sollten keine Code-Inspektionen mehr nötig sein. Ich weiß nicht, ob das hundertprozentig stimmt oder nicht, aber eines weiß ich.«

»Und das wäre?«

»Wir müssen es herausfinden. Es wäre ein Armutszeugnis für unser Projektmanagement-Labor, wenn wir die Antwort darauf nicht fänden.«

Mr. Tompkins saß an seinem Schreibtisch und starrte ratlos auf eine leere Seite seines Tagebuchs, als Lahksa aufkreuzte.

Er sah hoch. »Ach, du bist es, Lahksa.« Er errötete leicht, wie es ihm in ihrer Nähe oft passierte. Mit einem Blick auf die anklagend leere Seite sagte er: »Als du mir vor all diesen Monaten dieses Tagebuch geschenkt hast, hast du mir vorgeschlagen, jeden Tag etwas hineinzuschreiben. Die neuen Erfahrungen, die der Tag brachte. Und das habe ich an den meisten Tagen auch gemacht. Aber jetzt habe ich seit Wochen nichts mehr aufgeschrieben. Weißt du, woran das liegt?«

»Nein.« Sie setzte sich auf die Tischkante. »Sag' du es mir.«

»Weil ich nicht weiß, was ich aus der Belok-Geschichte gelernt habe. Wenn ich sie in irgendeiner Weise selbst gelöst hätte, hätte ich etwas daraus lernen können. Was immer ich getan hätte, ihn loszuwerden, hätte ich als gelernte Lektion festhalten können. Aber ich habe das Problem nicht gelöst. Du hast es gelöst.«

»Und das kannst du nicht aufschreiben.«

»Nein. Es ist zu albern. Für mich war es, als hätte dich mir der Himmel gesandt, um mein Problem für mich zu lösen. Es war wie ein Wunder. Das kann ich ja wohl kaum schreiben. Ich kann kaum schreiben: Wenn Sie für einen Idioten arbeiten, warten Sie darauf, daß ein Wunder geschieht.

»Was würdest du denn gerne schreiben?«

»Etwas, was ein Betroffener umsetzen kann. Schließlich ist die Welt voller Leute, die einen Psychopathen über sich sitzen haben, jemanden wie Belok oder noch schlimmer. Ich würde gerne aufschreiben, was sie dagegen tun können.«

»Vielleicht können sie nichts tun, Webster. Das kommt häufig vor. Hast du ernsthaft gedacht, etwas gegen das kranke Verhalten von Belok ausrichten zu können?«

21 Der Endspurt beginnt

»Mir ist nichts eingefallen, aber vielleicht hätte es doch Mittel und Wege gegeben.«

»Das glaube ich nicht. Ich glaube nicht, daß sich pathologisches Verhalten von unten her heilen läßt. Ich denke, das geht nicht. Wirklich nicht.«

Er seufzte. »Vielleicht hast du recht. Vielleicht gibt es keine Möglichkeit.«

»Vielleicht ist das die Lektion, nach der du suchst.«

Mit diesen Worten zerzauste sie ihm liebevoll das Haar und ging.

Aus Mr. Tompkins' Tagebuch:

Pathologische Politik (mal wieder):

- Man kann nicht erwarten, ein pathologisches Verhalten von unten her zu heilen.
- Verschwenden Sie nicht Ihre Zeit und gefährden Sie nicht Ihre Position in dem Versuch, es doch zu versuchen.
- Manchmal besteht die einzige Möglichkeit darin, der Sache zu trotzen und darauf zu warten, daß das Problem sich von selbst erledigt oder daß sich eine gute Gelegenheit für einen Wechsel ergibt.
- Wunder sind möglich (aber rechnen Sie nicht damit).

22
Der heißeste Börsengang des Jahres

Am 24. Mai lieferte das QuickerStill-B-Team sein Produkt ab. Am 29. Mai lieferte QuickerStill-C. Am 30. Mai lieferte PMill-C.

Mr. Tompkins frohlockte. »Können Sie das glauben, Belinda? Wir haben tatsächlich drei Produktfertigstellungen zuwege gebracht, alle vor Beloks idiotischem Termin.«

»Heißt das, daß Beloks Termin am Ende doch nicht idiotisch war?«

»Natürlich war der Termin idiotisch«, schnaubte er. »Er wäre ein vernünftiges Idealziel für unsere beiden kleinsten Projekte gewesen, aber als Termin war er idiotisch. Belok hat tatsächlich die Verteilungsmaschinerie beauftragt, morgen mit der Auslieferung aller sechs Produkte zu beginnen. Dabei war der erste Juni für die größeren Projekte ja nicht einmal ein vernünftiges Idealziel. Und als Termin war er für alle sechs zusammen idiotisch.«

»Wow. Wollen Sie damit sagen, ein Projekt sollte sowohl ein Idealziel als auch einen Termin haben? Die sich beide voneinander unterscheiden können? Das ist ziemlich radikal, Webster.«

»Na und? Ist es nicht sinnvoll? Ein gutes Ziel liegt an der äußersten Grenze des Machbaren. Deshalb ist es ein lausiger Termin. Ein guter Termin kann wahrscheinlich eingehalten werden, aber er ist kein echtes Ziel. Warum sollte ein Projekt nicht beides haben?«

»Oh, ich widerspreche Ihnen nicht. Es ist nur so, daß Ihr Standpunkt nicht eben weit verbreitet ist.«

»Sie haben recht. Damit stehe ich alleine da. Vielleicht ist gerade das ein Zeichen dafür, daß ich recht habe.«

Am 1. Juni verlautete, daß EFN endlich zurück war. Mr. Tompkins wurde gebeten, so schnell wie möglich in sein Büro zu kommen.

Die Assistentin, die den Termin mit ihm vereinbart hatte, war außer sich vor Aufregung. Sie gab nichts preis, aber irgend etwas war im Busche. Seiner Erfahrung nach war Aufregung in der Vorstandsetage normalerweise ein schlechtes Zeichen. Die Leute in der Vorstandsetage regten sich hauptsächlich dann auf, wenn Köpfe rollten oder Projekte abgeblasen wurden. Ihm war beklommen zumute, als er den Morgenzug nach Korsach bestieg. Eigentlich konnte niemand seine Hochgefühle angesichts der bereits abgeschlossenen Projekte wirklich dämpfen. Trotzdem war er etwas besorgt.

Wie bei Websters erstem Besuch vor vielen Monaten wurde EFNs Büro lediglich durch den schwachen Lichtschein des Monitors erhellt. Wieder dauerte es einen Moment, bis Mr. Tompkins ihn in den Untiefen des riesigen Raumes ausgemacht hatte. Er saß in einer dunklen Ecke und hatte ein Yes-Tortie in der Hand. Oder vielmehr im Mund. »Morgn, Tombgns«, sagte er mit vollem Mund.

»Morgen, Sir. Willkommen daheim.«

»Nmomnt, bitte«, sagte Er. Er schluckte und wischte sich den Mund mit einer Serviette ab. Dann sah er Tompkins mit einem breiten Lächeln an. »Wir haben es geschafft, Tompkins! Wir haben das Kind geschaukelt!«

»Die Projekte. Ja, also wir hatten ein bißchen ...«

»Nein, nicht die Projekte. Obwohl sie mit Sicherheit geholfen haben. Gute Arbeit, übrigens. Aber sie meine ich nicht. Ich rede von dem Börsengang.«

»Börsengang?«

»Wir gehen an die Börse, Tompkins. Die Morovien AG geht an die Börse. Der Börsengang ist für nächste Woche angesetzt. Das ist ein Wahnsinnscoup. Das Emissionskonsortium sagt, es wird der heißeste Börsengang des Jahres werden.«

»Wahnsinn. Morovien geht an die Börse. Ich denke, wir sind wahrscheinlich das erste an der Börse gehandelte Land.«

»Das habe ich mir noch gar nicht überlegt, aber Sie könnten recht haben.«

»Dann darf man Ihnen wohl gratulieren? Also, herzlichen Glückwunsch, Sir. Ich hoffe, Sie verdienen damit einen schönen Batzen Geld. Noch einen Batzen, meine ich.«

»Nicht nur ich, Tompkins. Wir alle. Vor allem Sie.«

»Ich?«

»Ja. Erinnern Sie sich nicht mehr: Sie haben Aktien. Sie besitzen ein halbes Prozent der ausgegebenen Aktien.«

»Tatsächlich?« Mr. Tompkins' Interesse war plötzlich geweckt.

»Natürlich. Fünfzigtausend Aktien.«

»Äh, gibt es schon Schätzungen, wie hoch der Ausgabepreis sein wird?«

EFN konnte seine Genugtuung kaum verbergen. »Vierzehn Dollar! Können Sie sich das vorstellen? Ursprünglich waren elf angesetzt, aber die Emissionen waren so überzeichnet, daß sie den Preis hochsetzen mußten. Vielleicht ist er nächste Woche sogar noch höher. Und weiß der Himmel, mit wieviel Dollar die Aktien notiert werden. Zwanzig oder sogar vierundzwanzig Dollar am Ende des ersten Tages sind durchaus im Bereich des Möglichen.« Er warf seinen Kopf in den Nacken und triumphierte: »Wir sind reich!«

»Ähm, Sie waren schon immer reich.«

»Also meinetwegen: noch reicher. Noch viel reicher. Wow. Ein Hoch auf den Kapitalismus. Ich fühle mich wie Dagobert Duck – kurz davor, im Geld zu baden.«

Etwas benommen rechnete Mr. Tompkins seinen eigenen Anteil aus. Bei 14$ pro Anteil hätte er ... Wow.

Und bei $24 ... Ein Hoch auf den Kapitalismus! »Das sind ja wirklich erfreuliche Neuigkeiten«, sagte er mit aller Zurückhaltung, die er aufbringen konnte.

»Und es soll keiner leer ausgehen«, informierte ihn EFN. »Wir verteilen kleine Aktienpakete an alle Mitarbeiter. Außerdem habe ich einen Pool von ungefähr dreißigtausend Zusatzaktien eingerichtet, der Ihnen zur Verfügung steht, um besonders verdiente Mitarbeiter zu belohnen ...«

»Wahnsinn. Ich weiß genau, wer sie bekommen sollte«, sagte Mr. Tompkins leidenschaftlich. Er dachte an Belinda, Gabriel, Aristoteles ...

»Das dachte ich mir.« EFNs Gesicht spiegelte das Auf und Ab seiner Gefühle wider. Kaum schien er sich beruhigt zu haben, brach sich seine Begeisterung erneut Bahn. »Juuuhuuu!« jauchzte er.

»Ja.«

EFN beruhigte sich abrupt. »Oh, eine kleine Komplikation, Tompkins. Das Emissionskonsortium hat uns informiert, daß wir Ihren Vertrag vor dem Börsengang beenden müssen. Das heißt, sie werden ausbezahlt, aber Sie haben ab dem Tag des Börsengangs uns gegenüber keine weiteren Verpflichtungen mehr. Das hat wohl rechtliche Gründe. Natürlich wird das neue Management hinter Ihnen her sein, einen neuen Vertrag zu unterzeichnen. Ich habe keinen Zweifel daran, daß sie Wachs in Ihren Händen sein werden. Sie sind sich alle nur zu sehr der Wunder bewußt, die Sie bewirkt haben.«

Das rückte die Sache in ein etwas anderes Licht. »Hmm«, begann Mr. Tompkins. »Also, ich werde mir ihr Angebot gerne anhören. Aber im Grunde, wissen Sie, ist meine Arbeit hier getan. Die restlichen Projekte sind auf den Weg gebracht, und ich zweifle nicht, daß sie erfolgreich zu Ende geführt werden. Die wesentlichen Daten aus unseren Experimenten liegen vor, obwohl es sicher interessant sein wird, die Fertigstellung der größeren Projekte zu verfolgen. Damit die Abschlußdaten festgehalten und veröffentlicht werden können, muß aber nicht unbedingt ich der Boss sein. Die entsprechenden Arbeiten sind bereits auf den Weg gebracht.« Er machte eine kurze Pause, um seine Gedanken zu sammeln. »Ich könnte mir vorstellen, etwas ganz Neues anzufangen.«

»Ach, du Schande. Das wird den neuen Vorständen gar nicht gefallen. Haben Sie eine Idee, wer Ihr Nachfolger sein könnte?«

»Melissa Alber«, antwortete Tompkins wie aus der Pistole geschossen. »Sie ist reif für den Job, talentiert, couragiert, kompetent, charismatisch. Sie ist für den Job so gut geeignet, daß ich schon seit einiger Zeit den Eindruck habe, ihr nur im Weg zu stehen. Es wäre mir ein Vergnügen, mich zurückzuziehen und ihr den Job zu überlassen.«

»Nun, wie ich schon sagte, die Vorstände werden nicht begeistert sein, Sie zu verlieren. Aber was soll's? Melissa klingt wie die perfekte Nachfolgerin, und vielleicht müssen Sie wirklich etwas Neues in Angriff nehmen. Auch ich werde sicher nicht den Rest meines Lebens hier verbringen. Ich wünsche Ihnen alles Gute, ganz gleich, wozu Sie sich entschließen.«

»Ich danke Ihnen. Ich weiß überhaupt nicht, was das sein könnte, aber ich freue mich darauf. Wie steht es mit Ihnen, Sir? Wissen Sie schon, was Sie als nächstes in Angriff nehmen werden?«

»Tja.« Das jungenhafte Gesicht von EFN umwölkte sich. »Ich hatte einen wunderbaren Plan, aber er ist nicht aufgegangen.« Er schüttelte verärgert den Kopf. »Eigentlich wollte ich noch ein Land aufkaufen, um damit an die Börse zu gehen. Es sollte ein ähnliches Land wie Morovien sein. Sie wissen schon: Ein Land des früheren Ostblocks, das billig zu haben ist, mit einer armen, aber gut ausgebildeten Bevölkerung, die darauf brennt, schnell den Anschluß an die entwickelte Welt zu finden.«

»Vielleicht Bulgarien?« schlug Mr. Tompkins vor.

»Genau daran hatte ich gedacht. Aber nichts. Jemand anderer ist mir zuvorgekommen. Pech für mich. Kaum hat man eine gute Idee, klaut sie ein anderer und macht das große Geld damit.«

»Sicher wird sich etwas anderes finden.«

»Zum Beispiel?«

Mr. T. dachte einen Moment nach. »Wie wäre es mit den USA?« schlug er vor.

»Ooooh.«

22 Der heißeste Börsengang des Jahres

»Das wäre natürlich ein etwas ehrgeizigerer Plan.«

»Natürlich. Aber andererseits: Wer könnte ihn umsetzen, wenn nicht ich?«

»Genau. Wer?« wiederholte Tompkins.

Genügend Zeit vorausgesetzt würde Er vermutlich sogar das schaffen. Bei diesem Gedanken beschlich Tompkins ein mulmiges Gefühl. O Mann. Vielleicht hätte er lieber den Mund halten sollen. Vielleicht wäre ein Buy-out der Vereinigten Staaten durch EFN nicht eben das Beste für das Land. Mr. Tompkins hatte noch immer patriotische Gefühle. »Äh, wenn Sie die USA erwerben würden, würden Sie sich doch nicht in die Bürgerrechte einmischen, oder?«

»Du lieber Himmel, nein. Ich würde mich nur um die geschäftliche Seite kümmern.«

»Und auch nicht in die Regierungsgeschäfte?«

»Nein, jedenfalls nicht sehr. Aber ich hätte doch das Recht, eine winzigkleine Änderung vorzunehmen?«

»Vermutlich, wenn es bei einer bleibt. Woran denken Sie?«

»Ich denke, ich würde die Anti-Trust-Behörde nach Nome, Alaska, verlegen.«

»Aha. Nun, ich denke, damit könnte das amerikanische Volk leben.«

Eine Pause. Das war's dann wohl gewesen. Mr. Tompkins' Zeit in Morovien war abrupt abgelaufen. Er würde ungefähr noch einen Monat bleiben, um Melissa einzuarbeiten, und dann würde er sich verabschieden. Das Interview war offenkundig beendet. In wenigen Augenblicken würde er gehen und EFN wahrscheinlich nie mehr wieder sehen.

EFN schien das gleiche zu denken. Er stand auf und streckte Mr. Tompkins ungeschickt die Hand hin. »Also dann. Danke für alles, Tompkins«, sagte er rauh.

Mr. Tompkins stand ebenfalls auf und schüttelte Ihm trübsinnig die Hand.

»Danke, Tompkins ... äh, Webster. Sie haben Ihre Sache gut gemacht.«

»Ich danke Ihnen, Sir.«

»Bill. Bitte nennen Sie mich Bill.«

»Danke, Bill.«

Kaum war Mr. Tompkins in sein Büro in Aidrivoli zurückgekehrt, erhielt er einen Anruf von EFN. »Webster, wissen Sie, wo dieser Wie-heißt-er-doch-gleich steckt? Sie wissen schon, dieser ölige kleine Mann. Mein Minister für Innere Angelegenheiten. Ich habe ihn seit meiner Rückkehr nicht gesehen.«

»Belok.«

»Ja, genau, Belok.«

»Ich höre, er ist für längere Zeit krankgeschrieben. Er war schon seit vier Monaten nicht mehr hier.«

»Oh. Wirklich?« Er schwieg einen Moment. »Nun, ich nehme an, das ist ein großer Verlust. Ich will sagen, ich meine, ich nehme das an.«

Mr. Tompkins verzog keine Miene. »Wir haben alle unser Bestes getan, auch ohne Allair klarzukommen.«

»Ja, also, ich habe da ein kleines Problem: Ich habe dem neuen Aufsichtsrat mehr oder weniger zugesichert, mein Minister für Innere Angelegenheiten könnte meine Nachfolge als CEO antreten. Aber jetzt habe ich anscheinend keinen Minister für Innere Angelegenheiten mehr. Das wird ihnen auffallen. Verdammt. Ich brenne darauf, hier herauszukommen, und mich in ein neues Abenteuer zu stürzen. Aber ohne jemanden, der das Ruder übernimmt ...«

»Könnten Sie nicht einen neuen Minister ernennen? Was bringt es, der Tyrann dieses Landes zu sein, wenn Sie nicht danach handeln?«

»Wollen Sie den Job?«

»Auf keinen Fall. Ich setze mich ab und genieße meinen neuen Wohlstand.«

»Wer dann?«

»Hm, lassen Sie mich nachdenken. Ihr früherer Minister für Innere Angelegenheiten war so eine Art reißender Wolf. Muß der neue auch so sein?«

»Eigentlich nicht. Ich hätte lieber so jemanden wie mich. Sie wissen schon: brillant, aber ganz nett. Oder ganz nett und brillant. Etwas in der Art.«

»Gabriel Markov.«

Der brillante, aber nette Bursche am anderen Ende der Leitung dachte kurz nach. »Sie sind gut, Webster. Das ist ein glänzender Vorschlag. Die Leute mögen ihn, und er ist ausgefuchst wie kein zweiter.«

»Und eine geborene Führungspersönlichkeit.«

»Das mache ich. Allair ist draußen, und Gabriel ist drin. Ich ernenne ihn erst einmal zum Minister für Innere Angelegenheiten – er kann sich in der Organisation umsehen und in Ordnung bringen, was in Ordnung gebracht werden muß. Wenn ich dann soweit bin, mich zu verabschieden, machen wir ihn zum CEO. Was halten Sie davon?«

»Eine gute Wahl.«

»Nicht wahr? Ich habe eine natürliche Begabung für Entscheidungen dieser Art.«

22 Der heißeste Börsengang des Jahres

Mr. Tompkins hatte sich gerade hingesetzt, um einen Eintrag in sein Tagebuch zu machen, als erneut das Telefon klingelte. Mrs. Beerzig war schon gegangen, deshalb nahm er selbst ab. Er hatte nicht mehr damit gerechnet, die Stimme am anderen Ende noch einmal in seinem Leben zu hören.

»Tompkins. Kopf hoch. Hier ist Minister Belok.«

Die Telefonverbindung war kristallklar. Hieß das, daß Belok von unmittelbarer Nähe aus telefonierte? Konnte er in sein Büro in Korsach zurückgekehrt sein, um seine bröckelnde Position zu konsolidieren? Zuzutrauen wäre es ihm. Aber Tompkins brauchte nicht zu raten, woher der Anruf kam: Sein Telefon war erst vor kurzem mit einer kleinen weißen Anrufer-ID-Box ausgestattet worden, die auch internationale Anrufer identifizierte. Er blickte auf den kleinen Bildschirm. Als Anrufer-ID wurde GENHERP CLINIC: OSIMEE, GA (USA) angezeigt. Belok war also immer noch in Behandlung. Die Tatsache, daß er sich als Minister bezeichnete, verriet, daß er noch nichts von den bevorstehenden Änderungen gehört hatte.

»Hallo, Allair. Wie geht es Ihnen?«

»Sparen Sie sich Ihre Scheißfreundlichkeit. Tompkins, ich will, daß Sie mit Ihren Leuten aus Aidrivoli-1, -5, -6 und -7 ausziehen. Ich vermiete die Büros. Ich habe einen phantastischen Mieter. Ich habe alles heute morgen telefonisch arrangiert.«

»Na so was! Und wo sollen wir mit all den Leuten hin?«

»Was geht mich das an? Pferchen Sie sie in die anderen Gebäude. Reißen Sie die Innenwände ein und bauen Sie Großraumbüros. Meinetwegen schmeißen Sie ein paar Leute raus; Sie haben sowieso viel zu viele.«

»O Mann! Ich glaube nicht, daß sich darüber jemand freuen wird.«

Ein Kichern am anderen Ende. »Wahrscheinlich nicht. Aber das ist mir gleich. Das hier ist kein Popularitätswettbewerb. Jeder Tag, den Sie und Ihre Leute sich in Aidrivoli breitmachen, kostet mich siebentausendzweihundertdreiundzwanzig Dollar an verlorener Miete. Soviel zahlen mir die neuen Mieter. Also, sehen Sie zu, daß Sie am Freitag draußen sind.«

»Lassen Sie mich nachrechnen: vierzehnhundert Leute in drei Gebäuden. Das sind nicht einmal vier Quadratmeter pro Person.«

»Richtig.«

»Weniger als in einem Gefängnis.«

»Richtig. Und hören Sie, lassen Sie es sich nicht einfallen, die Möbel oder die Computer oder sonst etwas mitzunehmen. Ich verkaufe das alles an die neuen Mieter.«

»Sieh an, sieh an. Das *sind* unerwartete Nachrichten. Und was ist mit meinen Leuten?«

»Die sollen sich teilen, was übrig bleibt. Sie haben sie viel zu lange in Watte gepackt. Ich ziehe jetzt andere Saiten auf: Von jetzt an wird dieses Unternehmen *straff und taff* geführt.«

»O nein.«

»O doch! Ich habe in der Wirtschaftspresse darüber gelesen. Ein neuer, knallharter Führungsstil revolutioniert das ganze Land. Die ganzen gottverdammten Vereinigten Staaten von Amerika. Entlassungen, Gehaltskürzungen, engere Büros, spartanische Bedingungen sind hierzulande der letzte Schrei.«

»Aber ich möchte keine straffe und taffe Organisation, Allair. Nein, ich glaube nicht, daß ich das möchte. Ich glaube, ich möchte etwas ganz anderes: Eine produktive und partnerschaftliche Organisation.«

»Hören Sie auf, mich zu verarschen, Tompkins!«

»Ja, produktiv und partnerschaftlich. Das ist es. Wir sind ein erstklassiges Unternehmen, und das sollten wir zeigen und auch selbst spüren können.«

Belok kreischte ins Telefon. »Sie befinden sich auf dünnem Eis, Tompkins. Fordern Sie mich nicht heraus. Tun Sie, was ich Ihnen sage.«

»Nein, ich glaube nicht, daß ich das tun werde, Allair. Sagen Sie Ihren Mietern, daß sie die Sache vergessen können.«

Ein kurzes Schweigen. Dann zischte die Stimme am anderen Ende der Leitung: »Lassen Sie mich Ihnen ein paar Tatsachen in Erinnerung rufen, Sie Pflaume. Sie sind machtlos und verängstigt, und ich kann sehr böse und gefährlich werden. Wagen Sie es nicht, mit mir zu spielen. Dazu fehlt Ihnen der Mumm.«

Mr. Tompkins sah auf die Uhr. In fünfzehn Minuten fand im Institut ein Vortrag statt. Wenn er jetzt ginge, könnte er auf dem Weg dorthin durch die blühenden Rosengärten schlendern. Er mußte nur diesen Zeitverschwender endlich loswerden. Ihm endlich den Gnadenstoß versetzen: »Allair, wenn ich so ein kleines Würstchen bin und Sie so ein gefährliches Monster, wie kommt es dann, daß ich hier am Gipfel der Welt sitze und Sie mit Blasen auf dem Schwanz in einer Klinik in Georgia?«

22 Der heißeste Börsengang des Jahres

Er hörte, wie Belok nach Atem rang. Tompkins wartete seine weitere Antwort nicht ab. Er legte auf und machte, daß er in den herrlichen morovischen Nachmittag hinauskam. Sein Tagebuch nahm er mit.

Aus Mr. Tompkins' Tagebuch:

Straff und Taff:

- ☐ Straff und taff ist eine Formel, zu der in gescheiterten Unternehmen die Leute greifen, die für das Scheitern verantwortlich sind.
- ☐ Sie ist das Gegenstück des natürlichen Ziels jeder Organisation: Produktivität und Partnerschaft.
- ☐ Wann immer Sie die Phrase »straff und taff« hören, ersetzen Sie sie mit dem, was sie wirklich bedeutet: eingeschüchtert und gescheitert.

23
Zwischenstop in Riga

Mr. Tompkins träumte. Es war seine letzte Nacht in Morovien. Die Party mit unzähligen, festlich gestimmten Leute, die an diesem Abend im Residence stattgefunden hatte, wollte kein Ende nehmen. Alle waren sie gekommen. Ehrlich gesagt, er hatte zu viel gegessen und viel zu viel getrunken. Das war wahrscheinlich der Grund für seinen Traum, in dem er eine wirbelnde Rauchwolke sah, die ein Licht und noch etwas umhüllte – ein gigantisches Haupt. Keinen Körper, nur einen Kopf. Das Gesicht sah pausbäckig wie ein Barockengel aus, und wurde von einem riesigen Turban gekrönt. Es war ein sehr lebendiges Gesicht: Seine Augen blitzten, sein Minenspiel war bewegt und aus seinem Mund kam eine tiefe, grollende Stimme.

»Ich bin Yordini!« verkündete es grandios.

»Yordini«, antwortete Tompkins erschreckt. »Der Yordini?«

»Der Yordini«, bestätigte der Kopf.

»Der Wahrsager?«

Ein drohendes Donnergrollen. »Der Zukunftsdeuter, verdammt noch mal!«

»Das habe ich gemeint.«

»Der Große Yordini.«

»Wahnsinn.«

»Sie haben vielleicht Glück, Tompkins. Sie dürfen einen Blick in die Zukunft werfen.«

»Wow.«

»Stellen Sie Ihre Fragen, und ich werde sie beantworten. Die Zukunft ist für mich so klar wie für andere die Vergangenheit.«

Tompkins' Gedanken überstürzten sich: Es gab so viele Dinge, die er wissen mußte. Er ließ eine Menge loser Enden zurück. »Sagen Sie mir ...«, er überlegte kurz, »sagen Sie mir, was mit dem Flugsicherungsprojekt passieren wird. Werden Gulliver Menendez und seine Leute das System rechtzeitig zu den Sommerspielen fertigstellen?«

Yordini schloß die Augen. Eine Hand erschien aus dem Nichts und rieb nachdenklich sein Kinn. »Ja«, sagte er schließlich. »Nicht perfekt und nicht ohne

Betriebsprobleme, aber sie werden den Termin schaffen. Es wird ein paar Verzögerungen bei den ankommenden Flügen geben, aber keine Abstürze.«

»Das klingt beruhigend. Sagen Sie mir, wie wird es Belinda Binda ergehen? Wird sie okay sein? Wird sie es schaffen, wieder auf den rechten Weg zu kommen?«

Wieder schloß Yordini die Augen. »Ja. Sozusagen.«

»Was heißt das?«

»Sie wird nochmal Karriere machen, aber keine hundertprozentig respektable.«

»Oje. Was wird sie denn werden?«

»U.S. Senatorin für den Bundesstaat Kalifornien.«

»Oh. Ich denke, das wird ihr gut tun. Und uns anderen auch.«

»Was noch?«

»Allair Belok. Wie geht es mit ihm weiter?«

»Mit ihm wird es böse enden. Er wird Controller einer Aktiengesellschaft sein, Investmentbanker, Industrieführer und schließlich Berater für besondere Aufgaben im Weißen Haus.«

»Und dann?«

»Dann wird er im Bundesgefängnis Danbury landen.«

»Ja, so etwas in der Art dachte ich mir.«

»Und schließlich wird er zum Glauben finden und eine eigene Talk-Show als Prediger haben.«

»Es war nicht anders zu erwarten.«

»Was noch?«

Das Haupt begann, langsam nach oben zu schweben, und der Rauch wirbelte heftiger.

»Warten Sie, warten Sie. Was wird aus der amerikanischen Software-Industrie? Verlieren wir alle Arbeitsplätze an Dritte-Welt-Länder, wie manche fürchten?«

Das Haupt war mittlerweile fast verschwunden. Dann war es fort. Zurück blieb eine körperlose Stimme. »Lesen Sie mein Buch zu diesem Thema«, sagte sie.

Sein Tagebuch, das ihn sein ganzes morovisches Abenteuer über begleitet hatte, lag offen auf dem Schreibtisch vor ihm. Es war auf Seite 102, der ersten leeren Seite, aufgeschlagen. Er hätte gerne einen abschließenden Eintrag gemacht.

23 Zwischenstop in Riga

Aber ihm fiel nichts ein, was seine morovische Erfahrung zusammengefaßt hätte. Vielleicht war das Tagebuch als Ganzes die Zusammenfassung. Er blätterte eine Seite zurück, um nachzuschlagen, was er zuletzt geschrieben hatte. Es war, das wußte er jetzt, sein letzter Eintrag gewesen. Es war ein Gedanke, den er oft gedacht, aber erst vor ein paar Tagen zu Papier gebracht hatte.

Gesunder Menschenverstand:

- ☐ Ein Projekt braucht sowohl Ziele als auch Termine.
- ☐ Sie sollten sich voneinander unterscheiden

Es klopfte an der Tür. Mrs. Beerzig steckte ihren Kopf herein. »Webster, haben Sie Zeit für ein Interview? Hier ist ein Herr von der Presse.«

»Klar, warum nicht«, sagte er gutgelaunt.

Der Gast, den Mrs. Beerzig hereinführte, war kein Fremder, wie Mr. Tompkins gedacht hatte. Er war Alonzo Davici, einer von Ex-General Markovs Vorzeigemanagern.

»Alonzo – was für eine Überraschung.« Er schüttelte Alonzos große Hand. Alonzo hatte einen Schnauzbart, und grinste belustigt. »Das ist eine neue Rolle für Sie, nicht wahr? Journalist?«

»Ich wurde befördert. Vielleicht haben Sie es noch nicht gehört. Ich arbeite seit kurzem für das Institut. Sie ernannten mich zum Chefredakteur der neuen Zeitschrift, die wir herausgeben. Sie wird *Aidrivoli-Softwaremagazin* heißen.

»Doch, doch. Ich habe davon gehört. Herzlichen Glückwunsch.«

»Danke. Ich dachte, für unsere erste Ausgabe machen wir ein Feature über Sie höchstpersönlich, über Ihre Erfahrungen hier in Morovien.«

»Warum nicht? Ja, warum nicht? Es wäre mir ein Vergnügen. Was möchten Sie von mir wissen? Schießen Sie los.«

»Also, ich würde gerne etwas über die Lektionen erfahren, die Sie auf dem langen Weg hin zu Ihrem jüngsten Erfolg gelernt haben. Ich meine, offenbar haben Sie auf diesem Weg einiges richtig gemacht. Was war das?«

»Noch wichtiger erschiene mir die Frage: Was haben Sie falsch gemacht, und was haben Sie daraus gelernt?«

»Das wollte ich als nächstes fragen«, beeilte sich Alonzo zu versichern.

»Was habe ich richtig und was falsch gemacht, und was habe ich daraus gelernt?« Er dachte einen Moment nach. »Komisch, daß Sie das fragen. Es ist eine Frage, die ich mir seit meiner Ankunft hier fast täglich selbst gestellt habe. Ich habe mir diese Frage jeden Abend gestellt, und wenn mir eine Sache auffiel, habe ich sie mir notiert.«

Alonzo zog die Augenbrauen hoch. »Ich bin noch kein ausgefuchster Journalist, aber ich habe schon gelernt, daß Notizen des Interviewten dem Interviewer sehr viel Zeit sparen können. Wäre es vielleicht möglich, daß Sie mir eine Kopie Ihrer Notizen überlassen?«

Mr. Tompkins warf einen nachdenklichen Blick auf das Tagebuch, das vor ihm auf dem Schreibtisch lag. »Sie bekommen etwas Besseres von mir. Ich gebe Ihnen das Original. Ich kann mir niemanden vorstellen, dem ich es lieber geben würde.« Er reichte ihm das Tagebuch.

Alonzo griff überrascht nach dem Buch. »Also ...« Er öffnete es und überflog ein paar Seiten. »Das ist genau das, was wir suchen. Ich vermute, es ist das, wonach Manager seit Jahren gesucht haben. Wieviele Einträge haben Sie gemacht?«

»Einhunderteins«, sagte Mr. Tompkins.

»Und Sie sind bereit, das aus der Hand zu geben? Ich meine, wir könnten eine Kopie davon anfertigen und Ihnen das Original zurückgeben.

Mr. Tompkins schüttelte den Kopf. »Nein, das ist nicht notwendig. Ich hoffe, Sie und Ihre Leser können mit den Informationen etwas anfangen. Das Tagebuch selbst hat für mich keine Bedeutung mehr. Ich kann mir nicht vorstellen, es jemals wieder aufzuschlagen. Das brauche ich nicht. Ich trage diese einhunderteins Prinzipien in mir, wohin auch immer ich gehe. Sie sind ein Teil meiner selbst geworden.«

Eine Sache war noch ungeklärt und sollte es wohl auch bleiben. Er hatte Lahksa seit der Party gestern abend nicht mehr gesehen. Sie war nicht mit all den anderen zum Flughafen gekommen, um ihn zu verabschieden, und als er sie angerufen hatte, hatte sie den Hörer nicht abgenommen. Sie würden nicht, wie er gehofft hatte, über eine gemeinsame Zukunft sprechen – sie würden sich nicht einmal Lebewohl sagen.

Deprimiert nahm er seinen Platz im Firmenjet ein. Seafood, der eine Beruhigungspille bekommen hatte, war bereits auf dem Sitz neben ihm eingeschlafen. Mr. Tompkins schnallte sich gerade an, als der Steward kam, um nach ihm zu sehen.

23 Zwischenstop in Riga

»Also dann, Mr. Tompkins. Entspannen Sie sich und genießen Sie den Flug. Unser erstes Ziel ist ...«

»Boston«, warf Mr. Tompkins ein.

»Das ist unser zweites Ziel. Zuerst fliegen wir noch ein anderes Ziel an.«

»Oh? Welches denn?«

»Riga in Lettland. Ich weiß, ich weiß, es liegt ein bißchen abseits von der üblichen Route. Ehrlich gesagt, lassen uns nicht alle Länder in ihren Luftraum einfliegen, weil wir aus einem Staat ohne moderne Flugüberwachung kommen.«

»Nun, das wird sich ändern, mein Freund. Im Sommer 2000 wird Morovien über ein erstklassiges Flugsicherungssystem verfügen. Darauf gebe ich Ihnen mein Wort.«

»Ich freue mich darauf. Wie wäre es mit Champagner, Sir?«

Mr. Tompkins nahm ein Glas entgegen und trank es in einem Zug aus. Er war eingeschlafen, noch ehe das Flugzeug gestartet war.

Eine Hand schüttelte seine Schulter. »Mr. Tompkins. Aufwachen, Sir. Wir sind in Riga.«

Mr. T. blinzelte den Steward schläfrig an. »Schon?«

»Ja, Sir. Wir haben hier mehrere Stunden Aufenthalt. Deshalb haben wir einen ortskundigen Fahrer für Sie engagiert, der Sie ein bißchen herumfährt.« Der Steward versprach, in der Zwischenzeit ein Auge auf Seafood zu haben.

»Warum nicht? Das ist wirklich nett. Ich bin noch nie in Lettland gewesen?«

Er stand auf, streckte sich und ließ sich über die Gangway zum Rollfeld hinunter geleiten, wo ihn ein Taxi erwartete.

»Kein Zoll?« fragte er den Fahrer.

Der Mann schüttelte den Kopf.

Tompkins sah sich um. Der Flughafen schien in der Mitte einer großen schönen Wiese zu liegen. Die Rollbahn war von Palmen umsäumt. »Donnerwetter, ich hätte nie gedacht, daß es hier Palmen gibt.«

Der Fahrer brummte. Er öffnete die Tür, und Mr. Tompkins stieg ein. Innerhalb von zehn Minuten waren sie am Rand einer hübschen Stadt in Sand- und Pastellfarben angelangt. Sie sah überhaupt nicht so aus, wie er sich einen nördlichen Ort wie Riga vorstellte. Er hätte gedacht, Riga würde ... Wie Schuppen fiel es ihm von den Augen: Er war gar nicht in Riga.

»Wir heißt diese Stadt?« fragte er den Taxifahrer.

Er erhielt genau die Antwort, die er erwartet hatte: »Sofia.«

»Aha.«

Jetzt, wo er darüber nachdachte, lag die Sache auf der Hand. Wer immer in Bulgarien das Sagen hatte, wollte ein kleines Gespräch mit Tompkins führen. Sie wollten ihm vorschlagen, für Bulgarien das gleiche zu tun, was er für Morovien getan hatte. Es handelte sich um ein Vorstellungsgespräch. Und wie sein letztes Gespräch dieser Art würde auch dieses mit einer beunruhigenden Vorstellung einhergehen: Man würde ihm einen Job anbieten, ohne daß er so recht wußte, ob er auch nein sagen konnte. Nun, dachte er bei sich, dieses Mal würde er nein sagen.

Das Taxi hielt vor einem riesigen Rokoko-Palast. »Was ist das?« fragte er.

»Das war der alte Königspalast«, informierte ihn der Fahrer. »Jetzt lebt und herrscht hier der Edle Führer der Nation.«

»Bulgarien hat auch einen EFN?«

»Ja«, lächelte der Mann. »Den bulgarischen EFN. Wir nennen ihn BEFN.«

Tompkins verdrehte die Augen. Nun gut. Er würde sich anhören müssen, was der Bursche wollte. Er wollte die Sache möglichst schnell hinter sich bringen.

Zwei Lakaien in aufwendigen Uniformen eskortierten ihn durch den Palast. Er folgte ihnen eine breite geschwungene Treppe hinauf, die den Eingang zu einem Teil des Palastes bildete, der nach seiner Einrichtung zu schließen noch prächtiger war als der Teil, durch den er gekommen war. Oben auf der Treppe wartete jemand auf ihn, eine kleine Gestalt, die inmitten all der Pracht ein bißchen verloren wirkte.

»Lahksa!«

»Hallo, Webster.«

»Lahksa. Ich dachte ... Ach, ich hätte es wissen müssen. Du kannst es einfach nicht lassen.«

Sie grinste ihn von der Seite an, ohne etwas zu sagen.

»Na ja. Ich höre mir an, was du mir zu sagen hast. Aber erwarte nicht, daß du mich so leicht herumkriegst wie letztes Mal.«

»Danke, Webster. Ich bin froh, daß du nicht verärgert bist.«

»Nicht verärgert. Ich hatte nur gehofft ...« Kein Grund, näher darauf einzugehen. »Du bist also Bulgariens EFN. Ich hätte es mir denken können. Er sagte mir, jemand sei ihm mit dem Buyout zuvorgekommen. Wer außer dir hätte das sein sollen? Vermutlich wirst du eine wunderbare EFN abgeben ...«

»Aber Webster, nicht ich habe Bulgarien gekauft.«

»Nicht?«

23 Zwischenstop in Riga 265

»Nein? Wie könnte ich? Oh, der Börsengang hat mir einen schönen Gewinn eingebracht, ich kann mich nicht beklagen. Aber er hätte nie gereicht, um dieses Geschäft abzuschließen. Nein, ich bin nicht der neue Eigentümer hier.«

»Ja, aber wer dann?«

»Du, Webster.«

»Was?!?«

»Du bist der neue Eigentümer, zumindest der Mehrheitseigner. Du bist BEFN.«

»Wie ist das möglich? Jetzt hör' auf zu grinsen. Wie hast du das denn bewerkstelligt?«

»Deine diversen Anteile, deine Aktienzertifikate, konnten sich meinen diebischen kleinen Fingern nicht widersetzen, fürchte ich. Ich habe sie mir sozusagen geholt.«

»Du bist unverbesserlich.«

»Da kannst du recht haben.«

»Aber ich hätte trotzdem nicht gedacht, daß mein kleiner Aktienanteil ausreichen würde, ein ganzes Land zu kaufen.«

»Na ja, wir haben zusätzlich Belindas Aktien und Aristoteles' Aktien und meine eigenen ...«

Aus dem Börsenprospekt wußte er genau, wieviele Aktien jeder von ihnen hatte. »Das scheint mir immer noch nicht zu reichen. Sechzigtausend Anteile von euch dreien und dann meine eigenen fünfzigtausend ...«

Sie sah ihn erstaunt an. »Du hattest Optionen, Webster.«

»Tatsächlich?«

»Natürlich. Erinnerst du dich nicht? Ich habe sie dir selbst gegeben, als du deinen Vertrag unterzeichnet hast.«

»Ich ... ich habe mir die Unterlagen nie angeschaut. Wahrscheinlich sind sie immer noch in der Dokumentenmappe, in die ich sie gelegt habe.«

»Das glaube ich nicht«, grinste Lahksa.

»Oh. Wieviele Optionen hatte ich denn?«

»Dreihunderttausend Anteile. Sie sind heute ungefähr $7,2 Millionen wert.«

»Oh.«

»Dann setzt man den einen oder anderen Hebel in Bewegung, und voilà. Ich habe von Ihm gelernt, wie das geht. In solchen Dingen war Er ziemlich geschickt.«

Mr. Tompkins wurde es schwarz vor den Augen. »Ich weiß nicht, was ich sagen soll.«

»Belinda und Aristoteles haben sich bereit erklärt, dich beim Start zu unterstützen. Es sieht so aus, als könnten wir ein paar wichtige Leute aus der alten Belegschaft abwerben, ohne Melissa deswegen zu schaden. Und ich habe diese vier Manager ausfindig gemacht, die du damals in New Jersey so geschätzt hast. Ich wette, daß wir mindestens zwei von ihnen dazu bringen können, für uns zu arbeiten. Seit dem Börsengang Moroviens ist das Ansehen solcher Unternehmungen gestiegen.«

»Also ...«

»Sag, daß du es tun wirst, Webster. Bitte. Ich würde mich so freuen.«

Er hielt inne und sah sie an. »Nicht so schnell.« Dieses Mal würde er nicht kapitulieren, ohne das zu bekommen, was er wirklich wollte. Er setzte sein strengstes Gesicht auf. »Was ich gern wissen würde, Lahksa: Wie hast du dir deine Rolle bei der ganzen Sache vorgestellt?«

Zum ersten Mal, seit er sie kannte, wirkte sie verunsichert. Sie biß sich auf die Lippe. »Ich ...«

»Sag es mir, Lahksa.«

Sie senkte den Blick. »Ich habe nicht darüber nachgedacht«, sagte sie leise.

»Dann sage ich es dir. Ich biete dir eine Rolle an. Entweder du übernimmst sie – oder ich drehe mich auf dem Absatz um und verschwinde auf Nimmerwiedersehen.«

Sie sah ihn immer noch nicht an. »Welche Rolle bietest du mir an, Webster?«

Er wartete einen Moment, bevor er es ihr sagte: »Co-EFN und Ehefrau.«

»Oh, Webster. Ich dachte, du würdest mich nie fragen.«

»Und?«

»Ja. Ich will.«

»Gut.« Er sah sich um. »Gut. Und wie geht es jetzt weiter?«

»Die königlichen Gemächer«, sagte sie und wies auf ein reichverziertes Portal. »Hier durch.«

Er hob sie in die Arme und trug sie über die Schwelle.

Analysen und Lösungen – nicht nur für Softwareentwickler

Tom DeMarco
Warum ist Software so teuer?
... und andere Rätsel des Informationszeitalters
188 Seiten, kartoniert, 1997

ISBN 3-446-18902-5

> „Management ist eine Menge katalytischer Aktivitäten, die die Mitarbeiter in die Lage versetzen, produktiv und glücklich zu arbeiten. Wie bei einem Katalysator in der Chemie gehen die Anstrengungen des Managers nicht unmittelbar in Produkte ein; sie sind aber eine unabdingbare Voraussetzung dafür, daß die Anstrengungen der Mitarbeiter in Produkte umgesetzt werden."
>
> Essay 3

Tom DeMarco ist bekannt für seine Fähigkeit, Antworten auf die brisantesten Fragen zu finden.

Die klugen und unkonventionellen Darstellungen werfen ein völlig neues Licht auf Software- und Managementthemen und gewinnen ihnen völlig neue Erkenntnisse ab.

Der Autor befaßt sich zum Beispiel mit der katalytischen Wirkung, die Manager auf die Entwickler und die Entwicklung von Software erzielen können, mit Produktionsmethoden und ihren direkten Auswirkungen auf entstehende Produkte oder mit den Voraussetzungen und dem Aufbau eines Entwicklungsteams.

In dem Buch findet der Leser neben bereits früher veröffentlichten Essays zehn neue Artikel, die mit Ausnahme eines kleinen, erlauchten Kollegenkreises noch niemand zu Gesicht bekommen hat.

Tom DeMarco, Gründungsmitglied von The Atlantic Systems Guild, hat drei der populärsten Bücher im Software-Bereich geschrieben: *Controlling Software Projects*, *Structured Analysis and System Specification* und *Peopleware* (zusammen mit Tim Lister; auf deutsch *Wien wartet auf Dich*).

Für „langjährige Beiträge auf dem Gebiet der Informatik" erhielt der Autor den *J.-D. Warnier Prize*.

Carl Hanser Verlag